*Über dieses Buch* Der gewerbliche Mittelstand ist seit dem 19. Jahrhundert eine der tragenden Säulen des sozialen Gebäudes. Er hat viele Wandlungen durchlebt und überstanden:

- Die Feudalisierung erheblicher Teile des Bürgertums und die Anlehnung des Mittelstandes an alte konservative Eliten im Kaiserreich;
- die Rolle des »sozialen Puffers« zwischen marxistischer Arbeiterbewegung und tendenziell monopolistischer Großindustrie;
- die starke politische Radikalisierung und spätere Desillusionierung in der NS-Zeit;
- schließlich eine Entwicklung in der Bundesrepublik, die sich auf die knappe Formel »Stabilisierung durch Schrumpfung« bringen läßt.

Heinrich August Winklers Arbeiten ergeben ein konturiertes Bild des politischen Verhaltens eines wichtigen Teils der deutschen Gesellschaft und liefern so einen grundlegenden Beitrag für die deutsche Sozialgeschichtsschreibung.

*Der Autor* Heinrich August Winkler, geboren 1938, Dr. phil., arbeitete von 1964 bis 1972 als Assistent und Professor an der Freien Universität Berlin. Seit 1972 lehrt er Neuere Geschichte an der Universität Freiburg.

Seine wichtigsten Veröffentlichungen: *Preußischer Liberalismus und deutscher Nationalstaat* (1964); *Mittelstand, Demokratie und Nationalsozialismus* (1972); *Revolution, Staat, Faschismus* (1978); *Liberalismus und Antiliberalismus* (1979); *Die Sozialdemokratie und die Revolution von 1918/19* (1979); *Wendepunkte deutscher Geschichte 1848–1945* (als Herausgeber zusammen mit Carola Stern, 1979); *Arbeiter und Arbeiterbewegung in der Weimarer Republik 1918–1933* (3 Bde., 1984–1987). Er ist Mitherausgeber der Zeitschrift *Geschichte und Gesellschaft*.

Heinrich August Winkler

# Zwischen Marx und Monopolen

Der deutsche Mittelstand
vom Kaiserreich
zur Bundesrepublik Deutschland

Fischer
Taschenbuch
Verlag

Dieser Abdruck übernimmt unverändert den Text des 2. Teils der als Band 38 der KRITISCHEN STUDIEN ZUR GESCHICHTSWISSENSCHAFT (Herausgeber: Helmut Berding, Jürgen Kocka, Hans-Ulrich Wehler) erschienenen Erstausgabe.

Veröffentlicht im Fischer Taschenbuch Verlag GmbH,
Frankfurt am Main, Januar 1991

Lizenzausgabe mit freundlicher Genehmigung des Verlags
Vandenhoeck & Ruprecht, Göttingen

Umschlaggestaltung: Buchholz / Hinsch / Hensinger
Foto: R. Klöckner, Plön
Gesamtherstellung: Clausen & Bosse, Leck
Printed in Germany
ISBN 3-596-10405-X

# Inhalt

Einleitung . . . . . . . . . . . . . . . . . . . . . . . . . . . . 7

Der rückversicherte Mittelstand:
Die Interessenverbände von Handwerk
und Kleinhandel im deutschen Kaiserreich . . . . . . . . . . . . 17

Vom Protest zur Panik:
Der gewerbliche Mittelstand in der Weimarer Republik . . . . . 38

Der entbehrliche Stand:
Zur Mittelstandspolitik im »Dritten Reich« . . . . . . . . . . . . 52

Stabilisierung durch Schrumpfung:
Der gewerbliche Mittelstand in der Bundesrepublik . . . . . . . 99

Abkürzungsverzeichnis . . . . . . . . . . . . . . . . . . . . . . 119

Anmerkungen . . . . . . . . . . . . . . . . . . . . . . . . . . . 121

Die Entwicklung von Handwerk und Einzelhandel in der
Bundesrepublik Deutschland in den 1980er Jahren . . . . . . . . 148

Auswahlbibliographie . . . . . . . . . . . . . . . . . . . . . . . 150

# Einleitung

Die vier Abhandlungen dieses Bandes sind in den Jahren 1969 bis 1976 entstanden. Unter der Überschrift »Zwischen Panik und Prosperität: Der politische Weg des gewerblichen Mittelstandes vom Kaiserreich zur Bundesrepublik« sind sie 1979 in meiner Aufsatzsammlung »Liberalismus und Antiliberalismus« wiederabgedruckt beziehungsweise, im Falle des letzten Aufsatzes, erstmals veröffentlicht worden[1]. Der Grund für den separaten Neudruck ist ein Mangel: Es gibt bis heute keine zusammenfassende Darstellung der politischen Entwicklung des gewerblichen Mittelstandes und der Mittelstandspolitik in Deutschland. Die hier abgedruckten Aufsätze können diesem Mangel nur bedingt abhelfen. Aber zusammengenommen bilden sie doch ein thematisches Ganzes: Sie fragen nach Kontinuität und Wandel im politischen Verhalten eines wichtigen Teiles der deutschen Gesellschaft vom 19. Jahrhundert bis in unsere Zeit.

Am Beginn meiner Untersuchungen stand die Frage, weshalb gerade selbständige Handwerker und Kaufleute unter den Anhängern des Nationalsozialismus besonders stark vertreten waren. Diesem Thema habe ich meine Habilitationsschrift gewidmet, die 1972 als Buch erschien: »Mittelstand, Demokratie und Nationalsozialismus. Die politische Entwicklung von Handwerk und Kleinhandel in der Weimarer Republik«[2]. Bereits in diesem Buch ging ich ausführlich auf die Zeit vor 1918 ein, denn die Forderungen, die das Kleingewerbe an die Parteien der Weimarer Republik richtete, und die Versprechungen, mit denen die NSDAP bei Handwerkern und Kaufleuten um Stimmen warb, stammten zum größten Teil aus dem Arsenal des Sozialprotektionismus der Bismarckzeit. Daß das »Dritte Reich« dann nicht hielt, was es dem gewerblichen Mittelstand versprochen hatte, war zwar grundsätzlich seit langem bekannt. Aber der Forschungsstand der siebziger Jahre war so unbefriedigend, daß ich diesem Thema zusätzliche Archivstudien und den umfangreichsten der folgenden vier Aufsätze widmete. Ein Projekt des »Arbeitskreises für moderne Sozialgeschichte« zur Sozialgeschichte der Bundesrepublik gab mir schließlich Anlaß, der Frage nachzugehen, wieviel von der traditionellen Mittelstandsideologie und Mittelstandspolitik bis in die Gegenwart fortlebt.

In den bald zwei Jahrzehnten, die seit der Veröffentlichung meiner ersten Studien zur Geschichte des gewerblichen Mittelstandes vergangen sind, hat die sozialgeschichtliche Forschung große Fortschritte gemacht. Das gilt vor allem für die Zeit vor 1914. Wir wissen heute sehr viel mehr über das alltägliche Leben von Handwerkern und Kleinhändlern im kaiserlichen Deutschland als zu Beginn der siebziger Jahre, und je mehr wir darüber wissen, desto fragwürdiger werden verallgemeinernde Aussagen über *den* Mittelstand. In meinen Arbeiten standen die überregionalen Interessenverbände des Handwerks und Kleinhandels im Vordergrund. Neuere Autoren wie Heinz-Gerhard Haupt und Friedrich Lenger wenden sich dagegen vornehmlich den materiellen Lebensverhältnissen und politischen Aktivitäten der Kleingewerbetreibenden »vor Ort«, also im lokalen Rahmen, zu[3]. Dadurch ist ein Bild von größerer Tiefenschärfe entstanden. Der Anspruch der Interessenverbände, die Belange des Handwerks oder des Kleinhandels zu vertreten, kann hinterfragt werden, und es erweist sich, daß er überzogen war: Erhebliche Teile des Kleingewerbes teilten nicht das mittelständische Bewußtsein der Verbandssprecher. Der Schuhmacher, der keinen einzigen Lehrling oder Gesellen beschäftigte, der Gastwirt oder Inhaber eines kleinen Ladengeschäfts in einem Arbeiterviertel: Sie lebten häufig in derart enger Abhängigkeit von ihrer proletarischen Umwelt, daß ein mittelständisches Bewußtsein ein auch für sie erkennbar »falsches« Bewußtsein gewesen wäre.

In der neueren Literatur ist aus ebendiesem Grund der Begriff »Kleinbürgertum« zu neuen Ehren gelangt. Auf die Zwischenzone von nicht mehr bürgerlichen und noch nicht proletarischen Existenzen scheint dieser Begriff besser zu passen als der des »Mittelstands«. Aber auch wenn er die Schlacken eines marxistischen Kampfbegriffs und damit seine pejorative Bedeutung los wird, bleibt der Begriff »Kleinbürgertum« problematisch. Gegenüber der Arbeiterschaft mag die formale Selbständigkeit eine hinreichende Abgrenzung erlauben – aber wo verläuft die Grenze nach »oben«? Wenn der Inhaber eines florierenden Schuhgeschäfts ebenso »Kleinbürger« ist wie der Alleinmeister, der von Schuhreparaturen lebt, sind die begrifflichen Schwierigkeiten nicht geringer, als wenn beide dem »Mittelstand« zugeordnet werden. Wird die Grenzlinie zwischen »Kleinbürgertum« und »Mittelstand« so gezogen, daß der Alleinmeister der ersten, der Geschäftsinhaber der zweiten Gruppe zugeschlagen wird, schrumpft das »Kleinbürgertum« zu einer proletaroiden Zwischengruppe zusammen.

Gegen den Vorschlag, zwischen Mittelstand und Kleinbürgertum zu unterscheiden, spricht auch die Beobachtung, daß die entschiedensten Verfechter handwerklicher Standesforderungen häufig gerade aus den von der Proletarisierung besonders bedrohten Berufen, etwa dem Schuhmacher- oder Schneiderhandwerk, kamen. Die objektive Nähe zu proletarischen Lebensbedingungen *konnte*, aber mußte nicht eine Proletarisierung des Bewußtseins zur Folge haben. Schließlich ist der Begriff »Arbeiterklasse« genauso auslegungsbedürftig und ambivalent wie der Begriff »Mittelstand«. Es gab viele Arbeiter, die von proletarischem Klassenkampf nichts wissen wollten und die sich eben deshalb den Vorwurf der Marxisten zuzogen, sie hätten ihr »kleinbürgerliches« Bewußtsein noch nicht überwunden. Aber eine eigene soziologische Kategorie ist für diese Arbeiter bisher nicht gebildet worden.

Die neuere Literatur betont die Vielfalt der politischen Orientierungen im gewerblichen Mittelstand. In der Revolution von 1848/49 etwa gab es viele Handwerker, die an einem modifizierten Zunftwesen festhalten wollten, insoweit also »konservativ« oder doch traditionell waren, gleichzeitig aber sich in liberalen oder demokratischen Vereinigungen politisch engagierten; es gab Handwerker, deren allgemeinpolitische Orientierung ebenso konservativ war wie ihre wirtschaftspolitischen Forderungen; schließlich gab es Handwerker, die eine maßgebliche Rolle in der frühen Arbeiterbewegung spielten. In den 1860er Jahren eroberte der Gedanke der Gewerbefreiheit große Teile des Handwerks, was den liberalen Parteien zugute kam[4]. Unter dem Eindruck der wirtschaftlichen Depression, die 1873 einsetzte, verstärkte sich dann wieder der Trend in Richtung Sozialprotektionismus[5]. Den Nutzen hatten konservative und antisemitische Parteien, die sich dieser Parolen bedienten und, bei katholischen Kleingewerbetreibenden, das Zentrum. Die Nationalliberalen konnten ihren mittelständischen Anhang durch eine Anpassung an die Schutzforderungen des Kleingewerbes teilweise halten. Daneben aber gab es das ganze Kaiserreich hindurch auch Handwerker und Kaufleute, die linksliberal wählten, und, am pauperisierten Rand, solche, die in der Sozialdemokratie ihre politische Heimat fanden.

Die Interessenverbände des Handwerks und des Kleinhandels standen im Kaiserreich überwiegend rechts von der Mitte. Sie sprachen nicht für das Kleingewerbe insgesamt, aber doch für dessen organisierten Teil. Als sich im Sommer 1913, eineinhalb Jahre nach einem großen Wahlerfolg der Sozialdemokraten, die größte mittelständische Organisation, der Reichsdeutsche Mittelstandsverband, mit dem großagrarisch geprägten Bund der Landwirte und dem von der Schwerindustrie beherrschten Centralverband deutscher Industrieller zum »Kartell der schaffenden Stände« zusammenschloß, hatte das symptomatische Bedeutung: Der Vorgang ließ erkennen, daß ein erheblicher Teil des Kleingewerbes Anlehnung bei den konservativsten der »alten Eliten« suchte und von ihnen eine Art wechselseitiger Rückversicherung gegenüber allen Kräften erwartete, die den Status quo in Richtung auf mehr Wettbewerb und mehr Demokratie zu ändern strebten.

So eindeutig die Gegnerschaft der konservativen Mittelständler gegenüber Sozialdemokratie und Linksliberalismus war, so ambivalent war ihre Abgrenzung gegenüber dem modernen Kapitalismus: Aversionen gegen das anonyme Kapital hinderten die Kleingewerbetreibenden nicht, mit dem Großunternehmertum immer dann zu paktieren, wenn sie sich von der Linken bedroht fühlten.

Die organisatorisch stärkste Kraft im »Kartell der schaffenden Stände« war der Bund der Landwirte. Die ostelbischen Rittergutsbesitzer hatten es verstanden, sich mit Hilfe dieses Verbands einen bäuerlichen Massenrückhalt zu verschaffen. Da die Interessen von Großgrundbesitz und landwirtschaftlichen Veredelungsbetrieben sich keineswegs deckten, wurde die Einheit vor allem im ideologischen Bereich gesucht – in einer militanten Frontstellung gegen Industrialismus, Liberalismus und Sozialdemokratie. Ebendiese Parolen fanden auch bei vielen Kleingewerbetreibenden Anklang. Die Gründung des »Kartells der schaffenden Stände« war, so gesehen, Teil einer politischen Strategie, die man mit einer Formel Hans Rosenbergs als »Pseudodemokratisierung der Rittergutsbesitzerklasse« bezeichnen kann[6].

An der Betonung des Gewichts vorindustrieller Elemente in Politik und Gesellschaft des Kaiserreichs haben seit 1980 vor allem die englischen Historiker Geoff Eley und David Blackbourn Kritik geübt und damit in Deutschland viel Resonanz gefunden. Beide betonen die Bürgerlichkeit der wilhelminischen Gesellschaft und wenden sich gegen die auch von mir, u. a. im ersten der folgenden Aufsätze, vertretene These einer Feudalisierung oder Verjunkerung erheblicher Teile des deutschen Bürgertums. Gemeint ist mit diesen, schon von liberalen Zeitgenossen um 1900 verwandten Begriffen die Anpassung bürgerlicher Schichten an Wertvorstellungen und Lebensformen des grundbesitzenden, insbesondere des preußischen Adels. Nun läßt sich trefflich darüber streiten, ob für manche der so beschriebenen Erscheinungen nicht besser der Begriff »Aristokratisierung« verwandt werden sollte. Aber das ist nicht der Kern der Kontroverse. Der eigentliche Streit geht nach wie vor um die Gewichtung vorindustrieller Kräfte und Traditionen im allgemeinen und den politischen und gesellschaftlichen Einfluß des Junkertums im besonderen.

Blackbourns Forschungen zur politischen Sozialgeschichte Württembergs in der wilhelminischen Zeit sind durchaus ein Grund, die Feudalisierungsthese zu modifizieren. Nicht in allen Teilen Deutschlands kann man von einer »Verjunkerung« des Bürgertums sprechen; in Württemberg, wo es keinen landsässigen, sondern nur den ehedem reichsunmittelbaren Adel gab, waren solche Tendenzen am schwächsten ausgeprägt. Aber das kaiserliche Deutschland war kein Groß-Württemberg. Die englischen »Revisionisten« zeichnen, zugespitzt formuliert, das Bild eines Deutschland ohne Ostelbien. Das Ergebnis ist ein Zerrbild, in dem die archaischen Züge der wilhelminischen Gesellschaft fast verschwinden, die modernen dafür um so beherrschender in den Vordergrund rücken. Das Kaiserreich erscheint auf diese Weise »westlicher«, als es war; seine »differentiae specificae« werden weitgehend wegretuschiert[7].

Den Kräften im gewerblichen Mittelstand, die sich einer gesellschaftlichen und politischen Modernisierung widersetzten, mußte die Anlehnung an die konservativen Eliten als historische Chance erscheinen. Der Obrigkeitsstaat bot ihnen einen gewissen Schutz vor der Majorisierung durch Arbeitnehmer und Verbraucher – einen Schutz, den ein parlamentarisches System dem Kleingewerbe nicht gewährleisten konnte. Wenn sich der Mittelstand des Kaiserreiches gern als »staatserhaltend« bezeichnete, war *dieser* vordemokratische Staat gemeint. Als Vorkämpfer einer Demokratisierung sind »standesbewußte« Kleingewerbetreibende vor 1914 nicht in Erscheinung getreten.

Während des Ersten Weltkrieges reihten sich die Verbände des gewerblichen Mittelstands umstandslos in das Lager derer ein, die auf einen »Siegfrieden« setzten. Der Reichsdeutsche Mittelstandsverband unterstützte wie die maßgeblichen Interessenverbände von Industrie und Landwirtschaft ein großangelegtes Kriegszielprogramm, das umfassende deutsche Annexionen im Westen und Osten Europas vorsah. Aber je länger der Krieg dauerte, desto weniger sprachen die Verbandsfunktionäre für die »Basis«. Die meisten Kleingewerbetreibenden sahen sich als Opfer des staatlichen »Kriegssozialismus«. In den letzten beiden Kriegsjahren war nach Meinung mancher Beobachter die Stimmung im gewerblichen Mittelstand sogar schlechter als in anderen Kreisen der deutschen Gesellschaft[8].

Da ein erträglicher Friede nur erreichbar schien, wenn Deutschland vom Obrigkeitsstaat zur Demokratie überging, stieß der Sturz der Monarchie am 9. November 1918 im Kleingewerbe auf keinerlei Widerstand. Bei den Wahlen zur Verfassunggebenden Nationalversammlung am 19. Januar 1919 verzeichnete, abgesehen vom katholischen Zentrum, vor allem die Deutsche Demokratische Partei (DDP) einen starken Zustrom von Wählern aus dem gewerblichen Mittelstand. Das war nicht der Ausdruck einer plötzlichen Wende zum Linksliberalismus, sondern entsprang einem nüchternen politischen Kalkül: Die DDP wurde als künftiger Koalitionspartner der Sozialdemokraten gewählt, der diese von sozialistischen Experimenten so weit wie nur irgend möglich abhalten sollte.

Bei der ersten Reichstagswahl im Juni 1920 »normalisierte« sich das mittelständische Wahlverhalten. Evangelische Handwerker und Kaufleute stimmten jetzt in großer Zahl für die rechtsliberale Deutsche Volkspartei. 1924 kam, als Reaktion auf Inflation und Ruhrbesetzung, die offen monarchistische Deutschnationale Volkspartei an die Reihe. Vier Jahre später profitierten Interessenparteien wie die Reichspartei des deutschen Mittelstands, kurz Wirtschaftspartei genannt, von der allgemeinen Unzufriedenheit des Kleingewerbes. Der gewerbliche Mittelstand sah sich in den Jahren der Weimarer Republik mehr denn je bedrängt von den beiden Interessenblöcken, die allein noch zu zählen schienen: der »marxistischen« Arbeiterbewegung und der hochgradig konzentrierten, tendenziell monopolistischen Großindustrie. Das parlamentarische System verbürgte Handwerkern und kleinen Kaufleuten nicht den Schutz, den ihnen, so sah es jedenfalls im Rückblick aus, der Obrigkeitsstaat gewährt hatte. Mit der Abwendung von den liberalen Parteien bestraften die Mittelständler nicht nur den Liberalismus, sondern auch die Demokratie von Weimar schlechthin.

Die Wahlerfolge der Nationalsozialisten seit 1929 gingen nicht nur, aber zu einem erheblichen Teil auf das Konto des gewerblichen Mittelstandes, wobei die Kleinhändler früher als die Handwerker zur Partei Adolf Hitlers überliefen. Um Einbrüche bei den Selbständigen in Gewerbe und Landwirtschaft zu erzielen, mußte die NSDAP klarstellen, daß ihr »Sozialismus« nichts mit dem der »Marxisten« gemein hatte – daß sie niemanden enteignen, sondern Eigentum für alle schaffen wollte. Erst nachdem diese Umdeutung des Parteiprogramms gelungen war, stieg die NSDAP in den Jahren der Großen Krise zur stärksten deutschen Partei auf. Sie war, daran gibt es nichts zu deuteln, die erste »Volkspartei« der deutschen Geschichte. Sie erhielt Stimmen aus dem besitzenden und gebildeten Bürgertum wie von Arbeitern – vor allem solchen, die den »Klassenkampf« ablehnten und darum nie für SPD und KPD gestimmt hatten. Aber so geschlossen wie die Handwerker, Kaufleute und Bauern evangelischer Konfession votierte 1932 keine andere Gruppe für die Nationalsozialisten – auch nicht der »neue Mittelstand«, dem man gemeinhin die Angestellten und Beamten zuzuordnen pflegt. Die »Panik im Mittelstand«, von der der Soziologe Theodor Geiger bereits Ende 1930 sprach, war eine der Hauptursachen für den Aufstieg der NSDAP. Die neuere wahlsoziologische Forschung hat diese These nicht, wie man mitunter lesen kann, widerlegt, sondern bestätigt[9].

Die Anziehungskraft, die der Nationalsozialismus auf die Kleingewerbetreibenden ausübte, beruhte nicht nur auf seinen mittelstandspolitischen Versprechungen. Hinzu kam ein extremer Nationalismus, der gerade bei den Mittelschichten Anklang fand. Er diente der Abgrenzung vom »internationalen« Proletariat und bestätigte so die überlieferte Gleichsetzung von Bürgertum und Nation. Außerdem verstand es die NSDAP, stets an beides zugleich zu appellieren: die verbreiteten Ressentiments gegenüber dem neuen, von vielen als »undeutsch« empfundenen parlamentarischen System *und* den verbrieften Anspruch der Massen auf politische Teilhabe, wie ihn das von Bismarck eingeführte allgemeine gleiche Wahlrecht begründet hatte. Die »Nazifizierung« des deutschen Kleingewerbes läßt sich mithin nicht nur aus sozialprotektionistischen Erwartungen erklären, die es in ähnlicher Weise auch in anderen Ländern, etwa in Frankreich, gab. Es waren vielmehr spezifische Bedingungen der politischen Entwicklung Deutschlands, die *diese* Art der Radikalisierung ermöglichten[10].

Die Enttäuschung, die das »Dritte Reich« den Mittelständlern bereitete, begann bereits im Jahre 1933. Die Nationalsozialisten hatten den Kleingewerbetreibenden einen rücksichtslosen Kampf gegen zwei ihnen besonders verhaßte Konkurrenten, die Warenhäuser und die Konsumvereine, versprochen. An die Macht gekommen, dachte Hitler nicht daran, diese Forderungen zu erfüllen. Hätte seine Regierung die Verbrauchergenossenschaften und die Großbetriebe des Einzelhandels aufgelöst, wäre die Zahl der Arbeitslosen weiter angestiegen. Auf diesem Feld aber, dem Arbeitsmarkt, mußte der Nationalsozialismus rasche Erfolge erringen, um das Mißtrauen der Arbeiter zu überwinden und sich breite plebiszitäre Zustimmung zu sichern. Die Wünsche der Kleingewerbetreibenden hatten demgegenüber wenig Gewicht.

Obwohl das NS-Regime in der Folgezeit eine Reihe von alten Forderungen des Handwerks und Kleinhandels erfüllte – der »Große Befähigungsnachweis« von 1935, der die Eröffnung eines Handwerksbetriebs an die bestandene Meisterprüfung knüpfte, war der Höhepunkt nationalsozialistischer Mittelstandspolitik –, bezeugen alle zeitgenössischen Quellen eine starke Mißstimmung in den Kreisen der Kleingewerbetreibenden. Handwerker und Kleinhändler waren nicht zufrieden mit dem, was ihnen das »Dritte Reich« materiell brachte. Vom Rüstungsboom profitierten andere, größere Unternehmungen sehr viel mehr und viele Kleinbetriebe so gut wie gar nicht. Während des Zweiten Weltkrieges waren Handwerk und Kleinhandel mehrfach »Auskämmaktionen« ausgesetzt: Viele Betriebe, die nicht als kriegswichtig galten, wurden geschlossen. Als 1942/43 die Handwerkskammern aufgelöst wurden, war der letzte Zweifel beseitigt: Die Interessen des gewerblichen Mittelstandes waren unter dem Gesichtspunkt des »Endsiegs« belanglos[11].

In den ersten Jahren nach 1945 konnte das Handwerk viel Terrain zurückerobern. Die im Krieg eingeführte »Bedürfnisprüfung« diente jetzt Innungen und Handwerkskammern als Mittel, um unwillkommene Konkurrenz von vornherein auszuschalten: Anträge auf Neugründung von Handwerksbetrieben wurden, vor allem wenn sie von heimatvertriebenen »Neubürgern« kamen, oft mit fadenscheinigen Gründen abgelehnt. Die öffentlich-rechtlichen Selbstverwaltungsorgane des Handwerks sahen ihre Hauptaufgabe abermals in der Einschränkung der Gewerbefreiheit, und nur gelegentlich gelang es den Gemeinden, die restriktive Zulassungspraxis unter Hinweis auf das Verbraucherinteresse aufzulockern. Vor diesem Hintergrund muß man einen rigorosen Eingriff der amerikanischen Besatzungsmacht sehen: die Direktive vom 29. November 1948, die die Gewerbelizenzierung für weitgehend hinfällig erklärte und den öffentlich-rechtlichen Charakter der Kammern und Innungen wie den Großen Befähigungsnachweis aufhob.

Die radikale Gewerbefreiheit wurde nur in der amerikanischen Besatzungszone verwirklicht, und auch dort war sie eine Errungenschaft auf Abruf. Der massive Protest des Handwerks veranlaßte die Regierungskoalition im ersten Bundestag, bereits 1950 den Entwurf einer

Handwerksordnung vorzulegen, der sich ganz an der deutschen Tradition orientierte. Er sah den Großen Befähigungsnachweis vor und gab Handwerkskammern und Innungen den Status von Körperschaften des öffentlichen Rechts. Daß die Gesellen in der Vollversammlung ein Drittel der Mitglieder und einen der beiden Stellvertreter des Präsidenten stellen durften, sicherte dem Entwurf die Zustimmung der Sozialdemokraten. Mit großer Mehrheit nahm der Bundestag im März 1953 in dritter Lesung die Handwerksordnung an. Extreme Formen des Mittelstandsschutzes wie die Diskriminierung von Kauf- und Warenhäusern haben im Zeichen der »sozialen Marktwirtschaft« keine Renaissance mehr erlebt. Insgesamt hat die Mittelstandspolitik der Bundesrepublik, vor allem seit den siebziger Jahren, mehr auf die Förderung des Wettbewerbs als auf die künstliche Erhaltung von Kleinbetrieben abgestellt. Insofern verdient diese Politik, wenn man sie vor dem Hintergrund früherer Formen des Sozialprotektionismus sieht, das Prädikat »relativ liberal«.

Der gewerbliche Mittelstand der Bundesrepublik hat bis Ende der siebziger Jahre eine Entwicklung durchgemacht, die sich auf die knappe Formel bringen läßt: Stabilisierung durch Schrumpfung. Die Zahl der Selbständigen ist bis 1977, in erster Linie infolge des Rückgangs der landwirtschaftlich tätigen Bevölkerung, kontinuierlich zurückgegangen; seitdem ist sie absolut leicht gewachsen und relativ, wenn auch geringfügig, weiter gesunken. Im Handwerk hat die Zahl der Betriebe bis 1977 stark abgenommen, aber gleichzeitig hat sich die Zahl der Beschäftigten pro Betrieb erhöht. Mittlerweile ist die Zahl der Betriebe leicht gestiegen, während die Betriebsgröße abnahm. Der Umsatz pro Beschäftigten hat sich fortlaufend erhöht. Im Einzelhandel ist die Zahl der Betriebe ständig zurückgegangen; die Zahlen der Beschäftigten pro Betrieb und der Umsatz pro Beschäftigten weisen eine steigende Tendenz auf. Der mit der Formel »Stabilisierung durch Schrumpfung« beschriebene Prozeß scheint also im wesentlichen abgeschlossen. Es ist unwahrscheinlich, daß die Zahl der Selbständigen so lange weiter schrumpfen wird, bis es in diesem Bereich nichts mehr zu stabilisieren gibt[12].

Die alles in allem günstige wirtschaftliche Entwicklung hat viel dazu beigetragen, daß es in der zweiten deutschen Republik, anders als in der ersten, eine »Panik im Mittelstand« bisher nicht gegeben hat. Zugleich hat der gewerbliche Mittelstand aber auch an politischer Bedeutung verloren. Da sich, verglichen mit der Zeit vor 1945, die Gegensätze zwischen Arbeitnehmern und Arbeitgebern gemildert haben, die deutsche Gesellschaft der Bundesrepublik also weniger Klassencharakter hat als die des Kaiserreichs, der Weimarer Republik und des »Dritten Reiches«, gibt es auch keinen Bedarf mehr an jenem sozialen Puffer, als den sich der gewerbliche Mittelstand stets verstanden hat. Die doppelte Frontstellung gegen die »Marxisten« und das große Kapital ist obsolet geworden: In einer Gesellschaft, in der weder das Privateigentum noch der Sozialstaat grundsätzlich in Frage gestellt werden, fehlt die Hauptvoraussetzung mittelständischer Militanz – ein kollektives Gefühl des Bedrohtseins.

Daß dem so ist, liegt freilich auch an veränderten politischen Rahmenbedingungen. Anders als nach 1918 hat es nach 1945 einen wirklichen Kontinuitätsbruch gegeben. Diejenige Machtelite, die bei der Zerstörung der ersten deutschen Republik und der Machtübertragung an Hitler eine oft verkannte Schlüsselrolle gespielt hat, das ostelbische Junkertum, existiert nicht mehr. Das Gewicht der ehedem ähnlich antidemokratischen Schwerindustrie ist, verglichen mit der Zeit vor 1933, stark zurückgegangen. Die Erfahrung des Nationalsozialismus hat auf viele derer, die ihn einst unterstützt hatten, desillusionierend gewirkt. Das dürfte auch auf das Gros des gewerblichen Mittelstandes zutreffen. Die zweite deutsche Demokratie erfreut sich einer breiten Akzeptanz, die die erste nie besessen hat. Es spricht alles dafür, daß der Sonderweg einer Nation, die als einzige hochindustrialisierte Gesellschaft während der Weltwirtschaftskrise ihr demokratisches System zugunsten einer faschistischen Diktatur aufgegeben hat, mit dem Zusammenbruch dieses Regimes an sein Ende gelangt ist.

# Der rückversicherte Mittelstand: Die Interessenverbände von Handwerk und Kleinhandel im deutschen Kaiserreich

I. Soziologen, Ökonomen und Historiker haben seit langem ihre Aufmerksamkeit einer Form des sozialen Wandels zugewandt, die ihnen für das Deutschland des Bismarckreiches charakteristisch erschien und die vielfach als »Feudalisierung« des gehobenen Bürgertums beschrieben worden ist. Gemeint ist die forcierte gesellschaftliche Angleichung bürgerlicher Schichten an die traditionellen Führungsgruppen, die sich im Gefolge der militärischen Einigung Deutschlands durch Preußen, Bismarcks »Revolution von oben«, vollzogen hat. In diesen Zusammenhang werden Erscheinungen gerückt, die zum Teil aus der vorindustriellen Zeit herrühren, im Kaiserreich aber verstärkenden Auftrieb erfuhren: die Militarisierung von Teilen der Bildungsschicht, die im Königlich Preußischen Reserveoffizier ihren bezeichnenden Ausdruck fand; die Übernahme eines ursprünglich adligen Ehrenkodex durch bürgerliche Akademiker; die Verbreitung des Titelwesens als einer Art von Ersatzadel in den Schichten von Besitz und Bildung; das Streben nach und die Vergabe von Adelsprädikaten; die Imitation seigneuraler Lebensformen durch Vertreter der bürgerlichen Geldaristokratie; die standesmäßige Absonderung der höheren Beamten und der Richter von der übrigen Gesellschaft[1].

Die Assimilation an Werthaltungen und Lebensformen der feudalbürokratischen Führungsschicht, wie sie für die Kerngruppen des gehobenen Bürgertums in der Zeit des Kaiserreiches charakteristisch ist, kann in der Tat als »Feudalisierung« bezeichnet werden. Zu fragen ist indes, ob nicht auch in einem umfassenden Zusammenhang von einer Restauration vorindustrieller Normen und Institutionen gesprochen werden kann. Die bisher erörterten Erscheinungsformen der »Feudalisierung« betreffen ausschließlich Besitz und Bildung. Beziehen wir die kleinbürgerlichen Schichten des Handwerks und Detailhandels in die Betrachtung ein, so kommen wir zu vergleichbaren Resultaten. Wir müssen an dieser Stelle darauf verzichten, der Forderung vor allem breiter Kreise des Handwerks nach der Wiederherstellung des Zunftwesens durch die erste Hälfte des 19. Jahrhunderts nachzugehen: Diese Forderung war so alt wie die Bemühungen des Staates um die Beseitigung der Zünfte. Wir setzen mit unserer Betrachtung vielmehr beim

Ausbruch jener mit dem Börsenkrach von 1873 beginnenden Krisenperiode ein, die dem Wirtschaftsliberalismus der 1860er und frühen 1870er Jahre ein rigoroses Ende bereitete.

Die neuere Forschung hat mit Recht den einschneidenden Charakter der sogenannten »Großen Depression« der Jahre 1873 bis 1896, einer Zeit der verlangsamten Aufwärtsentwicklung und der Preisdeflation, herausgearbeitet: In diesen Jahren kristallisierten sich unter dem Eindruck rückläufiger Dividenden und bescheidener Aktienrenditen Mentalitäten heraus, die das 19. Jahrhundert überdauern sollten. Aus einem vorwiegend pessimistisch gestimmten Wirtschaftsgeist erwuchs gerade bei den sich zum Bürgertum rechnenden sozialen Gruppen eine Bewegung massenhafter Unzufriedenheit, gesteigerter ideologischer Dynamik und politischer Aggressivität[2]. Wichtig ist in unserem Zusammenhang, daß die Abwendung vom Wirtschaftsliberalismus sich nicht auf den Außenhandel beschränkte, sondern auch auf den innerstaatlichen Bereich übergriff. Starke parlamentarische Kräfte – die Konservativen, das Zentrum und in begrenztem Umfang später auch die Nationalliberalen – drängten auf eine Erfüllung von Wünschen, die ihnen in zahlreichen Petitionen aus den Kreisen des gewerblichen Mittelstandes vorgetragen wurden: Wünschen, die insgesamt auf eine radikale Revision der liberalen Gewerbeordnung von 1869 zielten. Da die Exekutive diesem Verlangen entgegenkam, konnten sich die sozialprotektionistischen Bestrebungen weithin durchsetzen. Durch eine Reihe von Novellen zur Gewerbeordnung wurden die Innungen restauriert und im Handwerkergesetz von 1897 schließlich neben öffentlich-rechtlichen Handwerkskammern auch »fakultative Zwangsinnungen« eingeführt: Stimmte die Mehrheit der Selbständigen eines bestimmten Handwerkszweiges zu, so wurde die Zugehörigkeit zur Innung obligatorisch. Ebenso konnte der Detailhandel scheinbare Erfolge verbuchen: Die Konkurrenz von Wandergewerbe und Konsumgenossenschaften wurde eingeschränkt; den Warenhäusern wurden von den wichtigsten Einzelstaaten Prohibitivsteuern auferlegt, um ihnen ihre Preisunterbietungen zu erschweren. Scheinbar waren diese »Erfolge«, weil sie die wirtschaftlichen Probleme des gewerblichen Mittelstandes nicht lösten, ja zum Teil – wie die Warenhaussteuern – für die mittelständischen Lieferanten nachteilige Effekte hatten.

**II.** Die Mittelstandspolitik des Kaiserreichs war das Ergebnis des massiven Drucks von Interessenverbänden, denen neben dem direkten Appell an die Exekutive auch politische Parteien als Transmissionsriemen zur Verfügung standen. Ehe wir aber die gesellschaftspolitischen Motive und Auswirkungen dieser Politik einer kritischen Würdigung unterziehen, haben wir uns mit den Organisationen von Handwerk und Detailhandel und ihren Beiträgen zur Ausbildung einer Mittelstandsideologie zu befassen.

Die Anfänge relativ dauerhafter, glaubhaft legitimierter und nach außen geschlossen auftretender Interessenverbände aus dem Bereich des gewerblichen Mittelstandes fallen in jene Zeit, die als die erste Hochzeit massenhafter wirtschaftspolitischer Verbandsbildung in Deutschland überhaupt angesprochen werden kann: die Periode des Übergangs vom Freihandel zum Schutzzoll im ersten Jahrzehnt des Bismarckreiches. Das Gefühl der materiellen Bedrohung durch den modernen Kapitalismus, das schon durch die gesetzliche Einführung der vollen Gewerbefreiheit bei breiten Schichten in Handwerk und Kleinhandel neue Nahrung erhalten hatte, wurde in der 1873 beginnenden Konjunkturperiode epidemisch. So unterschiedliche Interessen und Zielsetzungen die in den Folgejahren sich bildenden mittelständischen Verbände auch vertraten, in einer Forderung stimmten sie überein: Der Staat hatte die Pflicht, den gewerblichen Mittelstand insgesamt vor standesfremder Konkurrenz zu schützen und seinen einzelnen Gruppen die Möglichkeit zur brancheninternen Wettbewerbsbeschränkung zu geben.

Der erste erfolgreiche Versuch, dem deutschen Handwerk zu einer wirksamen Interessenvertretung zu verhelfen, ist die Gründung des »Vereins selbständiger Handwerker und Fabrikanten« im Jahre 1873 zu Leipzig. Freie Innungen und Innungsverbände, Genossenschaften und Gewerbevereine unterstützten die neue Vereinigung beim Aufbau von Kreis- und Provinzialverbänden und förderten ihr Programm: Einführung von Gewerbe- oder Handwerkerkammern, gewerblichen Schiedsgerichten, obligatorischen Fortbildungsschulen und fachgewerblichen Korporationen; mittelstandsfreundliche Reformen auf dem Gebiet der Gefängnisarbeit, der Wanderlager, der Warenauktionen und des Hausierhandels. Die zünftlerische Tendenz, die schon in diesem Programm erkennbar war, verstärkte sich in der Folgezeit immer mehr und kam 1882 auf der von 330 Delegierten beschickten »Allgemeinen Deutschen Handwerkerversammlung« in Magdeburg zum vollen Durchbruch. Mit großer Mehrheit verlangten die dort versammelten Handwerker die Zwangsinnung und den Großen Befähigungsnachweis, der die Ausübung eines Handwerksberufs an die Meisterprüfung bindet. Auf demselben Kongreß wurde der »Allgemeine Deutsche Handwerkerbund« gegründet, in dem der ältere Verband aufging und der nun die Spitzenvertretung des frei organisierten Handwerks bildete. Seine Mitgliederzahl wird mit 100000 beziffert. Zwei Jahre später trat ihm, als Frucht der jüngsten Handwerksnovelle, der Zentralausschuß vereinigter Innungsverbände Deutschlands zur Seite. Im Hinblick auf den öffentlich-rechtlichen Charakter der in ihm repräsentierten Innungen suchte dieser Ausschuß zunächst offene Kontroversen mit den Regierungsinstanzen zu vermeiden und vertrat darum – bis zu der Auseinandersetzung um die Novelle von 1897 – die Forderungen nach Zwangsinnung und Großem Befähigungsnachweis zurückhaltender als der freie Verband. Seine Bedeutung ging jedoch stark zurück, als 1900 mit dem Deutschen Handwerks- und Gewerbekammertag eine Dachorganisation für die neugeschaffenen Handwerkskammern gegründet wurde[3].

Bei weitem diffuser stellt sich die interessenpolitische Organisation des mittelständischen Einzelhandels dar. Anlaß zur Verbandsbildung gab auch hier ein Gefühl der Bedrohtheit durch großkapitalistische Handelsformen, das während der »Großen Depression« weite Verbreitung gefunden hatte. Seit Ende der siebziger Jahre bildeten sich in fast allen größeren deutschen Städten örtliche Zusammenschlüsse von Kleinhändlern, die es sich zum Ziel setzten, einen wirksamen »Schutz des gewerblichen Mittelstandes und Detailhandels vor allem gegen die großkapitalistischen Zentralisationsbestrebungen durch Konsumvereine, Beamtenvereine und deren unberechtigte Steuerprivilegien, sowie gegen Warenhauskonzerne« zu erreichen. Im Jahre 1878 erfolgte in Berlin die Gründung eines überregionalen Verbandes: Auf Initiative des Vereins Berliner Kaufleute wurde ein »Zentralverband der Kaufleute Deutschlands« gebildet, der sich jedoch keinen festen organisatorischen Unterbau zu geben vermochte und bereits zu Beginn der achtziger Jahre wieder auflöste. Erfolgreicher war der »Deutsche Zentralverband für Handel und Gewerbe«, der aus dem 1888 in Leipzig gegründeten »Zentralvorstand kaufmännischer Verbände und Vereine Deutschlands« erwuchs und nach der Fusion mit anderen Vereinigungen zu einer der größten und aktivsten Detailhandelsorganisationen wurde. Zusammen mit einigen regionalen Verbänden bildete er 1908 eine lose »Interessengemeinschaft großer deutscher Detaillistenverbände«, die sich freilich nur selten zu einer einheitlichen Willensbildung durchringen konnte[4].

Gingen diese Schutzverbände vom Primat der Staatshilfe für den kaufmännnischen Mittelstand aus, so stellten die nach der Jahrhundertwende sich ausbreitenden Einkaufsgenossenschaften des Lebensmitteleinzelhandels das Prinzip der Selbsthilfe in den Mittelpunkt ihrer Aktivität[5]. Ihre Verbandsorganisation schwächte die traditionellen Schutzverbände ebenso wie der 1902 in Hannover gegründete »Verband Deutscher Rabattsparvereine« (später: »Verband der Handelsschutzvereine Deutschlands, Vertretung für Handel und Gewerbe«), der sich sowohl zur Selbst- als auch zur Staatshilfe bekannte und damit in direkte Konkurrenz zum »Zentralverband« trat. Eine andere Richtung mittelständischer Interessenpolitik verkörperten die Fachverbände des Einzelhandels, die vor allem in der Konjunkturperiode nach 1896 die Bedeutung der Schutzverbände stark zu vermindern begannen: In ihrem Auftreten weniger agitatorisch als die Sammelvereinigungen, suchten sie die berufsspezifischen Belange der von ihnen vertretenen Branchengenossen gegenüber Parlament, Regierung und Öffentlichkeit zur Geltung zu bringen.

Insgesamt lassen sich somit zunächst zwei Haupttypen von Interessenverbänden im handwerklichen und kaufmännischen Mittelstand unterscheiden: Die quasi-ständischen Gesamtverbände des Handwerks und des Einzelhandels und die branchenspezifischen Fachverbände. Im Handwerk sind dem ersten Typ der Deutsche Handwerks- und Gewerbekammertag, der Zentralausschuß Vereinigter Innungsverbände und die freien Handwerkerbünde zuzurechnen, während die Zusammenschlüsse jeweils derselben Fachinnungen auf regionaler und Reichsebene dem zweiten Typ zuzuordnen sind. Infolge des öffentlichrechtlichen Charakters der Innungen und der Innungsverbände spielten freie Fachverbände im Handwerk eine sehr viel geringere Rolle als im Einzelhandel. Keine reinen Handwerksorganisationen waren die »Gewerbevereine«, die auch Kaufleute und Industrielle umfaßten. Sie hatten ihren regionalen Schwerpunkt vor allem in Süddeutschland, wo sie – anders als etwa in Preußen – von den Regierungen stark gefördert wurden und die Ausbreitung des Innungswesens zeitweilig aufhielten. Wirtschaftspolitisch liberaler als die zünftlerisch eingestellten reinen Handwerkerverbände, fallen die Gewerbevereine und ihre Dachorganisation, der 1891 gegründete »Verband Deutscher Gewerbevereine«, aus dem mittelständischen Verbandsschema ebenso heraus wie der gleichfalls »zwischenständische«, noch ausführlicher zu erörternde Hansa-Bund. Die Gewerbevereine verloren freilich mit der allmählichen Ausbreitung des Innungswesens an Bedeutung und überließen nach 1900 auf Reichsebene dem »Deutschen Handwerks- und Gewerbekammertag« weitgehend die Funktion der handwerklichen Gesamtrepräsentation[6].

Im Einzelhandel ist die Zuordnung der Schutzverbände zum Typ der quasi-ständischen Gesamtverbände ebenso eindeutig wie die der Branchenvereinigungen zum Typ der Fachverbände. Dem rationaleren Organisationsprinzip der Fachverbände stehen als Spezialvereinigungen auch die Einkaufsgenossenschaften nahe. Die Rabattsparvereine dagegen beanspruchten nicht nur, eine »Vertretung für Handel und Gewerbe« zu sein, sondern neigten auch in ihrem Protektionismus eher dem ideologisch aggressiven Verhalten der Schutzverbände zu.

Das Bedürfnis nach integralen Interessenverbänden des gewerblichen Mittelstandes – dem dritten, noch näher zu erörternden »pseudoständischen« Verbandstyp – scheint bei den Einzelhandelsverbänden noch stärker entwickelt gewesen zu sein als bei den offiziellen Handwerksorganisationen. Der Grund dieser Differenz liegt darin, daß das Handwerk als relativ geschlossene und traditionsbewußte Gruppe immer noch leichter organisierbar war als der aus heterogenen Elementen zusammengesetzte Einzelhandel und in seinen öffentlich-rechtlichen Institutionen, den Innungen und Kammern, wirksame Instrumente standespolitischer Interessenvertretung besaß. Sein Bedarf an übergreifenden Mittelstandsorganisationen war darum notwendigerweise geringer als der des Einzelhandels, dessen einzige öffentlich-rechtliche Vertretung die für Industrie und Handel insgesamt zuständigen Handelskammern waren. Gemeinsame Interessen und ideologische Übereinstimmung freilich gab es bei den beiden Hauptgruppen des gewerblichen Mittelstandes durchaus. Die bemerkenswerte Kontinuität dieser Faktoren verlangt es, ihrer Entwicklung nachzugehen.

**III.** Wenn Ideologie den Entwurf einer rationalen und umfassenden Erklärung gesellschaftlicher Verhältnisse meint, die jeder Einzelerscheinung einen bestimmten Ort in einem gedachten oder tatsächlichen Gesamtzusammenhang zuweist, wäre eine »Mittelstandsideologie« ein Widerspruch in sich selbst. Eine Ideologiebildung großen Stils ist offenbar nur möglich, solange sich eine Klasse im Vorgriff auf die Zukunft mit der Gesamtgesellschaft bona fide identifizieren kann. Für das Bürgertum traf dies zu, als es der Vorkämpfer gegen überkommene ständische Privilegien und insoweit in der Tat der »allgemeine Stand« war. Der gewerbliche Mittelstand in der zweiten Hälfte des 19. Jahrhunderts war per definitionem kein allgemeiner Stand, sondern eine Schicht zwischen den Fronten. Er sah sich nicht als aufsteigende Klasse, sondern als eine von Großkapital und Proletariat bedrohte Minderheit. Er glaubte sich zum Untergang verurteilt, wenn nicht der Staat seine Existenz vor den ihn bedrängenden gesellschaftlichen Kräften sicherte. Diesen Anspruch stützte der gewerbliche Mittelstand auf die Überzeugung, daß er in toto eine gesellschaftliche Notwendigkeit sei. Die Begründungen, die seine Sprecher dafür vorbrachten, waren seine Ideologie: die Rechtfertigung eines besonderen als eines zugleich allgemeinen Interesses.

Die Ansätze zur Überhöhung konkreter handwerklicher Einzelforderungen, wie der nach dem Befähigungsnachweis und der Zwangsinnung, sind mit diesen Postulaten zugleich entstanden. Schon in der ersten Hälfte des 19. Jahrhunderts identifizierten die Handwerker und ihre konservativen Verbündeten die Gewerbefreiheit mit einem allgemeinen Sittenverfall, während sie umgekehrt das Zunftwesen als Mittel zur Erhaltung der wirtschaftlichen Moral feierten. Einen systematischen Ausdruck erhielten die Bemühungen um eine eigene Handwerksideologie freilich erst im 20. Jahrhundert, als die berufsständischen Bestrebungen der Zwischenkriegszeit eine Möglichkeit zur Objektivierung gruppenspezifischer Belange zu bieten schienen. Der kleine Einzelhandel, der sich später als das Handwerk im Zeichen eines massiven Protektionismus organisierte, erhob nichtsdestoweniger schon frühzeitig und dezidierter als das Handwerk den Anspruch auf ein allgemeines gesellschaftspolitisches Mandat. Der Zentralverband der Kaufleute Deutschlands verband bereits 1878 seine eigenen Interessen geschickt mit verbreiteten Ressentiments, wenn er die Delegierten des Gründungskongresses zu Zeugen dafür aufrief, »wie die traurige Saat des Sozialismus die Verschiedenheit der Stände und Berufsklassen mehr und mehr zu überwuchern droht, daß dank der jetzt gültigen Zeitströmung und des Freizügigkeitsgesetzes, daß dank der Protektion, welche Konsum- und Beamten- und Hausfrauenvereine genießen, der Kleinhandel allmählich immer mehr in andere unberechtigte Hände übergeht«[7].

In dem Maß, wie die Großindustrie selbst unter der Konjunktur zu leiden hatte und darum dem Wirtschaftsliberalismus abschwor, richteten sich seit den siebziger Jahren die Angriffe der Mittelständler vorzugsweise gegen das mobile Kapital oder, wie man es damals zu nennen begann, die »Goldene Internationale«. Da das Bankkapital als der Hauptschuldige für die Wirtschaftskrise allgemein und die Bedrängnisse der Mittelschichten im besonderen galt, waren Handwerk und Kleinhandel für die in diese Richtung zielenden Attacken der konservativen »Steuer- und Wirtschaftsreformer« und der antisemitischen Agitation besonders anfällig[8]. Vor allem die Antisemiten betrieben mit Erfolg eine Gleichsetzung von Liberalismus, Finanzkapital und Judentum und führten die Gravamina der Gruppen mit mittelständischer Selbsteinschätzung auf eine letzte Ursache zurück: »Die sociale Frage ist wesentlich Judenfrage.«[9] Die Ressentiments der Handwerker und Kleinhändler, der kleinen Landwirte, unteren Beamten und kaufmännischen Gehilfen fanden in solchen Parolen einen gemeinsamen Nenner: Der Antisemitismus der Depressionszeit war der erste Versuch einer mittelständischen Integrationsideologie. Beim selbständigen Mittelstand und bei den Bauern erwies sich vor allem die Reduktion von »Wucherzinsen«, Hausierhandel und großkapitalistischen Handelsformen wie Warenhäusern auf jüdische Machenschaften als wirksam. Das Judentum galt weiten Teilen dieser Schichten fortan als extremes Manchestertum und der politische Liberalismus als sein verlängerter Arm. Parteien, die sich – wie die Antisemiten, die Konservativen und zeitweilig auch das Zentrum – diese Auffassung zu eigen machten, konnten um so mehr auf Zulauf aus Handwerker- und Kleinhändlerkreisen rechnen, als sie auch die protektionistischen Forderungen dieser Gruppen übernahmen.

Für die Konservativen, die sich unter den Vorzeichen des allgemeinen Reichstagswahlrechts auf die Notwendigkeit verwiesen sahen, eine Massenbasis zu finden, erwuchsen aus der Unterstützung auch der extremsten Mittelstandsforderungen weder Interessen- noch ideologische Konflikte. Sie konnten bei Handwerk und Kleinhandel nicht nur mit beträchtlichem Erfolg um zusätzliche Stimmen werben, sondern auch auf eine tatsächliche Übereinstimmung der Interessen bauen: Großgrundbesitz und Kleingewerbe waren gleichermaßen Gegner einer fortschreitenden Industrialisierung, die ihren jeweiligen Einflußbereich gefährden mußte. Aus demselben Grund waren beide an der Aufrechterhaltung einer politischen Ordnung interessiert, die eine optimale Garantie gegen soziale Erschütterungen bot. Wenn die Konservativen den Mittelstand an jene Parteien zu binden suchten, die »die überkommene gesellschaftliche Staffelung erhalten wollen«, wurde ihr eigenes Motiv auch in der ideologischen Verbrämung klar: »Reich und Monarchie stürzen zusammen, sobald es nur noch eine unbekümmerte Plutokratie und ein haßerfülltes Proletariat gibt, sobald der als Puffer und Ausgleicher dienende Mittelstand verschwunden ist.« Über den von preußischen Großgrundbesitzern im Jahre 1893 gegründeten »Bund der Landwirte« nahm der Agrarkonservativismus tätigen Anteil sowohl an der Verbreitung einer traditionalistischen Mittelstandsideologie wie auch an der organisatorischen Zusammenfassung der verschiedenen Gruppen des gewerblichen Mittelstandes[10].

Versuche, Handwerk und Kleinhandel zu einer geschlossenen Front zu vereinigen, hat es bereits gegen Ende des 19. Jahrhunderts gegeben. Soweit sie Parteiform annahmen wie die um 1895 in Halle gegründete »Mittelstandspartei«, blieben sie erfolglos. Ebensowenig war den Bemühungen Dauer beschieden, nicht nur den gewerblichen Mittelstand, sondern auch Hausbesitzer, freie Berufe, Privatbeamte und Angestellte in einer Organisation zu vereinigen. Dieses Experiment unternahm erstmals 1903 die auf Initiative vor allem von Handwerkern und Detailhändlern gegründete »Mittelstandsvereinigung Hannover«, aus der im folgenden Jahr die »Deutsche Mittelstandsvereinigung« erwuchs. Sie versuchte, die »Berufs- und Standesinteressen des deutschen Mittelstandes, vornehmlich bei den politischen und Gemeindewahlen, sei es innerhalb der bestehenden Parteien, sei es erforderlichenfalls neben diesen« wahrzunehmen. Sie zersplitterte jedoch bereits nach wenigen Jahren wegen der sozialen Heterogenität ihrer Mitgliedschaft und der zeitweiligen Annäherung an die konservative Partei, wogegen sich vor allem der zentrumsorientierte rheinisch-westfälische Landesverband wandte.

Vergleichsweise erfolgreicher war eine andere Gründung, die unter erheblicher Mitwirkung des Bundes der Landwirte stattfand. Sie war weitgehend eine Reaktion auf den Versuch des 1909 gegründeten »Hansa-Bundes für Gewerbe, Handel und Industrie«, die weitverbreitete Empörung über die Steuerpläne der Konservativen zur Sammlung von Industrie, Handel, mittelständischem Gewerbe und Angestellten im Zeichen einer antiagrarischen Sammlungsbewegung zu nutzen. Zur Speerspitze der konservativen Richtung innerhalb der Mittelstandsbewegung wurde die von dem prominenten Antisemiten Theodor Fritsch geführte »Mittelstandsvereinigung im Königreich Sachsen«, die aus

Protest gegen den Beitritt der Deutschen Mittelstandsvereinigung zum Hansa-Bund diese verließ und seitdem die Bildung eines neuen Verbandes betrieb. Ihre ideologische Ausrichtung entsprach ganz den konservativen Intentionen: Der Mittelstand bilde, so formulierte es einer ihrer Sprecher, »den Puffer zwischen der goldenen und der roten Internationale; wehe dem Staate, in dem dieser Puffer fehlt«[11]. Bei den Vorbereitungen zur Gründung eines »Reichsdeutschen Mittelstandsverbandes« als konservativer Konkurrenz zum Hansa-Bund erhielt die sächsische Mittelstandsvereinigung tatkräftige Unterstützung von Gustav Ruhland, einem der Ideologen des Bundes der Landwirte, und anderen Mitgliedern dieser Vereinigung.

Die Interessengruppe, die im Reichsdeutschen Mittelstandsverband von Anfang an dominierte, war wiederum der Detailhandel mit seinen zahlreichen Verbänden. Korporativ traten ihm jedoch auch zahlreiche lokale Handwerkerverbände, Innungen, Hausbesitzervereine und Interessengruppen mit gemischter Zusammensetzung bei. Obgleich der Verband »Berufs- und Standesinteressen des gewerblichen Mittelstandes unter Ausschluß parteipolitischer Bestrebungen« zu vertreten vorgab, machte eine Einschränkung seines Programms den fiktiven Charakter dieser Überparteilichkeit deutlich: »Aufklärungen« über parlamentarische Verhandlungen, über Gesetzesvorlagen wirtschaftlicher Natur und über die Stellung der einzelnen Parteien dazu sollten nicht als parteipolitische Bestrebungen gelten. Als Feinde des Mittelstandes wurden auf dem Gründungskongreß am 24. September 1911 in Dresden wiederum die »goldene« und die »rote Internationale« bezeichnet, wobei die letztere jedoch als die bei weitem größere Gefahr geschildert wurde. »In einem muß (sic!) Großindustrie und Gewerbe unter allen Umständen zusammenstehen: In der Zurückweisung und Niederwerfung terroristischer Anmaßungen der Sozialdemokratie gegenüber.« Der Mittelstand selbst wurde gefeiert als »des Volkes Rückgrat, auch im staatserhaltenden Sinne« und der Staat aufgefordert, »seinen Mittelstand deshalb zu schützen, denn im Mittelstand ist ein tüchtiger Kern königstreuer, vaterländischer Gesinnung enthalten, der als kräftiges Bollwerk allen Umsturzbewegungen sich entgegenstellt«[12]. Um sich die Dankbarkeit dieser wertvollen Schicht zu sichern, sollte der Staat den Zwangsinnungen das Preisfestsetzungsrecht zubilligen, gegen Warenhäuser, Konsumgenossenschaften und Beamtenwirtschaftsvereine, das Wandergewerbe, den heimlichen Warenhandel, das Sonderrabatt- und das Zugabewesen vorgehen, strafgesetzliche Regelungen gegen den »Boykott« einzelner Gewerbetreibender durch Arbeiterorganisationen vorbereiten und schließlich der »krankmachenden Sozialpolitik« abschwören.

Nachdem sich der Reichsdeutsche Mittelstandsverband schon auf seinem Gründungskongreß so eindeutig als konservativer Kampfbund vorgestellt hatte, war es nicht verwunderlich, daß er die Sammlungsparole des Bundes der Landwirte aufgriff und sich in eine Front der antiliberalen und antisozialdemokratischen Kräfte einzureihen bereit war. Um die »immer höher steigende rote Flut« einzudämmen, arbeitete er – wie er am 19. Februar 1912 dem Reichskanzler von Bethmann Hollweg mitteilte – »in Gemeinschaft mit einem maßgebenden Industrieverbande an der Herbeiführung einer Interessengemeinschaft aller selbständigen produktiven Stände«. Das Resultat dieser Bemühungen um eine »Sammlung aller staatserhaltenden Elemente« war jenes »Kartell der schaffenden Stände«, das von seinen Gegnern alsbald in »Kartell der raffenden Hände« umgetauft wurde. Es wurde auf dem Dritten Reichsdeutschen Mittelstandstag in Leipzig im Jahre 1913 gebildet und umfaßte neben dem Reichsdeutschen Mittelstandsverband den Bund der Landwirte und den Centralverband Deutscher Industrieller. Seine Forderungen gipfelten in dem Ruf nach »Aufrechterhaltung der Autorität in allen wirtschaftlichen Betrieben«, »Schutz der nationalen Arbeit, Sicherung angemessener Preise und Schutz der Arbeitswilligen« sowie der »Bekämpfung der Sozialdemokratie und sozialistischer Irrlehren«[13].

Seiner sozialen Struktur nach bildete das Kartell eine Koalition von schwerindustriellen Gruppen, Großgrundbesitz und Teilen des gewerblichen Mittelstandes. Es war eine Zusammenfassung jener Kräfte der deutschen Gesellschaft, die sich durch den freien Wettbewerb im wirtschaftlichen wie im politischen Bereich besonders bedroht fühlten und darum an einem starken autoritären Staat als Stütze der bestehenden sozialen Ordnung interessiert waren. Die praktische Bedeutung des »Kartells der schaffenden Stände« war indes sehr gering: Der Widerstand der Textilindustriellen im Centralverband gegen einen Pakt mit den Großagrariern zwang die Verbandsführung, das Leipziger Bündnis nachträglich auf die Ebene bloßer Deklaration herunterzuspielen. Soweit die verhinderten Kartellpartner bei Kundgebungen allgemeinpolitischer Art später noch zusammen auftraten, taten sie es in breiterer Front – so etwa bei der Eingabe großer Wirtschaftsverbände vom 20. Mai 1915, in der sich neben dem Centralverband Deutscher

Industrieller, dem Bund der Industriellen, dem Bund der Landwirte und anderen Agrarvereinigungen auch der Reichsdeutsche Mittelstandsverband für ein expansives militärisches Eroberungsprogramm aussprach[14].

Aber nicht nur das »Kartell der schaffenden Stände« scheiterte an inneren Interessengegensätzen. Auch der Reichsdeutsche Mittelstandsverband war in sich so heterogen und sein repräsentativer Charakter so zweifelhaft, daß die in dieser losen Dachorganisation vereinigten Gruppen des Einzelhandels, des Handwerks und des Hausbesitzes ihre spezifischen Interessen ebenfalls über ihre besonderen Organisationen durchzusetzen versuchten. Der Dachverband selbst trat vor allem als Veranstalter von drei »Reichsdeutschen Mittelstandstagen« in Erscheinung, beschränkte sich also im wesentlichen auf deklamatorische Akte. Im Hinblick auf diesen Tatbestand und die daraus resultierende Wirkungslosigkeit scheint es erlaubt, den Reichsdeutschen Mittelstandsverband und andere integrale Mittelstandsvereinigungen als »pseudoständischen« Verbandstyp anzusprechen: Die Übereinstimmung der in ihnen vertretenen Gruppen beruhte nicht wie beim Handwerk auf einer einheitlichen berufsständischen Tradition, sondern auf einer Reihe von Abwehrinteressen gegenüber der modernen Gesellschaft und auf der ideologischen Rechtfertigung dieser Forderungen.

Die Bildung integraler Mittelstandsverbände, die die gemeinsamen Interessen von Handwerk, Detailhandel und Hausbesitz zu vertreten beanspruchten, fällt in die Zeit wirtschaftlichen Aufschwungs nach 1896. Waren während der »Großen Depression« die Antisemitenparteien nach Programm und Anhängerschaft mittelständische Sammelbewegungen gewesen, so verlor im Zeichen der wirtschaftlichen Erholung der extrem emotionale Parteiantisemitismus allmählich an Resonanz[15]. Für die Wahrnehmung mittelständischer Belange gegenüber Regierungen und Parlamenten erschien es nun erfolgversprechender, auf diskreditierte Parolen tunlichst zu verzichten, sich auf der Basis ökonomischer Interessen zu organisieren und mit gesellschaftsfähigen politischen Kräften zu verbünden. Selbst engagierte Antisemiten wie Theodor Fritsch verzichteten bei offiziellen Anlässen wie dem Gründungskongreß des »Reichsdeutschen Mittelstandsverbandes« auf antisemitische Äußerungen. Am stärksten hielten sich antisemitische Ressentiments beim mittelständischen Einzelhandel. Nicht wenige seiner Sprecher sahen vor allem in den Warenhäusern weiterhin eine spezifisch jüdische Konkurrenz am Werk und meinten, darum gegen die

»zersetzende Wühlarbeit eines undeutschen Volkes sowie die dadurch bedingten, alle Lebensgebiete treffenden schweren Schädigungen« protestieren zu müssen[16].

Die Mittelstandsbewegung bot im letzten Jahrfünft vor dem Ersten Weltkrieg ein uneinheitliches Bild. Ihren rechten Flügel verkörperte vor allem der Reichsdeutsche Mittelstandsverband, der politisch eindeutig zum konservativen Lager gehörte. Da er sich zum Ideal einer Gesellschaftsordnung bekannte, »in welcher alle Stände in Eintracht und Harmonie die gemeinsamen Aufgaben erfüllen und jedermanns Existenz gesichert ist«[17], fühlte er sich auf der anderen Seite verpflichtet, ein hartes Durchgreifen gegen alle jene zu fordern, die den so verstandenen sozialen Frieden störten. Dazu gehörten nach Meinung der Kreise um den Reichsverband nicht nur die Sozialdemokraten, sondern auch die »verblendeten Mandatsträger der äußersten bürgerlichen Linken«, von denen man mutmaßte, sie würden »trotz aller böser Erfahrungen auch in Zukunft der Sozialdemokratie bei der Demokratisierung unserer öffentlichen Einrichtungen behilflich sein und so ein Bollwerk des Bürgertums nach dem anderen der Partei des gewaltsamen Umsturzes leichtfertig ausliefern«[18]. Wiewohl der Reichsverband den Vorrang des »Gemeinschaftsgedankens« vor der »Selbstsucht« proklamierte[19], glaubte er doch, massiver staatlicher Hilfe nicht entraten zu können. Einen Widerspruch freilich zwischen einem protektionistischen Programm für das Kleingewerbe und dem Bekenntnis zum Primat des Gemeinwohls brauchte man dann nicht zuzugeben, wenn man »egoistische Rücksichtslosigkeit« mit dem »Moloch des Kapitals« identifizierte[20] und einen »gesunden Mittelstand« als die wichtigste Kampftruppe gegen diejenigen ansah, »die die Arbeit gegen den Besitz auszuspielen« versuchten[21].

Als »linken« Flügel der Mittelstandsbewegung kann man jene Gruppen aus Handwerk und Kleinhandel ansprechen, die sich um den Hansa-Bund sammelten. Als Verband, der die gemeinsamen Interessen von Handel, Industrie und Gewerbe zu vertreten strebte, betonte er den Primat der Selbsthilfe und übernahm von den Mittelstandsforderungen vornehmlich solche, die gleichzeitig von der Gesamtunternehmerschaft gebilligt werden konnten. Es waren dies die Ausschaltung der Konkurrenz staatlicher und kommunaler Betriebe, eine Reform des Submissionswesens, die Beschränkung der Gefängnisarbeit und selbst Maßnahmen gegen Beamten- und Konsumvereine. Einer so zentralen Handwerksforderung wie der nach dem Preisfestsetzungsrecht der

Zwangsinnungen schloß sich der Hansa-Bund jedoch nicht an, von der Ablehnung der Sondersteuern gegen die Warenhäuser und strafgesetzlichen Sanktionen gegen Boykottaktionen ganz zu schweigen. Obschon die Deutsche Mittelstandsvereinigung, die dem Hansa-Bund 1909 aus Protest gegen die Steuerpläne des Bundes der Landwirte beigetreten war, seit 1911 wieder mehr auf ihre frühere protektionistische Linie einschwenkte, blieben doch zahlreiche moderner eingestellte Handwerker und Detailhändler weiter in dem liberalen Verband[22].

Nicht nur im Bereich der Großwirtschaft also, wo liberale Exponenten aufstrebender Branchen der Fertigungsindustrie gegenüber der weiter rechts stehenden Schwerindustrie zunehmend an Einfluß gewonnen hatten, sondern auch im gewerblichen Mittelstand zeigten sich seit dem Ende der »Großen Depression« deutliche Differenzierungen[23]. Im Vergleich zum ausgehenden 19. Jahrhundert artikulierte sich, wie der Einbruch des Hansa-Bundes in mittelständische Schichten beweist, nach 1900 das liberale Element wieder stärker. Soweit der politische Liberalismus seinen Stimmenbestand stabilisieren konnte, geschah dies freilich nicht zuletzt auf Grund von Konzessionen an den Sozialprotektionismus. Innerhalb des Einzelhandels gewannen die im ganzen sachlich argumentierenden Fachverbände auf Kosten der konservativen Schutzverbände an Boden. Beim Handwerk bemühte sich der Deutsche Handwerks- und Gewerbekammertag unter der Führung wissenschaftlich ausgebildeter Funktionäre nicht ohne Erfolg um eine gewisse Rationalisierung des traditionalistischen Handwerkerprogramms. Freilich mußte offenbleiben, ob die immer noch verbreitete protektionistische Stimmung bei Handwerkern und Einzelhändlern in neuen Krisensituationen nicht solche Versuche rasch desavouieren würde.

Die Verstärkung der rationaleren Tendenzen im Kleingewerbe, die sich nach der Jahrhundertwende abzeichnete, änderte auch nichts an der – in einem weiteren Sinn – konservativen Grundhaltung des gewerblichen Mittelstandes. Daß der Mittelstand eine ausgleichende Funktion zwischen Arbeit und Kapital ausübe, daß er eine besonders staatserhaltende Kraft sei und darum Förderung verdiene – das wurde dieser Schicht mit unterschiedlichen Formeln von fast allen bürgerlichen Parteien bescheinigt. Diese Parolen entsprachen ganz der mittelständischen Selbsteinschätzung. »Durch seine Schwächung«, so heißt es etwa im Aufruf zum 1. Reichsdeutschen Mittelstandstag 1911, »verliert der Mittelstand die Kraft, in dem erbitterten Interessenkampf zwischen

Kapital und Arbeit ausgleichend und versöhnend zu wirken.«[24] Was die »Arbeit« betraf, war freilich nach Meinung zumindest der konservativen Mittelständler und der Rechtsparteien bis hin zu den Nationalliberalen eine Versöhnung erst nach einer erfolgreichen Bekämpfung der Sozialdemokratie möglich. »Der Mittelstand«, erklärte der preußische Landtagsabgeordnete Schröder-Kassel auf dem nationalliberalen Parteitag von 1910, »ist das beste und stärkste Bollwerk gegen die rote Flut, und wer für den Mittelstand kämpft, kämpft gleichzeitig gegen den Umsturz«[25].

Die Schärfe, mit der die Sprecher des gewerblichen Mittelstandes gegen die Sozialdemokratie auftraten, erklärt sich nicht nur aus der Untergangsprognose, die Kommunistisches Manifest und Erfurter Programm dem Kleingewerbe gestellt hatten, und der darauf gegründeten Weigerung der Sozialdemokraten, Schutzmaßnahmen zugunsten des Mittelstandes zu ergreifen. Sie ist auch darauf zurückzuführen, daß den Sozialdemokraten in der Tat erhebliche Einbrüche in das Kleingewerbe gelungen waren. Zumal bei den am stärksten proletarisierten Berufsgruppen der Schuhmacher, Weber, Zigarrenwickler, Sattler, Schneider, Drechsler und Gastwirte konnte sie eine große Zahl von selbständigen Meistern für sich gewinnen[26]. Als sich 1908 selbst der Wahlausschuß der Mittelstandsvereinigung Frankfurt am Main – offenbar im Sinne eines Protestvotums gegen den Linksliberalismus – dafür entschied, bei den Stichwahlen zur Stadtverordnetenversammlung in mehreren Bezirken nicht den bürgerlichen, sondern den sozialdemokratischen Kandidaten zu unterstützen, sah sich das Organ der Deutschen Mittelstandsvereinigung trotz seiner Bedenken gegen die Freisinnigen zu der Feststellung genötigt: »Wo es sich darum handelt, die Sozialdemokratie, unsere schlimmste Feindin, niederzuringen, die dem Mittelstand nicht nur aus wirtschaftlichen Gründen, sondern auch wegen seiner nationalen Gesinnung den Tod zugeschworen hat, da haben alle wirtschaftlichen Gegensätze Halt zu machen vor dem obersten Grundsatz: Über der Partei das Vaterland!«[27]

Das Vaterland, so wie es die Mittelständler auffaßten, war das Land des Mittelstandsschutzes und der Sozialistengesetze. »Staat«, »Vaterland«, »Nation«: dem Mittelstand waren diese Begriffe zu Synonymen für die bestehenden gesellschaftlichen und politischen Verhältnisse geworden. Bis in die 60er Jahre des 19. Jahrhunderts hatte das liberale Bürgertum den Adel als Träger der partikularstaatlichen Zersplitterung und sich selbst als Verkörperung der Nation gesehen. Die nationale

Parole war insoweit eine progressive Parole gewesen. Das änderte sich, seit im Zeichen des »Schutzes der nationalen Arbeit« und des Kampfes gegen die »Reichsfeinde« die konservativen Kräfte die nationale Idee rezipierten. Die Gleichsetzung seiner Interessen mit nationalen Bedürfnissen, die der gewerbliche Mittelstand und große Teile des gebildeten und besitzenden Bürgertums auch nach der »Großen Depression« vollzogen, konnte nun nicht mehr das Recht des gesellschaftlichen Fortschritts für sich in Anspruch nehmen – es war eine Ideologie zur Sicherung überkommener Macht- und Eigentumsverhältnisse. In diesem Sinne ist es zu verstehen, wenn 1910 der Vorsitzende des Vereins zum Schutz von Handel und Gewerbe erklärte: »Es muß ausdrücklich betont werden, daß in den Konsumvereinen eine nationale Gefahr besteht.«[28]

**IV.** Die Mittelstandspolitik des Kaiserreichs bestand aus einer Reihe von Versuchen, die Basis des überkommenen politischen und sozialen Systems zu erweitern und zu stabilisieren. Es waren, wie wir gesehen haben, nicht nur die Konservativen, die mit der Propagierung eines staatlichen Mittelstandsschutzes ihre Anhängerschaft zu vergrößern versuchten, sondern auch Zentrum und Nationalliberale. Den gemeinsamen Nenner, auf den die Bemühungen dieser Parteien und der staatlichen Instanzen gebracht werden können, findet man am treffendsten in einer Äußerung Miquels aus dem Jahre 1879: Die Vernachlässigung des Handwerks durch Regierung und herrschende Schichten müsse, so erklärt der nationalliberale Politiker, ein Ende finden, denn »dieser Zustand ist ein höchst gefährlicher, besonders gefährlich in Zeiten revolutionärer Agitation gegen die Grundlagen unserer gesellschaftlichen Ordnung«[29].

Der antirevolutionäre Konsensus der Sozialprotektionisten ließ freilich Differenzierungen zu, die die spezifischen Interessenlagen seiner Träger widerspiegelten. Waren die Konservativen bereit, auch solche Handwerksforderungen zu übernehmen, die mit der Wettbewerbsfreiheit radikal brachen, so zogen Nationalliberale und staatliche Bürokratie die Grenze ihres Protektionismus da, wo er mit den vitalen Bedürfnissen eines Industriestaates in Konflikt zu geraten drohte. Dies gilt nicht nur für die schließliche Ablehnung des allgemeinen Großen Befähigungsnachweises und der obligatorischen Zwangsinnung, die beide eine erhebliche Behinderung der technologischen Innovation und der sozialen Rekrutierung des industriellen Unternehmertums bedeutet hätten – es gilt ebenso für die Entscheidung konkreter Streitfragen zwischen Handwerk und Industrie wie die Finanzierung der Lehrlingsausbildung. Die Forderungen des Handwerks, daß entweder alle Gewerbebetriebe zu den Gesamtkosten der Innungen und zu den Handwerkskammern überhaupt beitragspflichtig gemacht werden sollten oder doch wenigstens diejenigen Betriebe, die sich mit handwerksmäßigen Arbeiten abgeben, Arbeiter handwerksmäßig ausbilden und handwerksmäßig vorgebildete Arbeiter beschäftigen, fanden keine Erfüllung. Nachdem 1911 und 1912 auf Konferenzen im Reichsamt des Innern Vertreter der Industrie den Handwerksforderungen energisch widersprochen hatten, vertröstete Staatssekretär von Delbrück das Handwerk mit der Ankündigung von Konsultationen, die seine Behörde mit den verbündeten Regierungen pflegen wolle. Diese könnten den regionalen und branchenbedingten Besonderheiten besser Rechnung tragen und unterschiedliche lokale Regelungen vorschlagen. Faktisch bedeutete das einen Sieg der Industrie über das Handwerk[30].

Generell läßt sich die These vertreten, daß die protektionistischen Forderungen des gewerblichen Mittelstandes bei der Exekutive auf prinzipiellen Widerstand nur da stießen, wo sie mit großindustriellen Interessen kollidierten, nicht jedoch, soweit sie die Interessen der Verbraucher und kommerziellen Außenseiter beeinträchtigen. Sondersteuern für – oder besser: gegen – die Warenhäuser wurden erhoben, obwohl damit nicht nur eine moderne Organisationsform des kapitalistischen Handels, sondern die Konsumenten schlechthin diskriminiert wurden.

Eine allmähliche Abkehr von dieser besonders anfechtbaren »Schutzmaßnahme« erfolgte erst, nachdem ihre Erfolglosigkeit offenkundig geworden war und der 1903 gegründete »Verband Deutscher Waren- und Kaufhäuser« eine wirksame Agitation gegen die prohibitiven Ausnahmeregelungen begonnen hatte. Das Grundaxiom der Sammlungsbewegungen seit dem konservativ-nationalliberalen Kartell von 1887, eine »Koalition der produktiven Erwerbsschichten gegen das reine Verbraucherinteresse« (Herzfeld) zu schaffen[31], und die an dieser Zielsetzung orientierte Mittelstandspolitik hatten indes den Erwartungshorizont großer Teile des gewerblichen Mittelstandes so nachhaltig bestimmt, daß sie den Anspruch auf staatliche Fürsorge als selbstverständlich auffaßten. Nicht Erwägungen gesamtwirtschaftlicher Rationalität, sondern sozialpolitische Forderungen charakterisieren daher die Aktivität der politisch ausgerichteten Interessenverbände des Mittelstandes. Sie forderten vom Staat eine Art Statusgarantie zugunsten der selbständigen Gewerbetreibenden, die nicht vor den dynamischen Bedürfnissen der Gesamtgesellschaft gerechtfertigt, sondern mit dem Selbstinteresse der Herrschenden begründet wurde: Der Mittelstand empfahl sich als Ordnungsfaktor. Konnte die industrielle Arbeitnehmerschaft staatliche Sozialleistungen zu Recht als Abschlagszahlungen aus vorenthaltenem Arbeitsentgelt begreifen, so fehlte dem Kleingewerbe eine derartige Rechtfertigung. Sein Anspruch auf staatlichen Schutz war, soweit er über die Sicherung einer formalen Chancengleichheit der Unternehmensformen hinausging, ein Anspruch auf Kosten der Gesellschaft.

Eine Privilegierung partikularer Eigentümerinteressen waren aber nicht nur die diskriminierenden Maßnahmen gegen die Konkurrenten des gewerblichen Mittelstandes, sondern auch die staatlichen Hilfeleistungen bei der Organisation des Handwerks. Was sich in abstracto als Übertragung des Selbstverwaltungsprinzips von Gebietskörperschaften auf gesellschaftliche Gruppen darstellt, war in concreto eine Staatsintervention zugunsten *einer* Partei in dem Konflikt zwischen abhängiger Arbeit und selbständigem Unternehmertum. Die Existenz von Gesellenausschüssen, die bei Handwerkskammern und Innungen eingerichtet wurden und ein Mitwirkungsrecht bei der Regelung des Lehrlingswesens, bei der Abgabe von Gutachten über Angelegenheiten der Lehrlinge und Gesellen sowie bei strittigen Prüfungsentscheiden hatten, ändert nichts an der Tatsache, daß in allen übrigen Bereichen den Selbständigen durch die Handwerksnovelle von 1897 ein Informations- und Konsultationsmonopol gegenüber den staatlichen Instanzen eingeräumt worden war. Insoweit waren auch die Kontrollfunktionen der Aufsichtsbehörde von vornherein begrenzt und nicht dazu angetan, den einseitig privilegierenden Charakter der öffentlich-rechtlichen Konstruktion der Handwerkskammern abzuschwächen[32].

Die staatlich verfügte Einrichtung und Privilegierung von Innungen und Handwerkskammern steht in einem historischen Zusammenhang, der mit einem gewissen Recht als »Refeudalisierung« bezeichnet werden kann[33]. Die Übertragung öffentlicher Kompetenzen auf – ihrer Interessenstruktur nach – private Körperschaften bedeutete tendenziell eine Rückwendung zu den Herrschaftsständen der Feudalzeit und insoweit eine Durchbrechung des Dualismus von Staat und Gesellschaft, der sich mit der Emanzipation des absoluten Staates aus der ständisch verfaßten Gesellschaft herausgebildet hatte. Die Monopolisierung der Hoheitsgewalt beim Staat als einer der »societas civilis« gegenüber eigenständigen Organisationsform (O. Brunner)[34] wurde durch den interventionistischen Klassenstaat des ausgehenden 19. Jahrhunderts partiell rückgängig gemacht. Er systematisierte damit freilich nur Ansätze, die bis in die erste Jahrhunderthälfte zurückreichen und sich nicht auf Deutschland beschränken. Die Wiedereinrichtung der von der Republik abgeschafften französischen Handelskammern durch ein Konsulardekret Napoleon Bonapartes im Jahre 1802 hatte auch auf Deutschland Auswirkungen, da die unter der französischen Herrschaft im Rheinland gegründeten Handelskammern bestehenblieben. Andernorts wurde kaufmännischen Vertretungen ebenfalls der Kammerstatus verliehen. Diese Entwicklung wurde von der preußischen Regierung gefördert und mit der königlichen Verordnung vom 11. Februar 1848 endgültig sanktioniert: Öffentlich-rechtliche Handelskammern, die die vorgesetzten Behörden in Handels- und Gewerbeangelegenheiten beraten und Aufsichtsfunktionen über »öffentliche, dem Handel und Gewerbe dienende Anstalten« erhalten sollten, wurden für die ganze Monarchie vorgesehen, sofern ein örtliches Bedürfnis bestand[35]. Mochte eine solche Institution in der Frühphase der Industrialisierung noch primär als Mittel verbesserter staatlicher Informationsbeschaffung dienen und insoweit eine gesamtwirtschaftliche Rechtfertigung finden, so war angesichts der verschärften sozialen Konflikte zwischen Arbeit und Kapital in der zweiten Hälfte des 19. Jahrhunderts jede Delegation staatlicher Befugnisse an Gruppen der Kapitaleigentümer eine Diskriminierung der Arbeitnehmerseite. Dies gilt für die 1894 geschaffenen preußischen Landwirtschaftskammern ebenso wie für die Handwerkskammern. Beide Einrichtungen tragen deutlich die Signatur der Miquelschen »Sammlungspolitik«, in deren Zeichen die Sozialdemokratie verschärftem Druck ausgesetzt war und der »Mittelstand in Stadt und Land« zum vorrangigen Adressaten einer Sozialpolitik besonderer Art wurde[36].

Die Delegation staatlicher Kompetenzen an privatwirtschaftliche Körperschaften beinhaltet sowohl eine Ausdehnung der öffentlichen Autorität über private Bereiche wie eine Substitution staatlicher Gewalt durch gesellschaftliche. Insoweit ist es berechtigt, von der »Dialektik einer mit fortschreitender Verstaatlichung der Gesellschaft sich gleichzeitig durchsetzenden Vergesellschaftung des Staates« zu sprechen.[37] Die besondere deutsche Problematik freilich besteht darin, daß der absolutistische Dualismus von Staat und Gesellschaft nicht wie in den westeuropäischen Demokratien zugunsten der parlamentarischen Legitimation der Exekutivgewalt aufgegeben, sondern formell und ideologisch perpetuiert wurde. Was das System der Kompetenzdelegation in der konstitutionellen Monarchie des Deutschen Reiches charakterisiert, ist die Verflechtung eines sich überparteilich gebenden, nach der Verfassung von parlamentarischen Mehrheiten unabhängigen Staatsapparates mit privilegierten gesellschaftlichen Machtträgern. Diese Verflechtung schuf Interdependenzen, die in vieler Hinsicht als eine Vorform des »Organisierten Kapitalismus« erscheinen und damit die für die Gesellschaftspolitik des Bismarckreiches überhaupt bezeichnende Verquickung moderner und restaurativer Elemente widerspiegeln[38]. In das System wechselseitiger Rückversicherung der »staatserhaltenden Kräfte« gegenüber sozialrevolutionären Erschütterungen und parlamentarischer Majorisierung wurde, wie wir gesehen haben, auch der gewerbliche Mittelstand integriert. Als »Feudalisierung« im engeren Sinn kann hierbei die Restauration ständischer Organisationsformen und Privilegien angesprochen werden, wie sie das Handwerk durchzusetzen vermochte. Im weiteren Sinn mag man unter diesem Begriff auch alle jene »unsichtbaren Subventionen« subsumieren, die Detailhandel und Handwerk – ebenso wie die Landwirtschaft – vom kapitalistischen Wettbewerb abschirmen sollten und damit die Konservierung einer vorindustriellen, an standesgemäßen Einkommen, dem »Recht auf Kundschaft« (Lederer) und dem »gerechten Preis« orientierten Wirtschaftsgesinnung ermöglichten. Die institutionellen und ideologischen Komponenten des Protektionismus verstärkten sich wechselseitig und prägten ein spezifisch mittelständisches Bewußtsein, das – jenseits wechselnder Parteiaffinitäten – konservativ und illiberal genannt werden muß. Hatte der integrale Nationalismus die Funktion, die Gesamtgesellschaft – einschließlich des »neuen Mittelstandes« und der Arbeiter – in die bestehende Ordnung ideologisch zu integrieren, so war die Feudalisierung primär ein Mittel, die besitzenden Schichten bis hin zum kleinsten Eigentümer an die gegebenen Machtverhältnisse zu binden[39].

Die Bedingung der Möglichkeit des innenpolitischen Rückversicherungssystems war die Fortdauer des deutschen Ancien régime bis ins 20. Jahrhundert. Das Fehlen einer erfolgreichen bürgerlichen Revolution, die Grundtatsache der deutschen Geschichte, schlug sich sozial vor allem in der Behauptung der Machtpositionen des Großgrundbesitzes nieder. Mit den Junkern vermochte nicht nur die Schwerindustrie im Zeichen der Schutzzollgesetzgebung ein Partnerschaftsverhältnis zu begründen, dessen politische und ideologische Auswirkungen spätere Zolldifferenzen überlebten; auch Bauern und städtische Gewerbetreibende fanden in den Agrariern Fürsprecher ihrer protektionistischen Forderungen und gaben ihrerseits ein breites Reservoir für konservative und reaktionäre Bestrebungen ab. Die obrigkeitlichen Elemente im Verfassungssystem des Kaiserreiches boten überdies die Möglichkeit, eine Verschiebung der parlamentarischen Mehrheitsverhältnisse nach links, wie sie sich vor allem seit den Reichstagswahlen von 1912 abzeichnete, in gewissem Umfang zu kompensieren. Die legislative Gleichberechtigung des Bundesrates, die formelle Unabhängigkeit des Reichskanzlers von parlamentarischen Mehrheiten und das preußische Dreiklassenwahlrecht konnten als Sicherheitsgarantie gegenüber einer drohenden Majorisierung durch Linksliberalismus und Sozialdemokratie ins Spiel gebracht werden.

Wir brechen an dieser Stelle mit unserer Untersuchung ab. Die Auswirkungen, die der Sozialprotektionismus auf das politische Bewußtsein der Kleingewerbetreibenden während des Ersten Weltkrieges hatte, können hier nicht mehr erörtert werden[40]. Schon vor dem Krieg stand fest, daß die Anlehnung an den Machtapparat des Obrigkeitsstaates für das Gros der Mittelständler zur Gewohnheit geworden war. Die Sicherheit, die die Integration in die gesellschaftliche Ordnung des Kaiserreiches bot, sollte sich zwar als trügerisch erweisen: Mit der militärischen Niederlage brachen auch die Dämme gegen die politische Demokratisierung. Die Mentalität aber, die das protektionistische Rückversicherungssystem bei seinen Nutznießern bewirkt oder verstärkt hatte, überlebte die Revolution. Soviel ließ sich am Ende des Kaiserreiches unschwer vorhersagen: Der Mittelstand konnte nur so lange staatserhaltend sein, wie der Staat mittelstandserhaltend war.

# Vom Protest zur Panik: Der gewerbliche Mittelstand in der Weimarer Republik

I. Die Basis der Weimarer Demokratie, so hat Reinhard Rürup treffend bemerkt, sei nicht die Revolution von 1918/19 gewesen, sondern die der Revolution abgerungene Kontinuität[1]. Diese These gilt nicht nur für den staatlich-institutionellen Bereich, sondern auch auf dem Gebiet der Ideologien und des politischen Gruppenverhaltens. Im Hinblick auf die Schichten des Handwerks und Kleinhandels läßt sich dies folgendermaßen formulieren: Der gewerbliche Mittelstand blieb über das Ende des Kaiserreiches hinaus von der sozialprotektionistischen Politik des Obrigkeitsstaates geprägt und favorisierte während der Gesamtdauer der Weimarer Republik jeweils diejenige politische Gruppierung, von der er sich in der konkreten Situation ein Höchstmaß an Schutz vor den Ansprüchen der Arbeitnehmer und den sozialen Folgen einer Wettbewerbswirtschaft versprach. Die ungebrochene Fortdauer einer vorliberalen Mentalität des gewerblichen Mittelstandes schlug sich im häufigen Wechsel seiner Parteiaffinitäten nieder. Die massenhafte Abwanderung mittelständischer Wähler zum Nationalsozialismus, die 1929 einsetzte, war der vorläufige Endpunkt dieses Prozesses.

Am Ende des Ersten Weltkrieges fanden sich die Kleingewerbetreibenden in einer nahezu vollständigen gesellschaftlichen Isolierung. Die Großagrarier, dank der Aktivität des Bundes der Landwirte vor 1914 der wichtigste ideologische Verbündete der konservativen Mittelständler, waren fürs erste aus ihrem Immediatverhältnis zur Staatsmacht entlassen. Ihr politischer Kurswert als Bündnispartner von Schwerindustrie und Kleingewerbe war dadurch erheblich gesunken. Die industriellen Großunternehmer, mit denen sich die Handwerksverbände unter den Vorzeichen der Kriegswirtschaft zeitweilig in einer Art Einheitsfront der selbständigen Produzenten zusammengefunden hatten, dachten realpolitisch genug, um in der Zeit der »Übergangswirtschaft« und erst recht des politischen Systemwechsels ihren eigentlichen Partner nicht bei Handwerk und Kleinhandel, sondern bei der organisierten Arbeitnehmerschaft zu suchen. Die »Zentralarbeitsgemeinschaft der industriellen und gewerblichen Arbeitgeber- und Arbeitnehmerverbände«, der »Stinnes-Legien-Pakt« vom 15. November 1918, bildete ein gewerkschaftlich-großindustrielles Rückversicherungsabkommen auf Gegenseitigkeit, das gegenüber Rätebewegung, staatlicher Bürokratie und revolutionärer Regierung einen quasi-syndikalistischen Primat der Ökonomie proklamierte. Andererseits zeichneten sich im Bereich des »neuen Mittelstandes«, bei den traditionell zu einer »bürgerlichen« Selbsteinschätzung neigenden industriellen und kaufmännischen Angestellten, seit dem Krieg Tendenzen zur Entfaltung eines Arbeitnehmerbewußtseins und zu einer organisatorischen Annäherung an die Arbeiterschaft ab. Der mittelständische Detailhandel, vor 1914 Hauptträger einer stark antisemitisch gefärbten Kampagne gegen die Warenhäuser, hatte sich während des Krieges mit seinen großkapitalistischen Widersachern in einer Abwehrfront gegen die befürchtete Ausschaltung des Zwischenhandels vereinigt; diese Allianz überdauerte in Form der am 13. März 1919 offiziell gegründeten Hauptgemeinschaft des deutschen Einzelhandels nicht nur die revolutionäre Umbruchszeit, sondern fast die gesamte Weimarer Republik. Was sich auf den ersten Blick als Gegenbeispiel zur These von der Isolierung des gewerblichen Mittelstandes anbietet, belegt jedoch gerade die fortdauernde Isolierung des gesamten Einzelhandels. Auf keinem Gebiet der Wirtschaftspolitik war die Kontinuität von Krieg und Nachkriegszeit so mit Händen zu greifen wie im Bereich der Güterverteilung. Die Debatten über die Kommunalisierung der Lebensmittelversorgung, das Höchstpreissystem und die Maßnahmen gegen Schleichhandel und Preistreiberei, die erst 1923 ihren Höhepunkt erreichten, illustrieren diesen zeitlichen und sachlichen Zusammenhang. In der zweiten Hälfte der zwanziger Jahre zeigte sich dann ganz deutlich, daß die Kooperation der mittelständischen Kaufleute mit dem großkapitalistischen Einzelhandel für sie lediglich eine Notlösung darstellte und keinen tiefgreifenden Bewußtseinswandel bewirkt hatte. Die Ressentiments gegen die Waren- und Kaufhäuser waren stärker als das Gefühl gemeinsamer Bedrohung durch mächtigere gesellschaftliche Kräfte[2].

Obwohl der gewerbliche Mittelstand vor 1914 immer wieder über angebliche Diskriminierungen Klage geführt und sich im Ersten Weltkrieg nicht zu Unrecht als eine besonders benachteiligte Schicht empfunden hatte, erschien ihm das Kaiserreich schon bald nach der Novemberrevolution in einem verklärten Licht. In der Zeit der Monarchie hatten die Handwerker in den Innungen und Kammern eine öffentlich-rechtliche Organisation bekommen, war der Meistertitel wieder mit gewissen Vorrechten ausgestattet und den Warenhäusern eine Sondersteuer auferlegt worden; das Kaiserreich hatte darüber hinaus, gerade weil es kein parlamentarisches Regierungssystem war, einen letztinstanzlichen Schutz vor einer politischen Majorisierung der »Produzenten« gewährt. Bei erheblichen Teilen des Kleingewerbes löste der Ruf nach einer Demokratisierung des Kaiserreiches nur Angst aus. Zahlreiche Sprecher von Handwerks- und Hausbesitzerorganisationen wandten sich noch im letzten Kriegsjahr gegen die Einführung des allgemeinen gleichen Wahlrechts in Preußen. Nichts spricht für die Vermutung Arthur Rosenbergs, der Mittelstand würde 1918 mit dem Proletariat zusammengegangen sein, wenn nur die Sozialisten den Aufbau einer neuen Gesellschaft entschlossener in Angriff genommen hätten[3]. Gewiß konnten die Mehrheitssozialdemokraten (und mancherorts auch die Unabhängigen) bei der Wahl zur Nationalversammlung im Januar 1919 die Stimmen pauperisierter Selbständiger für sich gewinnen; das Gros des gewerblichen Mittelstandes ging jedoch nicht zu den Arbeiterparteien über. Am stärksten kam das Votum der Mittelschichten bei dieser ersten Nachkriegswahl der Deutschen Demokratischen Partei zugute – nicht weil sich die Massen der Handwerker und Kleinhändler plötzlich zum Linksliberalismus bekehrt hätten, sondern weil eine Stimmabgabe für den voraussichtlichen bürgerlichen Koalitionspartner der SPD am ehesten geeignet schien, sozialistische Experimente zu verhindern oder doch in erträglichen Grenzen zu halten[4]. Infolge seiner politischen Isolierung blieb dem gewerblichen Mittelstand nach der Novemberrevolution nichts anderes übrig, als sich »auf den Boden der durch die Ereignisse geschaffenen Verhältnisse« zu stellen[5]. In der Entstehungsphase der jungen Republik entsprach die Unterstützung der bürgerlichen Demokratie der Logik mittelständischer Interessen; aber es war unschwer vorherzusehen, daß diese Entscheidung nicht das letzte Wort des Kleingewerbes sein würde.

Die politische Anpassungsfähigkeit des Handwerks äußerte sich in den ersten Monaten nach der Revolution nicht nur in seinem Wahlverhalten. Einige eher konservative Sprecher dieses Berufsstandes entwikkelten bemerkenswerte Sympathien für ein Rätesystem. Wenn auch die selbständigen Unternehmer in einer solchen Ordnung Platz finden würden, erklärte etwa der Generalsekretär des Deutschen Handwerks- und Gewerbekammertages, Dr. Hans Meusch, im April 1919, dann liege im Rätesystem vielleicht »der Keim für die Gesundung unserer politischen Verhältnisse im Sinne einer berufsständischen Vertretung des Volkes«. Ähnliche Argumente trug der deutschnationale Abgeordnete Clemens von Delbrück in der Weimarer Nationalversammlung vor. Die dahinterliegende Absicht wurde offen ausgesprochen: Eine angemessen zusammengesetzte Ständekammer sollte die Macht des aus allgemeinen Wahlen hervorgegangenen politischen Parlaments beschränken und den Interessen der »Produzenten« zu stärkerer Geltung verhelfen[6].

Einen anderen Anknüpfungspunkt für die Handwerksforderungen bot das Schlagwort »Gemeinwirtschaft«, das im Mai 1919 durch eine Denkschrift des Reichswirtschaftsministeriums offiziellen Charakter zu erlangen schien. In diesem Memorandum trug Unterstaatssekretär Wichard von Moellendorff seine bereits während des Krieges konzipierten Gedanken über eine an nationalen Zielen orientierte, planmäßig betriebene Selbstverwaltung der Wirtschaftsgruppen vor. Sprechern des Handwerks schien die Gemeinwirtschaftsidee nicht nur deswegen interessant, weil sie die Eigentumsverhältnisse unangetastet ließ und sich damit als annehmbare Alternative zur Sozialisierung erweisen mochte, sondern mehr noch, weil sie dem alten Ruf nach umfassender Pflichtorganisation eine zeitgemäße Legitimation verschaffte. Das Handwerksgesetz von 1897 hatte zwar das Institut der »fakultativen Zwangsinnung« geschaffen – stimmte in einem Handwerkskammerbezirk die Mehrheit der Selbständigen eines Berufszweiges zu, so wurde die Mitgliedschaft in der Innung obligatorisch –, aber eine »restlose Erfassung des gesamten Berufsstandes« war dadurch noch nicht gewährleistet. Die Parole einer »geregelten Berufsstandswirtschaft im Rahmen der Gemeinwirtschaft« diente nun dazu, das Prinzip der allgemeinen Zwangsinnung und ihres (durch die Gewerbeordnung bislang untersagten) Preisfestsetzungsrechtes zu rechtfertigen. Ziel war mithin die totale Kartellierung der kleingewerblichen Produktion[7].

Schwierigkeiten verursachte indessen das vom Reichswirtschaftsministerium postulierte Junktim von »Gemeinwirtschaft« und »Mitbestimmung«. Das Handwerk konnte sich der Forderung nach einem institutionalisierten Mitspracherecht seiner Arbeitnehmer um so weniger entziehen, als der Grundsatz paritätischer Mitwirkung von Arbeitgebern und Arbeitnehmern auch in der Weimarer Verfassung, im sogenannten »Räteartikel« 165, seinen Niederschlag fand. Wollte das Handwerk seine berufsständische Organisation gesetzlich sanktionieren lassen und in das von der Verfassung vorgesehene System von Wirtschaftsräten einbringen, kam es an irgendeiner Form der paritätischen Mitbestimmung nicht vorbei. Den Spitzenvertretungen des Handwerks, dem Deutschen Handwerks- und Gewerbekammertag (seit Dezember 1922 eine Anstalt des öffentlichen Rechts) und dem mit ihm durch eine gemeinsame Geschäftsführung verbundenen, seit Oktober 1919 bestehenden Reichsverband des deutschen Handwerks schien das Prinzip der Pflichtorganisation so wichtig, daß sie schließlich Anfang 1922 der von den Arbeitnehmern geforderten Umwandlung der Handwerkskammern in paritätisch besetzte Berufs- und Wirtschaftskammern zustimmten. Proteste aus den eigenen Reihen wie von Handel und Industrie, die in dieser Regelung ein Präjudiz für eine Umgestaltung der Industrie- und Handelskammern sahen, veranlaßten die Handwerksverbände jedoch bald, ihr Angebot wieder zurückzunehmen. Nunmehr sollten lediglich neu zu bildende Ausschüsse mit Gutachterfunktion und dem Recht zur Regelung des Lehrlingswesens paritätisch besetzt werden.

Die Auseinandersetzungen um die Reichshandwerksordnung – denn um nichts Geringeres ging es den Spitzenverbänden – zogen sich bis 1926 hin. Interne und externe Widerstände gegen die ehrgeizigen Pläne der Verbandsführung brachten das Gesetzgebungsvorhaben schließlich zu Fall. Von den technisch fortgeschrittensten Handwerksbranchen, wie dem Elektroinstallations- und dem Baugewerbe, wurden Bedenken gegen eine umfassende Pflichtorganisation geltend gemacht. Konservative Handwerkspolitiker waren gegen jede Konzession an das von den Arbeitnehmern weiterhin verfochtene Prinzip der Parität; Industrie und Handel sträubten sich gegen die gesetzliche Anerkennung eines »Großhandwerks«, weil sie das soziale Einzugsfeld der Industrie- und Handelskammern nicht verkleinern wollten; die Landwirtschaft fürchtete eine verstärkte Mitwirkung des Handwerks bei der Preisbildung im Nahrungsmittelsektor. Im April 1924 legte das Reichsfinanzministerium wegen der in der Reichshandwerksordnung offenkundig angestrebten Überorganisation und der daraus erwachsenden Kosten sein Veto gegen eine weitere Behandlung des ersten Regierungsentwurfs ein, und auch danach leistete es anhaltenden Widerstand gegen das Gesamtprojekt. Im Januar 1926 vereinbarte das Reichswirtschaftsministerium mit den Handwerksverbänden die vorläufige Zurückstellung des Vorhabens. Die Handwerksnovelle vom 3. Juli 1928, die ein Gewerberegister in Form der »Handwerksrolle« einführte und den Zusammenschluß von Landesverbänden der Innungen zu Reichsverbänden ermöglichte, war nur noch ein milder Abglanz dessen, was dem Handwerk ursprünglich vorgeschwebt hatte.

Der Streit um die Reichshandwerksordnung ist in mehrfacher Hinsicht bezeichnend für die gesellschaftspolitische Szene von Weimar. Dem gewerblichen Mittelstand war es nicht gelungen, seine Isolierung zu durchbrechen. Keine andere gesellschaftliche Gruppe mochte sich mit Plänen solidarisieren, die an irgendeinem Punkt die eigenen Interessen tangierten. Nur in einem war sich das Handwerk mit Industrie, Handel und Landwirtschaft einig: in der Ablehnung jenes Verfassungsauftrags, der die Gleichberechtigung der Arbeitnehmer verlangte. Die mangelnde Bereitschaft, dem Paritätsgedanken gerecht zu werden, trug nicht nur zum Scheitern der Reichshandwerksordnung bei; sie ließ auch alle Entwürfe eines Berufsausbildungsgesetzes Makulatur werden. Überhaupt lag das einigende Band zwischen den Industriellen und Kaufleuten, Großgrundbesitzern und Kleingewerbetreibenden überwiegend in der Negation. Man stimmte im wesentlichen nur darin überein, daß der Ausbau der Republik zum Sozialstaat aufgehalten werden müsse, daß öffentliche Wirtschaftsbetätigung »kalte Sozialisierung« und darum zu bekämpfen sei, daß Mitbestimmung die Produktivität hemme. Soweit es in der zweiten Hälfte der zwanziger Jahre zu gemeinsamen Aktionen der Spitzenverbände der Privatwirtschaft kam, waren es Abwehrkundgebungen mit dieser Stoßrichtung.

Die Spitzenverbände des Handwerks hatten ihre berufsständischen Reformpläne in ständigem direktem Kontakt mit dem Reichswirtschaftsministerium vorangetrieben, das als Aufsichtsbehörde des Kammertages ohnehin in die innerverbandliche Willensbildung eingeschaltet war. Der parlamentarischen Klaviatur bediente man sich allenfalls gelegentlich, um die baldige Vorlage des Gesetzentwurfes einer Reichshandwerksordnung anzumahnen. Die enge Kooperation zwischen Ministerialbürokratie und Interessenverbänden führte im Falle des Handwerks, und mit Sicherheit nicht nur dort, zu einer fast völligen Verwischung von privater und öffentlicher Sphäre. Die Mittelstandsreferenten des Reichswirtschaftsministeriums verhielten sich in der Regel weniger als Vertreter staatlicher Gesamtinteressen gegenüber Gruppenforderungen denn als Vertrauensleute des von ihnen »betreuten« Verbandes: eine Disposition, die durch den juristischen Januskopf der handwerklichen Spitzenvertretung noch verstärkt wurde. Im Zusammenspiel mit den Interessenvertretern des Handwerks agierten die Beamten des Wirtschaftsministeriums so, als ob die Verwirklichung kostspieliger Vorhaben weder von parlamentarischen Mehrheiten noch von der Zustimmung anderer Ressorts abhing. An der politischen Enttäuschung, die das unschwer vorherzusehende Scheitern der Reichshandwerksordnung bei den Betroffenen auslösen mußte, hatte dieser Ressortpartikularismus einen erheblichen Anteil[8].

**II.** Daß das Handwerk sich mit seinen Wünschen stärker an die Exekutive als an die Parteien wandte, entsprach zunächst einmal der im kaiserlichen Obrigkeitsstaat eingeübten Verhaltensweise der meisten Interessenverbände. Zum anderen schlug sich darin aber auch ein spezifisch mittelständisches Unbehagen an den politischen Parteien, ja am parlamentarischen Regierungssystem nieder. Die bürgerlichen Parteien der Weimarer Nationalversammlung hatten, um sich die Sympathien des Kleingewerbes zu sichern, einen Artikel in die Reichsverfassung aufgenommen, dem zufolge »der selbständige Mittelstand in Landwirtschaft, Gewerbe und Handel... in Gesetzgebung und Verwaltung zu fördern und gegenüber Überlastung und Aufsaugung zu schützen« war (Artikel 164 WRV). Auf diese rein deklamatorische Bestimmung beriefen sich in der Folgezeit die mittelständischen Interessenverbände bei allen ihren Forderungen, ob diese auf die staatliche Beihilfe zur Organisation des eigenen Berufsstandes, den Abbau steuerlicher »Diskriminierungen« oder auf Maßnahmen gegen unliebsame Konkurrenten hinausliefen. Es half den bürgerlichen Parteien wenig, daß sie sich bezüglich ihrer »Mittelstandsfreundlichkeit« gegenseitig verbal überboten und alle mit den Interessen anderer Wählerschichten gerade noch vereinbar erscheinenden Forderungen des Kleingewerbes annahmen: In den Augen der Mittelständler blieben solche Bemühungen allemal weit hinter einer Erfüllung des »Verfassungsauftrages« zurück. Es ist kaum zuviel gesagt, wenn man von einer »gesellschaftspolitischen Dolchstoßlegende« spricht, die sich an das uneingelöste (und faktisch uneinlösbare) Versprechen des Artikels 164 knüpfte.

Die politische Entwicklung des gewerblichen Mittelstandes zwischen 1919 und 1924 läßt sich als kontinuierliche Rechtsbewegung bezeichnen. Hatten im Januar 1919 viele mittelständische Wähler eine Koalitionspartnerschaft von SPD und DDP für unabwendbar gehalten und darum den bürgerlichen Flügel dieses Bündnisses verstärkt, so ging bei der Reichstagswahl vom 6. Juni 1920 der Wunsch nach einer Regierung ohne Sozialdemokraten in Erfüllung: Die Weimarer Koalition verlor ihre parlamentarische Mehrheit. Die Deutsche Volkspartei verdankte ihre erheblichen Stimmengewinne offensichtlich im hohen Maß ehemaligen Wählern der DDP. Aber schon bald zeigten sich die Mittelschichten auch mit der DVP unzufrieden: Die Vorwürfe gegen ihre Abhängigkeit vom Großkapital nahmen zu, und die Inflationsgewinne des volksparteilichen Reichstagsabgeordneten Hugo Stinnes eigneten sich vorzüglich, um die ganze Partei in die Nähe des Spekulantentums zu rücken. Dazu kam, daß die Deutsche Volkspartei sich bei den Reichstagswahlen vom Mai 1924 über die Kandidatenwünsche des gewerblichen Mittelstandes hinwegsetzte und einen langjährigen Abgeordneten aus Handwerkskreisen an ungünstiger Stelle placierte. Die Deutschnationalen hingegen waren für entsprechende Wünsche sehr viel aufgeschlossener und übertrafen die DVP auch in ihrer Bereitschaft, protektionistische Forderungen des Kleingewerbes zu unterstützen. Der mit extrem nationalistischen und antisemitischen Parolen geführte Wahlkampf der DNVP zahlte sich aus. Zumal in Norddeutschland glich die Wählerwanderung von der DVP zu den Deutschnationalen vielfach einem politischen Erdrutsch.

Da indes auch in der DNVP andere, insbesondere großagrarische Interessen einen massiveren Rückhalt hatten als diejenigen von Handwerk und Kleinhandel, wandten sich Teile des gewerblichen Mittelstandes von dieser Partei wieder ab. Zwischen 1924 und 1928 konnte eine ausgesprochene »Antipartei«, die 1920 gegründete Wirtschaftspartei – seit 1925 nannte sie sich offiziell: Reichspartei des deutschen Mittelstandes – beachtliche Einbrüche in die Reihen vor allem des mittel- und nordwestdeutschen Handwerks erzielen. Die Wirtschaftspartei, die bei den Reichstagswahlen von 1928 auf 4,5 % der Stimmen kam, war ein typischer Ausdruck des mittelständischen Ressentiments gegenüber den politischen Parteien – und insoweit eine Vorfrucht des Nationalsozialismus. Was die Kleingewerbetreibenden nicht begreifen wollten, war der Kompromißzwang, dem jede potentielle oder tatsächliche Regierungspartei ausgesetzt ist. Gewöhnt an einen obrigkeitsstaatlichen Mittelstandsschutz, verfielen sie zunehmend einem interessenpolitischen Solipsismus. Andererseits unterließ es auch die Großindustrie, die durch dieselben vordemokratischen Herrschaftsverhältnisse geprägt war, sich systematisch um die politische Gewinnung der Mittelschichten zu bemühen – was sie in einem traditionell parlamentarischen Staat hätte tun müssen[9].

Es ist bemerkenswert, daß die politische Isolierung des gewerblichen Mittelstandes ihren Höhepunkt in der Phase relativer Stabilität zwischen 1924 und 1928 erreichte. Die Erklärung ist schwerlich bei rein ökonomischen Faktoren zu suchen. Nicht die berufstätigen Gewerbetreibenden, sondern die reinen Kapitalrentner waren die eigentlichen Opfer der exzessiven Geldentwertung gewesen. Das Handwerk hatte, soweit es seinen Sachbesitz halten konnte, die Inflation ohne entscheidende Änderungen seiner Lebensverhältnisse überstanden: Der Verlust an Ersparnissen wurde vielfach durch Entschuldung ausgeglichen. Bei den Debatten über die Aufwertung von Schuldforderungen hielten sich die Handwerksverbände auffallend zurück. Die vier Jahre nach 1924 bildeten auch für das Handwerk eine Zeit verhältnismäßiger Prosperität. Es konnte seinen Umsatz in dieser Zeit um mehr als die Hälfte steigern. Es war jedoch gerade diese »Normalität«, die dem gewerblichen Mittelstand die offenkundige Unabänderlichkeit der neuen gesellschaftlichen Machtverhältnisse vor Augen führte. Verglichen mit der gewerkschaftlich organisierten Arbeiterschaft und der zunehmend konzentrierten Großindustrie, fühlten sich die kleinen Selbständigen als Stand ohne Raum. Das Votum für die Wirtschaftspartei und andere Splittergruppen war vor allem ein Ausdruck der Ohnmacht – der Protest gegen ein System, in dem der gewerbliche Mittelstand keinen zuverlässigen Verbündeten mehr besaß, in dem er sich erstmals ganz auf sich alleingestellt sah.

Die Bewegung gegen das überkommene Parteiensystem richtete sich mittelbar auch gegen die offiziellen Spitzenverbände des gewerblichen Mittelstandes. Die Hauptgemeinschaft des deutschen Einzelhandels, die mit liberalen Argumenten für eine Beschränkung der Wirtschaftstätigkeit der öffentlichen Hand und gegen die steuerliche Benachteiligung irgendeiner Handelssparte kämpfte, wurde in der zweiten Hälfte der zwanziger Jahre wieder mit einer wachsenden Kampagne gegen die Waren- und Kaufhäuser konfrontiert. Die Spitzenvertretungen des Handwerks, die mit ihrem Eintreten für eine umfassende Pflichtorganisation auch eine Art Rationalisierung der Handwerkswirtschaft anstrebten und punktuelle Schutzmaßnahmen daneben für weitgehend entbehrlich hielten, mußten sich ebenfalls mit einer neuen Welle traditionell-protektionistischer Forderungen auseinandersetzen. Das 1928 gegründete Reichskartell des selbständigen Mittelstandes, mit der Führung der Wirtschaftspartei personell eng verbunden, organisierte über zahlreiche örtliche Mittelstandsvereinigungen Proteste gegen die steuerliche Begünstigung der »schlimmsten Konkurrenten des erwerbstätigen Mittelstandes«, nämlich Konsumvereine, Beamtenwirtschaftsvereine, gemeinnützige Baugesellschaften, kommunale Anschaffungsämter und Fuhrbetriebe sowie öffentliche Kraftverkehrsgesellschaften. Darüber hinaus forderte die protektionistische Agitation Maßnahmen gegen das Wandergewerbe, ein Verbot der Gefängnisarbeit, die Auflösung der öffentlichen Regiebetriebe, die Unterbindung der Schwarzarbeit und die Abkehr von der »überspannten« Sozialpolitik. Diese Forderungen waren nicht neu. Sie stammten großenteils aus der Zeit des Kampfes gegen die Gewerbefreiheit, der sich durch das ganze 19. Jahrhundert hingezogen hatte. Sie wurden begleitet von dramatischen Schilderungen des unaufhaltsamen Niederganges des Mittelstandes. Die »Erziehungsarbeit« der Spitzenvertretungen, die aus gutem Grund eine Propaganda solcher Art stets abgelehnt hatten, war offenbar nicht allzu tief in das Bewußtsein von Handwerkern und Kleinhändlern eingedrungen[10].

**III.** Eine umfassende mittelstandspolitische Konzeption hat keine der Regierungen der Weimarer Republik zwischen 1918 und 1930 gehabt. Die sozialprotektionistischen Forderungen der bürgerlichen Parteien stammten aus dem Kaiserreich; eine zugkräftige moderne Alternative wurde von keiner Richtung entwickelt. Die parlamentarischen Mehrheitsverhältnisse ließen weder eine globale Schutzpolitik im Sinne der Interessentenforderungen noch eine drastische Absage an die überkommene Mittelstandspolitik zu. Erst der Übergang zum System der Präsidialkabinette schuf die Voraussetzungen dafür, daß der Sozialprotektionismus einen Durchbruch auf breiter Front erzielen konnte.

Reichskanzler Brüning mußte der Reichspartei des deutschen Mittelstandes, die in seinem ersten Kabinett den Justizminister stellte, sogleich Tribut zollen. Im Tausch gegen ihre Zustimmung zu den Schutzzollforderungen der Agrarier setzte die erstmals an einer Reichsregierung beteiligte Partei eine Sondersteuer für Warenhäuser und Konsumgenossenschaften durch. Diese Maßnahme war der Startschuß für eine Reihe protektionistischer Interventionen. Besonders tat sich hierbei die württembergische Landesregierung hervor. Der demokratische Wirtschaftsminister Reinhold Maier forderte und erreichte eine reichseinheitliche Einrichtungssperre für Einheitspreisgeschäfte in Städten bis zu 100000 Einwohnern. Die Hoffnung freilich, durch gezielte Zugeständnisse an den wettbewerbsmüden Mittelstand dessen weitere Radikalisierung aufzuhalten, trog. Das Wechselbad von protektionistischen und belastenden Maßnahmen, dem die Handwerker und Kleinhändler durch Brünings Notverordnungen ausgesetzt waren, erhöhte nicht das Vertrauen in die Reichsführung. Der regierungsoffizielle Protektionismus auf Raten bestätigte dem Kleingewerbe nur die prinzipielle Berechtigung der eigenen Forderungen, und er trug dazu bei, die nationalsozialistische Agitation gegen die Gewerbefreiheit glaubwürdiger zu machen[11].

Für das Gros des gewerblichen Mittelstandes hatten die Nationalsozialisten vor 1930 nicht zu jenen politischen Kräften gehört, die man dem »bürgerlichen« Lager zurechnete. Zwar dominierte in der Mitgliedschaft auch der frühen NSDAP eindeutig das kleinbürgerliche Element; dennoch argwöhnten viele standesbewußte Handwerker, die Nationalsozialisten seien eine verkappte Linkspartei. Deren Parteiname mochte auf jene Angehörigen des »neuen Mittelstandes« werbend wirken, die sich als Arbeitnehmer fühlten, aber keineswegs zum »internationalen« Proletariat gezählt werden wollten; bei den meisten Kleineigentümern des alten Mittelstandes dagegen löste das Wort »sozialistisch« zunächst Abwehrreaktionen aus. Die NSDAP mußte ihren »Sozialismus« aus der Ökonomie in die Psychologie übersetzen; sie mußte klarstellen, daß es nicht um Eingriffe in die bestehenden Eigentumsverhältnisse ging (außer etwa bei jüdischem Besitz), sondern um einen neuen Wirtschaftsgeist, um die Verwirklichung des Grundsatzes »Gemeinnutz vor Eigennutz«. Darunter mochte jede Gruppe sich etwas anderes vorstellen – das Wählerreservoir des Kleingewerbes konnten die Nationalsozialisten jedenfalls erst dann auszuschöpfen hoffen, wenn die Barriere der Enteignungsfurcht beiseite geräumt war. Es gibt Anzeichen dafür, daß dies bei dem notorisch unterorganisierten Kleinhandel früher gelang als beim Handwerk, das bei den Reichstagswahlen von 1930 noch zu erheblichen Teilen für die Wirtschaftspartei stimmte. Auch waren die kleinen Kaufleute für antisemitische Parolen von jeher noch anfälliger gewesen als die selbständigen Handwerker; die Anti-Warenhaus-Kampagnen, die die NSDAP in der zweiten Hälfte der zwanziger Jahre veranstaltete, fanden bei ihnen eine überwältigende Resonanz.

Die Weltwirtschaftskrise wurde zum auslösenden Moment für die letzte parteipolitische Umorientierung des gewerblichen Mittelstandes in der Weimarer Republik. Das Kleingewerbe fühlte sich, seiner Neigung zur kollektiven Egozentrik entsprechend, als das Hauptopfer der Depression. Daß die Massen der Arbeitslosen viel größere Not litten, daß die für den »starren Bedarf« arbeitenden Kleinbetriebe sich als eher krisenfest erwiesen – das waren Argumente, die der »Panik im Mittelstand« keinen Einhalt mehr gebieten konnten. Für das politische Verhalten der kleinen Gewerbetreibenden waren ganz andere Überlegungen bestimmend: Es galt, mit einem politischen System radikal zu brechen, das die Interessen des Kleinbesitzes so wenig zu schützen verstand wie das von Weimar; es galt, die Arbeiterschaft ein für allemal in ihre Schranken zu verweisen und die Macht des anonymen Großkapitals zu zerschlagen; es galt, den »ruinösen« Wettbewerb zu beseitigen und zu einer geordneten Berufsstandswirtschaft zurückzukehren, in der jeder Selbständige sein Auskommen hatte.

Die Nationalsozialisten waren die einzigen, die den Beschwerden des Mittelstandes konsequent abzuhelfen versprachen. Alle anderen Möglichkeiten waren bereits erprobt worden – und sie hatten enttäuscht. Feste Parteibindungen gab es beim selbständigen (wie auch beim unselbständigen) Mittelstand ohnehin weit weniger als bei den Arbeitern: Eine Schicht stand zur politischen Disposition. Die Vorbehalte der offiziellen Interessenvertretungen, ihre Warnungen vor den »staatssozialistischen« Plänen der nationalsozialistischen Führung, vermochten nichts gegen die rebellierende Basis. Die Handwerksorganisation wurde über die freien Handwerkerbünde aufgerollt, die in Norddeutschland seit langem einen militant-antiliberalen Kurs gesteuert hatten. Die nationalsozialistische Agitation bei den Einzelhändlern war so erfolgreich, daß sich im November 1932 eine Mitgliederversammlung der Hauptgemeinschaft des deutschen Einzelhandels mit Zweidrittelmehrheit für eine besondere Großbetriebsumsatzsteuer aussprach. Die Vertreter der Waren- und Kaufhäuser verließen daraufhin die Hauptgemeinschaft; ein Repräsentant des nationalsozialistischen »Kampfbundes gegen Warenhaus und Konsumverein« trat in die Geschäftsführung ein – ein Stück vorweggenommener Gleichschaltung[12].

Die Herrschaft des Nationalsozialismus brachte dem Kleingewerbe zwar die Erfüllung einiger langgehegter Wünsche wie die allgemeine Zwangsinnung und den Großen Befähigungsnachweis, der die Ausübung eines Handwerksberufs an die Meisterprüfung band, aber die mangelnde Konsequenz bei der Behandlung der Warenhausfrage – nationalsozialistischen Parteimitgliedern war es verboten, in Warenhäusern zu kaufen; andererseits wurde der »nichtarische« Konzern von Hermann Tietz mit Reichsmitteln saniert – zeigte schon frühzeitig, daß die nationalsozialistische Führung nicht gewillt war, sich ihre wirtschaftspolitischen Entscheidungen vom gewerblichen Mittelstand diktieren zu lassen. Andere Gruppen hatten von Anfang an einen sehr viel größeren Einfluß: allen voran diejenigen Industriebranchen, die für die langfristigen strategischen Zielsetzungen des neuen Regimes wichtig waren. So wiederholte sich für das Kleingewerbe jene Erfahrung, die es auf seiner Wanderung durch die politischen Parteien schon mehrfach hatte machen müssen: Die Freude über die vermeintliche neue politische Heimat wurde alsbald von der Entdeckung getrübt, daß die eigenen Wünsche auch dort hinter mächtigeren Interessen zurückzustehen hatten. Im Falle des Nationalsozialismus war das freilich ein Erlebnis, das im Prinzip keiner Gruppe erspart blieb. Der »Primat der Politik« wurde am Ende auf Kosten aller exekutiert.

Der gewerbliche Mittelstand der Weimarer Republik gehörte zu jenen gesellschaftlichen Kräften, die ganz entscheidend durch vorindustrielle Traditionen geprägt waren. Das galt nicht nur überwiegend für seine Produktionsweise und Wirtschaftsmentalität, sondern auch für sein politisches Verhalten. Es blieb vordemokratisch und vorliberal; es orientierte sich am Wunschbild eines starken, vermeintlich überparteilichen Staates, wie ihn das Kaiserreich gekannt hatte. Schutz vor politischem und wirtschaftlichem Wettbewerb: das war die aus mittelalterlichem Zunftdenken herrührende Erwartung, an der das selbständige Kleingewerbe den Staat und die Parteien maß. Ein ähnliches Verhalten legten jene Gruppen an den Tag, die sich im Kaiserreich am meisten gegen Konkurrenzdruck hatten abschirmen können und in einer privilegierten Sonderbeziehung zum Staat standen: der Großgrundbesitz und die Schwerindustrie. Die Massen der Landbevölkerung schlossen sich der Führung der Großagrarier an, obwohl hohe Getreidezölle durchaus nicht immer in ihrem Interesse lagen. Eine prinzipielle Distanz zum liberalen Marktmodell gab es ferner überall dort, wo bürokratische Verhaltensmuster dominierten: bei den Beamten und bei den industriellen und kaufmännischen Angestellten, soweit diese sich bewußt oder unbewußt an den gesellschaftlichen Leitbildern des Beamtenstandes ausrichteten. Ständische Traditionen hatten in kaum einem Land die Industrielle Revolution so ungebrochen überlebt wie in Deutschland, und sie waren eine wesentliche Vorbedingung für die Ausbreitung jenes korporativen Antiparlamentarismus, in dem sich die herkömmliche Mittelstandsideologie und der Nationalsozialismus zumindest verbal trafen.

Die faschistischen Bewegungen der Zwischenkriegszeit sind, entgegen den Simplifikationen des vulgärmarxistischen Dogmas, nur dort erfolgreich gewesen, wo das Bürgertum bei vorindustriellen Machtträgern einen Rückhalt gegenüber den sozialen und politischen Ansprüchen der Arbeiterschaft fand und wo die ländlichen und städtischen Mittelschichten selbst noch so stark durch vorindustrielle Traditionen geprägt waren, daß sie zur Massenbasis eines militanten Konservativismus werden konnten. In Deutschland stehen die Erfolge, die der Bund der Landwirte und später die Deutschnationalen bei der Mobilisierung der Mittelschichten erringen konnten, für das Übergangsstadium eines durch großagrarische Interessen bestimmten nationalistischen Vulgärkonservativismus. Im Bildungsbürgertum zeitigte der alldeutsche Imperialismus vergleichbare Wirkungen. So wenig gegenläufige Tendenzen im letzten Jahrfünft vor dem Ersten Weltkrieg zu übersehen sind: was sich zum Bürgertum rechnete, stand vor 1914 in der Mehrheit eher »rechts« als »links«. Die politische Entwicklung, die der gewerbliche Mittelstand in der Folgezeit genommen hat, erweist sich damit als Aspekt zweier sehr viel umfassenderer Problembereiche: der Kontinuität der neueren deutschen Geschichte und des Verhältnisses von Faschismus und politisch-gesellschaftlicher Rückständigkeit.

# Der entbehrliche Stand: Zur Mittelstandspolitik im »Dritten Reich«

Die Forschung zur Sozialgeschichte des »Dritten Reiches« steckt noch in den Anfängen. Dem anregenden Versuch David Schoenbaums, eine erste Schneise in das Dickicht der gesellschaftlichen Entwicklung des nationalsozialistischen Deutschland zu schlagen, ist bisher nur eine umfassende Einzeluntersuchung zur Lage einer sozialen Gruppierung in der Zeit zwischen »Machtergreifung« und Kriegsbeginn gefolgt: Timothy W. Masons »Arbeiterklasse und Volksgemeinschaft«. Über andere Klassen und Schichten liegen vergleichbare, ganz aus den Quellen schöpfende Darstellungen nicht vor. Das gilt auch für jene Gruppen, die das Gros der nationalsozialistischen Wählerbasis vor 1933 stellten: die städtischen und ländlichen Mittelschichten. Die vorliegende Studie zur Mittelstandspolitik des »Dritten Reiches« kann diesem Mangel nur innerhalb enger Grenzen abhelfen. Sie bietet keine Gesamtanalyse der Lage von Handwerk und Kleinhandel in den Jahren 1933 bis 1945, sondern widmet sich lediglich drei ausgewählten Aspekten dieser Thematik. Der erste Abschnitt behandelt das Spannungsverhältnis zwischen der mittelständischen Parteibasis und der politischen Führung in den Jahren 1933 bis 1936. Das Thema des zweiten Abschnitts sind jene Auseinandersetzungen zwischen Reichswirtschaftsministerium und Deutscher Arbeitsfront um die Berufsbildung, die ihren Höhepunkt im Sommer 1937 erreichten und ein symptomatisches Schlaglicht auf den gesellschaftlichen Hintergrund von Machtkämpfen im nationalsozialistischen Deutschland werfen. Der dritte Abschnitt befaßt sich mit Problemen, vor die der gewerbliche Mittelstand durch die Kriegswirtschaft gestellt wurde. Wenn im folgenden somit auch nur einzelne Fragen aus den Quellen beantwortet werden, so sind die Ergebnisse doch dazu angetan, gängige Meinungen über die soziale Basis der nationalsozialistischen Politik und das Verhältnis von Kleingewerbe und Großindustrie im »Dritten Reich« zu korrigieren[1].

**I.** Im Verhältnis von nationalsozialistischem Regime und gewerblichem Mittelstand lassen sich grob drei Phasen unterscheiden: eine erste Phase von der Machtübernahme am 30. Januar 1933 bis zum Juli 1933, in der die Mittelstandsideologen der NSDAP und ihre Kampforganisationen das Bild bestimmten und kurz vor der Erfüllung ihrer Wünsche schienen; eine zweite Phase, die bis zur Verkündung des Vierjahresplanes im September 1936 dauerte und in der dem gewerblichen Mittelstand ein sozialer Schonraum zugebilligt wurde, ohne daß er seine Ordnungsvorstellungen der übrigen Gesellschaft hätte aufprägen können; eine dritte Phase bis zum Ende des »Dritten Reiches«, in der die Interessen des Kleingewerbes prinzipiell und mit wachsender Intensität kriegswirtschaftlichen Erfordernissen untergeordnet wurden[2].

Daß das Verhältnis der nationalsozialistischen Führung zu dem zahlenmäßig starken mittelständischen Element in der Wähler- und Mitgliedschaft der NSDAP überwiegend von taktischen Gesichtspunkten bestimmt wurde, war schon vor dem 30. Januar 1933 erkennbar gewesen. Einerseits hatte sich seit 1927/28 in der Parteileitung die durchaus realistische Meinung durchgesetzt, daß die Mittelschichten für den Nationalsozialismus sehr viel leichter mobilisierbar waren als die Industriearbeiter, und entsprechend wurden Bauern und selbständige Gewerbetreibende, Angestellte und Beamte von der NSDAP mit Parolen umworben, die ganz auf die traditionellen Schutzforderungen der jeweiligen Gruppe abgestellt waren. Andererseits durfte kurzfristige Wahltaktik nicht die Erfolgschancen der langfristigen Strategie gefährden. Die Gewinnung von »Lebensraum«, zunächst im Osten Europas, machte eine forcierte Aufrüstung notwendig, und dafür war die Kooperation der Großindustrie wichtiger als die des Kleingewerbes. Zu dieser Überlegung kamen die finanzielle Förderung, die Hitler sich von den Industriellen erhoffte, und andere, eher informelle Dienste, die sie für seine Regierungsübernahme leisten konnten – etwa durch Interventionen beim Reichspräsidenten. Aus all diesen Gründen konnten die massiven Bedenken, die führende Unternehmer und die gesamte industrielle Verbandspresse gegen die vagen wirtschaftspolitischen Aussagen der NSDAP im allgemeinen und die berufsständischen Versprechungen des Parteiprogramms und der Parteiideologen im besonderen äußerten, von Hitler nicht mit leichter Hand abgewiesen werden. Was weite Kreise der Unternehmerschaft von seiten der Nationalsozialisten befürchteten, war eine staatliche Gängelung der Produktion im Dienst mittelständischer und zu Lasten großindustrieller Bedürfnisse. Die eindringlichen Mahnungen aus Industriekreisen hatten schließlich Erfolg: Im September 1932 wurden die mittelständischen Parteiideologen der NSDAP von Hitler faktisch neutralisiert. Er gliederte die Wirtschaftspolitische Abteilung bei der Reichsleitung der NSDAP in eine Hauptabteilung IV A für Staatswirtschaft unter Gottfried Feder und eine Hauptabteilung IV B für Privatwirtschaft unter Walther Funk auf. Damit wurde ein Vertrauensmann der Großindustrie mit dem ständefreundlichen Wirtschaftsideologen der Partei auf eine Stufe gestellt. Der bisherige Leiter der Wirtschaftspolitischen Abteilung, Otto Wilhelm Wagener, an dessen perfektionistischen Entwürfen für einen ständischen Aufbau Handel und Industrie besonderen Anstoß genommen hatten, wurde von Hitler zur Aufgabe seiner Position gezwungen. Die öffentliche Propagierung korporativer Modelle war fortan untersagt; die letzte Entscheidung in Sachen ständischer Neuordnung behielt sich Hitler selbst vor.

Im Dezember 1932 folgt eine Umorganisation der nationalsozialistischen Mittelstandsorganisation: Der neugebildete, von Adrian von Renteln geleitete Kampfbund des gewerblichen Mittelstandes, die Nachfolgeorganisation der »Kampfgemeinschaft gegen Warenhaus und Konsumverein«, wurde der Hauptabteilung IV A unterstellt. Auch dieser Maßnahme lag offenkundig die Absicht zugrunde, der Parteiführung eine schärfere Kontrolle der Mittelstandspropaganda zu ermöglichen. Der Kampfbund des gewerblichen Mittelstandes mußte Ende 1932 ausdrücklich klarlegen, daß der Nationalsozialismus »für einen einzelnen Berufsstand nur erstreben« könne, »was dem Gesamtvolk zum mindesten nicht schadet«. Und während das im Reichstagswahlkampf vom Juli 1932 propagierte »Wirtschaftliche Sofortprogramm der NSDAP« noch einen langen Katalog von Mittelstandsforderungen enthielt, stellte das maßgeblich von Walther Funk mitverfaßte »Wirtschaftliche Aufbauprogramm« vom Herbst 1932 die Ankurbelung der industriellen Produktion und Schutzmaßnahmen für die Landwirtschaft in den Mittelpunkt. Von »gewerblicher Mittelstandspolitik« war nur einmal die Rede, und zwar bezeichnenderweise im Zusammenhang der »planmäßigen Umstellung der industriellen und gewerblichen Produktion unter Berücksichtigung der vom Staat kontrollierten Betriebe und der nationalpolitisch besonders wichtigen Industriezweige«: Das Programm versprach die »Bereitstellung von Arbeitsbeschaffungsmitteln für die Erweiterung der deutschen Rohstoffgrundlage und für neue nationale Industrie- und Gewerbezweige sowie für technische und fabrikatorische Umstellung (gewerbliche Mittelstandspolitik)«[3].

Die Grenzen nationalsozialistischer Mittelstandsfreundlichkeit waren somit schon in der zweiten Hälfte des Jahres 1932 erstmals sichtbar geworden: Die Interessen der kleinen Selbständigen und die Ideologeme ihrer Fürsprecher im Parteiapparat hatten im Zweifelsfall hinter den politischen Zielen der obersten Parteiführung zurückzutreten. Diesem Befund scheint es zu widersprechen, daß unmittelbar nach der Machtübernahme die mittelständischen Elemente der NSDAP nochmals die wirtschaftspolitische Szene beherrschten. Boykottdemonstrationen und Terroraktionen gegen Warenhäuser und jüdische Geschäfte waren Ausdruck der Siegesstimmung bei nationalsozialistischen Kleinhändlern und Handwerkern. Die Parteileitung scheint sich zwischen Februar und April 1933 darauf beschränkt zu haben, den Tatendrang ihrer Mittelstandsorganisation in die Richtung einer »Abwehraktion gegen die Juden« zu lenken. Den Druck der Basis zu ignorieren, war für Hitler jedenfalls unmöglich. Kompensationen dafür, daß sowohl das Reichswirtschaftsministerium als auch – trotz lebhafter Proteste nationalsozialistischer Handwerksfunktionäre – das diesem Ministerium nachgeordnete Amt des Reichskommissars für den Mittelstand dem deutschnationalen Koalitionspartner überlassen worden waren, erwiesen sich als unumgänglich[4]. Im April 1933 mußte Reichswirtschaftsminister Hugenberg Otto Wilhelm Wagener, der nach dem 30. Januar von Hitler wieder mit der Leitung der »Kommission für Wirtschaftspolitik« der NSDAP betraut worden war, als einen der beiden »Kommissare« für den nichtagrarischen Bereich der Wirtschaft einsetzen. Wagener seinerseits brachte den Führer des Kampfbundes des gewerblichen Mittelstandes, Renteln, an die Spitze der neugebildeten Reichsstände des deutschen Handwerks und des deutschen Handels sowie des Deutschen Industrie- und Handelstages. Damit schienen wichtige personelle Voraussetzungen für einen ständischen Umbau der Wirtschaft gegeben.

Es war jedoch symptomatisch, daß eine entsprechend rigorose Gleichschaltung des Reichsverbandes der Deutschen Industrie unterblieb. Großindustrie und hohe Bürokratie, die in einem wirtschaftspolitischen Machtgewinn von Parteifunktionären eine Gefährdung eigener Interessen erblicken mußten, widersetzten sich den berufsständischen Plänen Wageners und Rentelns energisch. Auf dem Weg über den preußischen Ministerpräsidenten Göring und Reichswirtschaftsminister Hugenberg gelang es Beamtenschaft und Industrie, die spontanen Gleichschaltungsmaßnahmen lokaler mittelständischer Kampfbünde abzublocken. In der zweiten Maihälfte löste Wagener alle wirtschaftlichen Kampfbünde mit Ausnahme des Kampfbundes des gewerblichen Mittelstandes auf. Der letztere mußte seine Funktionen neu interpretieren. Als positive Aufgaben nannte die Kampfbundleitung des Gaus München-Oberbayern solche, »die aus irgendwelchen Gründen auf gesetzlichem Wege nicht lösbar sind«. Dazu sollten treten die Erziehung der Mitglieder zur nationalsozialistischen Weltanschauung, die laufende wirtschaftliche Information der Reichsführung des Kampfbundes sowie Propaganda für deutsche Waren und deutsche Arbeit. Verboten wurden ausdrücklich die »Behandlung wirtschaftspolitischer Fragen aller Art, vor allem die Vornahme von Gleichschaltungshandlungen in wirtschaftlichen Verbänden und Unternehmungen, sowie Eingriffe in das Geschäfts- und Wirtschaftsleben, sei es unmittelbar durch Erhebung von Forderungen insbesondere gegenüber Warenhäusern, Einheitspreisgeschäften und Großfilialbetrieben, oder sei es mittelbar auf dem Wege über die Erwirkung politischer Eingriffe auf Grund einer Gefährdung der öffentlichen Ruhe, Sicherheit und Ordnung«. Anfang Juli 1933 untersagte auch der Oberste SA-Führer den Einsatz von SA für wirtschaftliche Privatzwecke, wobei er ausdrücklich auf Beispiele für ein Zusammenwirken von SA und Kampfbund verwies[5].

Was sich zwischen Mai und August 1933 vollzog, war nichts Geringeres als eine Kehrtwende der nationalsozialistischen Mittelstandspolitik. Die NSDAP schwor einigen der extrem protektionistischen Forderungen ab, die sie zum Teil bereits in ihrem Parteiprogramm von 1920 aufgestellt und mit deren Hilfe sie die Stimmen der Kleingewerbetreibenden gewonnen hatte. Besonders deutlich wurde die Kurskorrektur durch zwei Erlasse des »Stellvertreters des Führers«, Rudolf Heß, vom 29. Juni und 7. Juli 1933. In der ersten Anordnung gab Heß bekannt, die Einstellung der NSDAP zur Frage der Konsumvereine sei zwar im Grundsätzlichen unverändert. Im Hinblick auf die allgemeine Wirtschaftslage halte die Partei jedoch »bis auf weiteres ein aktives Vorgehen mit dem Ziele, den Zusammenbruch der Konsumvereine herbeizuführen, nicht für geboten«. Der zweiten Anordnung zufolge war die Einstellung der Partei auch zur »Warenhausfrage« zwar »im grundsätzlichen Sinne nach wie vor unverändert«; den Gliederungen der Partei aber wurde ein »aktives Vorgehen mit dem Ziele, Warenhäuser und warenhausähnliche Betriebe zum Erliegen zu bringen«, untersagt. Die Begründung zeigte, welchen Zielen der Nationalsozialismus zunächst Priorität zuerkannte: In einer Zeit, da die nationalsozialistische Regierung ihre Hauptaufgabe darin sehe, möglichst zahlreichen Volksgenossen zu Arbeit und Brot zu verhelfen, dürfe die nationalsozialistische Bewegung dem nicht entgegenwirken, indem sie Hunderttausenden von Arbeitern und Angestellten in den Warenhäusern und den von ihnen abhängigen Betrieben die Arbeitsplätze nehme. Andererseits blieb es Mitgliedern der NSDAP auch weiterhin untersagt, für Warenhäuser und Konsumvereine zu werben[6].

Die beiden Heß-Erlasse wurden am 14. Juli 1933 durch eine einschneidende personelle Maßnahme ergänzt: Wagener verlor seine Position als Leiter der »Kommission für Wirtschaftspolitik« der NSDAP und als Wirtschaftskommissar. Wageners Entmachtung war ein Erfolg von Kurt Schmitt, dem bisherigen Generaldirektor der Allianz-Versicherung, der den am 27. Juli 1933 zurückgetretenen Hugenberg als Reichswirtschaftsminister abgelöst und damit ein auch von Wagener und Renteln angestrebtes Amt übernommen hatte. Schmitt, als Technokrat der mittelständischen Restaurationsromantik abhold, erklärte offiziell, die Notwendigkeiten der Arbeitsbeschaffung hätten Vorrang vor den Arbeiten am berufsständischen Aufbau. Heß untersagte die weitere Diskussion von korporativen Plänen und drohte disziplinarische Strafen für den Fall des Zuwiderhandelns an. Im August wurde der Kampfbund des gewerblichen Mittelstandes aufgelöst. Seine Mitglieder wurden pauschal in die neugegründete N.S. Hago (Nationalsozialistische Handwerks-, Handels- und Gewerbeorganisation) aufgenommen, die ihrerseits einen Teil der von Robert Ley geführten Deutschen Arbeitsfront (DAF) bildete. Der Programmartikel in der ersten Folge der »Führerbriefe« der N.S. Hago vom 1. September 1933 machte deutlich, daß in der Mittelstandspolitik, soweit es nach dem Willen der DAF und ihres Führers ging, künftig ein anderer Wind wehen sollte. Ein halbes Jahrhundert lang habe der Mittelstand für die Nöte des Arbeiters kein Verständnis aufgebracht. Als dann die Reihe an ihn gekommen sei und er begonnen habe, Not zu leiden, »wurde er zum Träger einer ebenso krassen wie lächerlich egoistischen Interessenpolitik«. Die vornehmste Aufgabe der N.S. Hago sollte infolgedessen nicht die Wahrnehmung der Interessen des Kleingewerbes sein, sondern die nationalsozialistische Erziehung des Mittelstandes[7].

Die Deutsche Arbeitsfront, die sich als Gralshüter der nationalsozialistischen Ideologie der »Volksgemeinschaft« fühlte, hatte der traditionellen mittelständischen Mentalität damit formell den Fehdehandschuh zugeworfen. So wenig die Organisation Robert Leys eine

Gewerkschaft war, so sehr bemühte sie sich doch, der politisch entmachteten Arbeiterklasse gewisse ideologische und materielle Kompensationen zu gewähren. Die Furcht vor massenhafter Unzufriedenheit unter den Arbeitern war von Beginn des »Dritten Reiches« an viel ausgeprägter als die Sorge, die Frustrationen der Kleingewerbetreibenden könnten sich eines Tages gewaltsam entladen[8]. Aber die DAF war nur *ein* Faktor in der nationalsozialistischen Mittelstandspolitik. Daneben gab es die im Mai 1933 gegründeten und von Renteln geleiteten »Reichsstände« des deutschen Handwerks und des deutschen Handels sowie, mit jeweils weitgehend identischen Vorständen, die traditionellen Spitzenverbände: den Reichsverband des deutschen Handwerks und den Deutschen Industrie- und Handelstag. Im Bereich des Handwerks kam, um das organisatorische Chaos zu vervollkommnen, als weiterer Spitzenverband noch der (personell mit der Spitze des Reichsverbandes des deutschen Handwerks verflochtene) Deutsche Handwerks- und Gewerbekammertag als Dachorganisation der Handwerkskammern hinzu. Erst am 1. Oktober 1933 wurde der Reichsverband des deutschen Handwerks aufgelöst. Der Reichsstand des deutschen Handwerks, seit Januar 1934 geleitet durch den »Reichshandwerksführer«, wurde definitiv zum umfassenden Spitzenverband des Handwerks und bildete das organisatorische Dach über der »Reichsgruppe Handwerk« (bis November 1934: Gruppe der Reichsfachverbände), in der die Reichsinnungsverbände vereinigt waren, und dem Deutschen Handwerks- und Gewerbekammertag. Der Name »Reichsstand« blieb dem Handwerk – wohl aus Rücksicht auf seine starken berufsständischen Traditionen – über den Herbst 1934 hinaus erhalten, während in den übrigen Bereichen der »gewerblichen Wirtschaft« der Name »Reichsstand« durch den der »Reichsgruppe« ersetzt und damit auch terminologisch der Sieg der industriell-technokratischen über die mittelständisch-korporativen Interessen dokumentiert wurde[9]. Die Erben der traditionellen Selbstverwaltungsorgane von Handwerk und Einzelhandel widersetzten sich, ungeachtet aller personellen Gleichschaltungsmaßnahmen, den usurpatorischen Kompetenzansprüchen der Deutschen Arbeitsfront und versuchten, soweit es irgend ging, auch unter den veränderten politischen Verhältnissen konventionelle Interessenpolitik im Sinne ihrer Organisationen zu betreiben. Diese Bestrebungen wurden dadurch erleichtert, daß mit der Umorganisation der gewerblichen Wirtschaft im Jahr 1934 auch die interimistische Führung der mittelständischen Dachverbände und des Deutschen Industrie- und

Handelstages durch Adrian von Renteln endete. Das Reichswirtschaftsministerium als Aufsichtsbehörde der Reichswirtschaftskammer, der Organisation der gewerblichen Wirtschaft auf Reichsebene, konnte kein Interesse daran haben, irgendwelche Kompetenzen an die Deutsche Arbeitsfront, eine Gliederung der NSDAP, zu verlieren. Das Wirtschaftsministerium wurde so zum eigentlichen Widerpart der Arbeitsfront und damit zum Verbündeten der gewerblichen Wirtschaft insgesamt. Ressortbürokratie und Unternehmerschaft hatten gemeinsame Interessen, soweit es um die Abwehr des von der Arbeitsfront proklamierten Primats der Politik ging. Am Beispiel der beruflichen Bildung wird diese Konfliktkonstellation noch ausführlich zu analysieren sein[10].

An der Mittelstandspolitik der ersten drei Jahre des »Dritten Reiches« lassen sich die unterschiedlichen Interessen ablesen, die auf die wirtschaftspolitischen Entscheidungsprozesse einwirkten. Auf der einen Seite steht eine Reihe von sozialprotektionistischen Maßnahmen, die zum Teil unmittelbar an Notverordnungen der Präsidialkabinette Brüning, Papen und Schleicher anknüpften. Das gilt namentlich für das Gesetz zum Schutz des Einzelhandels vom 12. Mai 1933, das eine allgemeine Einrichtungssperre für Einzelhandelsgeschäfte verhängte. Diese Sperre war zunächst bis zum 6. November des gleichen Jahres befristet, wurde aber immer wieder verlängert und am 1. Januar 1935 in eine allgemeine Konzessionierungspflicht umgewandelt. Für Warenhäuser und Einheitspreisgeschäfte wurde aufgrund desselben Gesetzes praktisch eine generelle Einrichtungs- und Erweiterungssperre erlassen, die bis zum Ende des »Dritten Reiches« dauerte. Dazu kamen ein uneingeschränktes Zugabeverbot und eine nahezu generelle Untersagung von »Sonderveranstaltungen« im Einzelhandel. In die zweite Phase der nationalsozialistischen Mittelstandspolitik fiel die Einführung des »Sachkundenachweises« am 23. Juli 1934, der als Kriterium für die Bewilligung einer Ausnahmeerlaubnis zur Errichtung eines Geschäftes diente und damit eine Überfüllung der Einzelhandelsberufe verhindern sollte. Mit diesen Prohibitivmaßnahmen kam die Regierung Hitler einigen der Schutzforderungen des Kleingewerbes nach, denen seit 1930 alle Reichskabinette Zugeständnisse gemacht hatten. Die Diskriminierung von Kauf- und Warenhäusern stieß in der übrigen gewerblichen Wirtschaft kaum auf Widerstand. Die Großbetriebe des Einzelhandels galten in weiten Kreisen immer noch als kommerzielle Außenseiter, und die Großbetriebe der Industrie sahen keine Notwendigkeit, sich mit ihnen zu solidarisieren. Den deutschnationalen Verbündeten der NSDAP, die sich stets betont mittelstandsfreundlich gegeben hatten und in der ersten Phase der nationalsozialistischen Mittelstandspolitik noch erheblichen wirtschaftspolitischen Einfluß besaßen, fiel der Abbau der Gewerbefreiheit nicht weniger leicht als den Nationalsozialisten[11].

Das Handwerk mußte zwar länger warten als der Kleinhandel, bis einige seiner traditionellen Forderungen verwirklicht wurden; dafür ging die Erfüllung seiner Wünsche aber weiter als im Fall der Detaillisten. Ein Antrag des Reichsstandes des deutschen Handwerks, entsprechend der Vorschrift des §2 des Gesetzes zum Schutz des Einzelhandels ein Verbot für die Neuerrichtung auch von Handwerksbetrieben zu erlassen, wurde Anfang 1934 von Reichswirtschaftsminister Schmitt zunächst abgelehnt – offenbar, weil ein solcher Schritt von den Beamten des zuständigen Ressorts als produktivitätshemmend angesehen wurde. Eine andere Handwerksforderung wurde dagegen am 15. Juni 1934 Wirklichkeit: die Einführung von Pflichtinnungen. Bisher hatte es lediglich das Institut der »fakultativen Zwangsinnung« gegeben, das durch das Handwerkergesetz von 1897 eingeführt worden war: Die Zugehörigkeit zur Innung war obligatorisch, wenn sich in einem Handwerkskammerbezirk die Mehrheit der Selbständigen eines bestimmten Handwerkszweiges durch Abstimmung hierfür entschied. Die Erste Verordnung über den vorläufigen Aufbau des deutschen Handwerks vom 15. Juni 1934, die ihrerseits auf dem Gesetz über den vorläufigen Aufbau des deutschen Handwerks vom 29. November 1933 beruhte, kündigte diesen Kompromiß zwischen dem mittelständischen Protektionismus und dem Prinzip der Organisationsfreiheit auf. Die Einführung von Pflichtinnungen verdankte sich aber nicht dem Druck irgendeiner mittelständischen Parteiformation, sondern war Teil eines übergeordneten Programms zur Zwangsorganisation der gewerblichen Wirtschaft. Dieses Programm ging auf Reichswirtschaftsminister Schmitt zurück, der hierbei die nachdrückliche Unterstützung der Reichswehr hatte. Aus kriegswirtschaftlichen Erwägungen hatte sich das Reichswehrministerium bereits im Oktober 1933 für eine umfassende Pflichtorganisation aller Wirtschaftszweige eingesetzt; aber anders als bei der Industrie deckten sich beim Handwerk die Wünsche des Militärs, was ihre praktischen Folgen anlangte, mit denen der Betroffenen[12].

Eine andere traditionelle Handwerksforderung wurde nicht durch die »Partei«, sondern durch einen »bürgerlichen« Bundesgenossen der Nationalsozialisten erfüllt: Den »Großen Befähigungsnachweis«, der die Eröffnung eines Handwerksbetriebs an die bestandene Meisterprüfung knüpfte, führte Schmitts Nachfolger als Reichswirtschaftsminister, Hjalmar Schacht, am 18. Januar 1935 hauptsächlich deswegen ein, weil es möglich schien, auf diese Weise für einen wichtigen Bereich der ihm unterstellten gewerblichen Wirtschaft herkömmliche Ausbildungsstandards gegenüber dem von der Deutschen Arbeitsfront propagierten »nationalsozialistischen Leistungsprinzip« zu sichern. Eben darin lag ein gemeinsames Interesse von Handwerk und Industrie, und aus dieser Konstellation erklärt es sich, daß Schacht bei seinem Schritt vom Januar 1935 nicht mit massiver Opposition anderer Gruppen der gewerblichen Wirtschaft rechnen mußte. Dazu kam etwas anderes. In der Vergangenheit hatte die Industrie den Großen Befähigungsnachweis bekämpft, weil sie darin eine gravierende Einschränkung der beruflichen Mobilität und der technologischen Innovation sah. Aber die Produktionsbereiche von Handwerk und Großindustrie hatten sich seit der Einführung der Gewerbefreiheit so weit auseinanderentwikkelt, daß Beschränkungen derselben im Bereich des Kleingewerbes kaum noch vitale Interessen der Großunternehmer berührten. Der Widerspruch aus Handel und Industrie gegen Schachts Verordnung konzentrierte sich daher auf einen Bereich, in dem es nach wie vor Überlappungen zwischen ihnen und dem Handwerk gab: die handwerklichen Nebenbetriebe, die industriellen und kommerziellen Unternehmen angegliedert waren. Die ursprüngliche Bestimmung, wonach die Eigentümer solcher Betriebe die Meisterprüfung ablegen mußten, wurde wieder aufgehoben. Einer neuen Verordnung vom 22. Januar 1936 zufolge genügte es, wenn der tatsächliche Leiter des Nebenbetriebes diese Voraussetzung erfüllte. Im März 1937 schließlich wurde die Zahl der als handwerkliche Nebenbetriebe einzustufenden Werkstätten durch eine restriktive Definition außerordentlich eingeschränkt. In der alten Streitfrage der Abgrenzung zwischen Handwerk einerseits, Industrie und Handel andererseits – einer Frage, an deren Beantwortung die Zugehörigkeit zu unterschiedlichen »Reichsgruppen« hing – setzten sich die Großbetriebe am Ende weitgehend durch[13].

Andere Niederlagen waren für den gewerblichen Mittelstand weitaus schmerzhafter. Mit den Heß-Erlassen vom Juni und Juli 1933 hatte die mittelständische Parteibasis zwar eine Schlacht verloren; aber die kleinen Selbständigen waren noch nicht neutralisiert, und sie hatten noch Verbündete. Zu diesen gehörte sicherlich Gottfried Feder, der – gewissermaßen als personeller Trostpreis für das Kleingewerbe – Anfang Juli 1933 zum Staatssekretär unter dem neuen Reichswirtschaftsminister Schmitt ernannt worden war. Aber eine seiner ersten Amtshandlungen enthüllte auf ironische Weise, wie wenig reale Macht dem gewerblichen Mittelstand verblieben war. Am 25. Juli mußte ausgerechnet Feder der Staatskanzlei des Freistaates Bayern mitteilen, daß das von ihr geforderte vollständige Verbot des Lebensmittelverkaufs in Warenhäusern nicht in Frage komme, weil in eingehender Prüfung festgestellt worden sei, »daß ein solches Verbot bei der Bedeutung, die der Lebensmittelhandel für die einzelnen Betriebe heute erreicht hat und bei der gegenwärtig teilweise sehr angespannten Lage der Warenhäuser zu Zusammenbrüchen führen müßte, deren Auswirkungen auf die Gesamtwirtschaft und den Arbeitsmarkt nicht übersehbar wären«. Aus dem gleichen Grund erwirkte Reichswirtschaftsminister Schmitt kurz nach seiner Amtsübernahme bei Hitler sogar die Sanierung des »nichtarischen« Warenhauskonzerns Hermann Tietz mit Reichsmitteln[14].

Bei der Abwehr der mittelständischen Forderung nach einer Liquidation der Konsumvereine spielte das Arbeitsmarktargument ebenfalls eine wichtige Rolle – aber es war nicht das einzige. Robert Ley, dessen Aufsicht die Verbrauchergenossenschaften im Mai 1933 unterstellt worden waren, ließ sich bald davon überzeugen, daß eine Auflösung fatale gesamtwirtschaftliche Folgen haben würde. In einem im September 1933 publizierten Artikel nannte er jedoch noch einen weiteren Grund, der dagegen sprach, die Konsumvereine »rücksichtslos zu zerschlagen«: Auf diese Weise hätte das Regime auch »einen großen Teil der deutschen Arbeiterschaft verärgert und verbittert« und sich »zu unerbittlichen Feinden gemacht«. Ley kündigte zwar eine Zentralisierung der Eigentumsrechte an lokalen Konsumvereinen auf die neu zu schaffende Reichsverbrauchergenossenschaft und die Verpachtung der einzelnen Läden an den Mittelstand an; aber in der Praxis blieb die Gleichschaltung der Konsumvereine zunächst vergleichsweise oberflächlich. Der Verpachtungsgedanke wurde nicht verwirklicht; die nationalsozialistischen »Beauftragen« waren auf die Rolle von Befehlsübermittlern der Staatsführung beschränkt. Die starke personelle Kontinuität in der Leitung der örtlichen Genossenschaften mußte auf die ehemaligen Mitglieder des Kampfbundes des gewerblichen Mittelstandes provozierend wirken. Im März 1934 stellte der Kreisschulungsleiter der N.S. Hago in Aschaffenburg eine völlige Umkehr des nationalsozialistischen »Kampfzieles« in bezug auf die Verbrauchergenossenschaften fest: »Statt daß der schwer um seine Existenz ringende Mittelstand eine Besserung verspüren könnte ist hier eine Verschlechterung zu verzeichnen und die Konsumvereine machen in einer Art und Weise Reklame und Propaganda die geradezu als jüdisch-marxistisch zu bezeichnen ist.« Die früheren sozialdemokratischen Funktionäre des Konsumvereins spielten dort nach wie vor die maßgebende Rolle, und daher sei die »Erbitterung über all das in den weitesten Kreisen der Bevölkerung und natürlich hauptsächlich unter den Geschäftsleuten, die dadurch sehr geschädigt werden, die allergrößte«. Der Partei werde mit Recht der Vorwurf gemacht, »daß es statt besser bedeutend schlechter geworden sei, denn heute dürften dieselben die uns früher bis aufs Blut bekämpft hätten machen was sie wollten und wir selbst müssen mit begründeter Furcht vor Vergeltungsmaßnahmen und Strafen zusehen wie in den Konsumvereinen sich die alten roten Bonzen wieder einnisten und zum Schaden des gesamten Mittelstandes ihr Handwerk unter dem Schutz der Partei und ihrer Beauftragten wieder unbekümmert weitertrieben«[15].

Der Protestruf aus Aschaffenburg zeigt, daß die Umwandlung des Kampfbundes des gewerblichen Mittelstandes in die N.S. Hago bei den Kleingewerbetreibenden offenbar keine nachhaltige Bewußtseinsveränderung bewirkt hatte. Die Tatsache, daß die N.S. Hago der Deutschen Arbeitsfront unterstellt und ihr Leiter, Adrian von Renteln, auf die politische Linie Leys verpflichtet worden war, schlug an der Basis nicht durch. Es bedurfte daher immer wieder behördlicher Anordnungen und parteioffizieller Interventionen, um zu verhindern, daß untergeordnete Formationen der N.S. Hago den jeweiligen Direktiven von Staats- und Parteiführung zuwiderhandelten. So mußte die N.S. Hago Mainfranken ihren Kreisamtsleitungen anläßlich eines »Werbefeldzugs« im März 1934 eine Weisung des »Sekretariats des Führers« übermitteln, wonach für alle Plakattexte die Genehmigung der »Politischen Organisation« erforderlich war. Transparente mit der Aufschrift »Wer bei Juden kauft, ist ein Volksverräter«, wie sie in einigen Städten angebracht worden seien, müßten entfernt werden; ein Zuwiderhandeln gegen diesen Befehl habe den Parteiausschluß zur Folge. Eine Mitteilung des Hessischen Staatspolizeiamtes an die örtlichen Dienststellen vom 29. März 1934 nennt einige der Instanzen, die an der Verhinderung spontaner Aktionen der nationalsozialistischen Mittelständler interessiert waren. Der Werbefeldzug der N.S. Hago dürfe, so heißt es dort, »nicht zu einem Boykott gegen Waren- und Kaufhäuser, Konsumvereine, Einheitspreis- und Filialgeschäfte und gegen jüdische Geschäfte führen. Eine solche planmäßige Boykottaktion, die sich insbesondere durch Flugblätter, Plakate, Transparente, Postenstehen, Kontrollen, Anprangerung usw. kennzeichnet, darf nach übereinstimmender Meinung des Herrn Reichswirtschaftsministers, des Herrn Reichsministers für Volksaufklärung und Propaganda und des Herrn Reichsbankpräsidenten, die auch dem Leiter der N.S. Hago mitgeteilt wurde, nicht stattfinden«[16].

Die wirtschaftspolitischen Gründe gegen mittelständische Boykottdemonstrationen waren im Frühjahr 1934 dieselben wie im Sommer 1933. Solche Aktionen konnten auf Handel und Industrie nur beunruhigend wirken; sie gefährdeten überdies den Erfolg der Arbeitsbeschaffungspolitik. Für die politische Führung im engeren Sinn kamen noch andere Überlegungen hinzu: Einmal mußten die obersten Parteiinstanzen schon aus außenpolitischen Gründen darauf bestehen, Zeitplan und Dosierung antisemitischer Maßnahmen ausschließlich selbst zu bestimmen; zum anderen geboten die Priorität der Aufrüstung und die damit verbundene Abhängigkeit von der Reichswehrführung, alles zu vermeiden, was auch nur dem Anschein nach auf eine »zweite Revolution« hindeutete[17].

An den Konsumvereinen hatte die Reichswehrführung im übrigen auch ein unmittelbares Interesse. Reichswehrminister von Blomberg teilte dem Stellvertreter des Führers am 5. Januar 1935 mit, »aus wehrpolitischen Gründen« lege er auf die Erhaltung dieser »für die Lebensmittelversorgung des deutschen Volkes außerordentlich wertvollen Produktionsstätten« den größten Wert. Zusammen mit dem Reichswirtschaftsministerium widersetzten sich die Militärs dem Drängen der Reichsgruppe Handel, die Genossenschaften zu liquidieren, und einer Anordnung der Kommission für Wirtschaftspolitik bei der Reichsleitung der NSDAP vom 13. Dezember 1934, wonach die Werbung der Konsumvereine zu überwachen war. Die wirtschaftlichen Argumente der Fürsprecher des Mittelstandes hätten für sich allein keine Chancen gehabt, die wehrwirtschaftliche Logik außer Kraft zu setzen. Ein höheres Gewicht hatten die staatspolitischen Bedenken, die von den Gegnern der Konsumvereine geltend gemacht wurden. Zahlreiche örtliche Genossenschaften waren in der Tat zu Zentren sozialdemokratischen, teilweise auch kommunistischen Widerstandes geworden. Das Reichswirtschaftsministerium konnte solche Einwände nicht unbeachtet lassen, zumal auch Rudolf Heß in einem Schreiben an Schacht vom 7. Januar 1935 die oppositionelle Zellenbildung in den Konsumvereinen für gefährlich erklärte und die Überwachung der genossenschaftlichen Werbung erst dann wieder aufzuheben versprach, wenn zentrale Anordnungen der Konsumvereine jede politisch bedenkliche Werbung unmöglich machten. Am 22. Mai 1935 ließ sich Schacht durch ein Gesetz ermächtigen, wirtschaftlich gefährdete Verbrauchergenossenschaften aufzulösen. Für die Liquidation von 72 Genossenschaften in der zweiten Hälfte des Jahres 1935 sind jedoch offenbar Gründe der »Staatssicherheit« maßgeblich gewesen: Es wurden alle großstädtischen Genossenschaften aufgelöst, in denen sich das Gros der Mitglieder aus der industriellen Arbeiterschaft rekrutierte. Aus den liquidierten Großgenossenschaften wurden »Auffanggesellschaften«, die als Verteilungsstellen für die weiter existierenden Genossenschaften und die in Einzelhandelsunternehmungen umgewandelten Kleingenossenschaften fungierten.

Das Ziel der vollständigen Zerschlagung der Konsumvereine hatten die nationalsozialistischen Mittelständler damit noch nicht erreicht. Es traf sich aber günstig, daß Robert Ley die vom Reichswirtschaftsministerium erreichte Kontrolle über die Konsumvereine als Herausforderung empfand. Unter Berufung auf die latente politische Gefahr, die von den Verbrauchergenossenschaften ausgehe, konnte Ley Anfang 1941 schließlich bei Hitler die Zustimmung zur Auflösung der Konsumvereine einholen. Reichswirtschaftsminister Funk, der Leys Ansprüchen auch sonst wenig Widerstand entgegensetzte, unterzeichnete am 18. Februar 1941 eine Verordnung, die der Auflösung der Konsumvereine den Anschein einer kriegswirtschaftlichen Maßnahme gab und die Deutsche Arbeitsfront damit beauftragte, die Liquidation durchzuführen. Das Vermögen der Verbrauchergenossenschaften ging an das »Gemeinschaftswerk der DAF« über. Im »Endziel« sollten die Verteilungsstellen selbständigen Einzelkaufleuten übergeben, die Betriebe und betrieblichen Einrichtungen im übrigen »unter Erhaltung des volks- und wehrwirtschaftlichen Leistungsvermögens im Interesse der nationalsozialistischen Wirtschaft« eingesetzt werden[18].

Im Hinblick auf die Waren- und Kaufhäuser wurde den Mittelständlern kein vergleichbarer Wechsel auf die Zukunft ausgestellt. Einige dieser Großbetriebe des Einzelhandels zeichnete die DAF sogar mit Gaudiplomen »für musterhafte soziale Einrichtung« aus. Am 1. April

1940 fiel die 1930 eingeführte diskriminierende Warenhaussteuer endgültig weg. Bei den noch näher zu erörternden Schließungsaktionen im Einzelhandel profitierten die Großbetriebe davon, daß sie sich als geradezu ideale Instrumente der Bewirtschaftung erwiesen. Einzelne Gauleiter sahen nichtsdestoweniger eine Chance gekommen, endlich den Punkt 16 des nationalsozialistischen Parteiprogramms zu verwirklichen. Besonders in Hessen und Mecklenburg wurde die »Auskämmaktion« im Jahre 1943 zum Vorwand für die Schließung von Warenhäusern und Kleinpreisgeschäften genommen[19].

Bereits in den ersten beiden Phasen der nationalsozialistischen Mittelstandspolitik, also vor der Verkündung des Vierjahresplanes, war deutlich geworden, daß die wirtschaftspolitischen Forderungen des Kleingewerbes nicht zu den Prioritäten des Regimes zählten. Was der gewerbliche Mittelstand positiv erreichte, waren entweder – wie das Einzelhandelsschutzgesetz vom Mai 1933 – Befriedungsmaßnahmen auf der Linie des schon von den Präsidialregierungen der Jahre 1930–1932 praktizierten Sozialprotektionismus oder Nebenprodukte wirtschaftspolitischer Grundsatzentscheidungen. Das letztere gilt sowohl für die primär rüstungswirtschaftlich begründete Einführung von Pflichtinnungen als auch für den Großen Befähigungsnachweis, mit dem Reichswirtschaftsminister Schacht einer Politisierung des gewerblichen Ausbildungswesens vorbeugen wollte. Seit der zweiten Hälfte des Jahres 1933 verdankte sich keine der »Errungenschaften« des Kleingewerbes mehr dem Druck irgendwelcher Parteiformationen. Die meisten Maßnahmen zugunsten des Mittelstandes gingen vielmehr auf eher traditionelle Machtträger – die Reichswehr, die Ministerialbürokratie, Minister Schacht – zurück. Andererseits setzten diese Kräfte der Mittelstandsfreundlichkeit dort Grenzen, wo sie mit übergeordneten wirtschaftspolitischen Zielen zu kollidieren drohte. Das trifft für die restriktive Behandlung der handwerklichen Nebenbetriebe wie für die Erhaltung von Warenhäusern und Konsumvereinen zu. Bei den Verbrauchergenossenschaften gaben nicht wirtschafts-, sondern sicherheitspolitische Gründe den Ausschlag für den späten Entschluß zur Liquidation. Von den nationalsozialistischen Instanzen im engeren Sinn hat letztlich nur die DAF kontinuierlich und aktiv Anteil an der Mittelstandspolitik genommen – freilich gerade nicht im Sinne der traditionellen Forderungen des Kleingewerbes, sondern im Dienst der pseudoegalitären »Volksgemeinschaft« und damit einer Kampfansage an die Privilegierungswünsche von Handwerk und Kleinhandel.

Hitler selbst hat dem Mittelstand keinerlei persönliches Interesse entgegengebracht. Seine Äußerungen gegenüber der Handwerksführung in den ersten Monaten nach der Machtübernahme ließen keinerlei Rückschlüsse auf irgendwelche konkreten mittelstandspolitischen Zielsetzungen zu. Vergeblich hat sich der Reichsstand des deutschen Handwerks darum bemüht, Hitler zu einer Rede an das deutsche Handwerk zu bewegen. Anders als die Bauern, die alljährlich auf dem Bückeberg der Ehre einer Führerrede teilhaftig wurden, hat das Handwerk sich mit einem einzigen schriftlichen Gruß des ersten Mannes des »Dritten Reiches« begnügen müssen. Anläßlich des Reichshandwerkertages in Frankfurt ließ Hitler im Juni 1935 wissen, es sei sein »Wunsch und Wille, daß das deutsche Handwerk, verwurzelt in ehrwürdiger Überlieferung, im Schutz von Volk und Staat einer neuen Blüte entgegensehe«. In Ermangelung anderer Aussagen Hitlers hat dieses vielzitierte Führerwort bis zum Kriegsende dem deutschen Handwerk als Bestätigung höchsten Wohlwollens dienen müssen[20].

Manchen »alten Kämpfern« war jedoch schon in den ersten beiden Jahren der nationalsozialistischen Herrschaft klargeworden, daß mittelständische Anliegen bei Hitler kein offenes Ohr fanden. Sie versuchten, sich dies damit zu erklären, daß der »Führer« von falschen Beratern umgeben sei. Karl Zeleny, der Vizepräsident des Reichsstandes des deutschen Handwerks und einer der frühen Vorkämpfer des Nationalsozialismus im gewerblichen Mittelstand, ersuchte den Staatssekretär in der Reichskanzlei, Lammers, am 11. August 1933 dringend, aber vergeblich um die Vermittlung eines Gesprächs bei Hitler. Als Grund seiner Bitte nannte er, daß er »immer wieder in weiten Kreisen unserer Stellen auf stärkste Unkenntnis der handwerklichen Mentalität« stoße. Am 20. Juli 1934 wandte sich der Geschäftsführer des Reichsverbandes des deutschen Einzelhandels mit Tabakwaren, G. A. Eppert, ein langjähriges Mitglied der NSDAP und der SA, an den Ministerialrat in der Reichskanzlei, Killy, um gegen die Freigabe des automatischen Verkaufs von Tabakwaren zu protestieren – eine teilweise Umkehrung jener Maßnahmen, mit denen das Regime zunächst optische Erfolge bei der Arbeitsbeschaffung herbeigeführt hatte. Die Automatisierung des Tabakhandels, so führte Eppert aus, werde zahllose Familienexistenzen zugrunde richten. Wie der Tabakwarenhandel hätten auch das Handwerk, die Angestelltenschaft, die Zigarettenindustrie und die N.S. Hago die Meinung vertreten, daß die menschliche Verkaufskraft nicht durch eine maschinelle ersetzt werden dürfe. Leider habe man diese Organisationen nie angehört, sondern ihnen erst nach Erlaß des neuen Gesetzes die Möglichkeit gegeben, ihre Bedenken zu äußern. »Verehrter Parteigenosse Dr. Killy, als alter Nationalsozialist werden Sie mit mir empfinden, wie schwer mich, der ich Geschäftsführer des Reichsverbandes des deutschen Einzelhandels mit Tabakwaren bin, dieser Schlag der Automatenindustrie getroffen hat. Ich kann nicht begreifen, daß für Zigarrenherstellung ein Maschinenverbot erlassen wurde, während im Vertrieb mit Tabakwaren die Maschine eingeführt werden soll...« Der Grund der neuen Maßnahme sei wohl eine einseitige Darstellung der damit verbundenen Fragen beim »Führer« und beim Reichswirtschaftsminister[21].

Die Klagen aus dem gewerblichen Mittelstand – ob sie Regiebetriebe der öffentlichen Hand, die angeblich ruinösen Wirkungen der Gefängnisarbeit, die Verweigerung von Preiserhöhungen oder ganz allgemein wirtschaftliche Sorgen einzelner Branchen betrafen – unterschieden sich während des »Dritten Reiches« kaum von den Gravamina, mit denen das Kleingewerbe die Regierungen des kaiserlichen Obrigkeitsstaates und der Weimarer Republik konfrontiert hatte. Damals hatten die Interessenvertretungen des Kleingewerbes freilich nicht nur in internen Eingaben, sondern auch öffentlich auf ihre Sorgen und Wünsche aufmerksam machen können. Im nationalsozialistischen Staat schwand diese Möglichkeit bald dahin. Der »Werbefeldzug« der N.S. Hago vom März 1934 war die letzte große öffentliche Aktion der parteioffiziellen Mittelstandsorganisation. In der Folgezeit wurde die N.S. Hago von der ihr übergeordneten DAF immer stärker an die Kette gelegt. Am 2. Dezember 1935 mußte Renteln, der Leiter des Hauptamtes für Handel und Gewerbe – der N.S. Hago-Spitze –, im Auftrag Leys den politischen Leitern seines Amtes untersagen, in »irgendwelche Personalfragen« einzugreifen, und sie auf die Aufgabe beschränken, die »Personalverhältnisse bei Handel und Handwerk« zu beobachten. Anfang 1936 ging die N.S. Hago ohne viel Aufhebens in den neugegründeten Reichsbetriebsgemeinschaften »Handel« und »Handwerk« der Deutschen Arbeitsfront auf. Eine eigene mittelstandspolitische Interessenvertretung innerhalb der Partei gab es seitdem nicht mehr. Die Schonfrist, die der gewerbliche Mittelstand bis zur Verkündung des Vierjahresplanes trotz aller Enttäuschungen noch genossen hatte, begann abzulaufen[22].

**II.** Die Auseinandersetzungen um die Berufsbildung, deren Protagonisten auf dem Höhepunkt des Disputs Reichswirtschaftsminister Schacht und der Leiter der Deutschen Arbeitsfront, Ley, waren, sind in doppelter Hinsicht ein für das nationalsozialistische Regime symptomatischer Vorgang. Einmal illustrieren sie das generelle Phänomen ständiger Kompetenzstreitigkeiten, das dem Bild des monolithischen totalitären Staates augenfällig widerspricht und manche Beobachter geradezu von einer autoritären Anarchie hat sprechen lassen. Zum anderen ging es bei dem Kampf um die Kontrolle der Berufserziehung um eine spezifische Machtfrage, die sich grob als der Konflikt zwischen dem Primat der Ökonomie und dem der Politik bezeichnen läßt[23].

Daß Reichsbankpräsident Schacht am 2. August 1934 zunächst interimistisch und am 30. Januar 1935 dann endgültig, wenn formell auch immer noch kommissarisch die Nachfolge des schwer erkrankten Reichswirtschaftsministers Schmitt übernahm, war ein Erfolg der Großindustrie, die in dem von Schmitt im Februar 1934 eingeleiteten »organischen Aufbau der deutschen Wirtschaft« einen Anschlag auf ihre Selbstverwaltung sah. Im Zusammenhang mit dem Kampf gegen eine »zweite Revolution« stellte Hitler im Sommer 1934 die Weichen für ein neues Arrangement mit den alten Eliten in Reichswehr, Wirtschaft und Ministerialbürokratie, das seine Herrschaft stabilisieren und die Voraussetzungen dafür legen sollte, daß das Reich sobald wie möglich zur Führung eines Lebensraumkrieges in der Lage war. Schacht konnte sich zwar dem Wunsch der Reichswehr nach einer umfassenden Pflichtorganisation der Wirtschaft nicht widersetzen, aber er war, im Zusammenspiel mit den Militärs, in der Lage, »politische« Übergriffe auf die Organisation der gewerblichen Wirtschaft abzuwehren und der unternehmerischen Interessenvertretung einen erheblichen Spielraum zu sichern[24].

Im Bereich des Handwerks hatte der neue »Wirtschaftsdiktator«, der in Personalunion Reichswirtschaftsminister und Reichsbankpräsident war und im Mai 1935 auch noch Generalbevollmächtigter für die Kriegswirtschaft wurde, schon im September 1934 Gelegenheit, eine Kraftprobe mit seinem schärfsten Rivalen, Ley, zu gewinnen. Im Januar 1934 hatte Schmitt den Wiesbadener Klempnermeister und »alten Kämpfer« W. G. Schmidt zum »Reichshandwerksführer« und damit zum Nachfolger Rentelns in dessen Eigenschaft als Leiter des Reichsstandes des deutschen Handwerks und des Deutschen Handwerks-

und Gewerbekammertages ernannt. Im Juni 1934 übernahm Schmidt aber auch den Vorsitz der neugegründeten Reichsbetriebsgemeinschaft »Handwerk« in der DAF. In der ersten Funktion unterstand er dem Reichswirtschaftsminister, in der zweiten dem Reichsleiter Ley. Im Zuge der »Ersten Handwerksverordnung« vom 15. Juni 1934, die dem Handwerk neben der Pflichtinnung auch das »Führerprinzip« brachte, konnte Ley nun versuchen, über den Reichshandwerksführer den Reichsstand des deutschen Handwerks mit der »Arbeitsfront« gleichzuschalten. Schacht, der darin eine Schmälerung seines Einflusses sehen mußte, ging sofort auf Gegenkurs. Im September setzte er die Entlassung des Generalsekretärs des Reichsstandes des deutschen Handwerks und des Deutschen Handwerks- und Gewerbekammertages, Heinrich Schild, durch, dem er vorwarf, die Deutsche Arbeitsfront gegen das Reichswirtschaftsministerium auszuspielen. Schild selbst räumte ein, er sei in dem »ewigen Dilemma zwischen Staatsführung und Parteiführung und Arbeitsfrontführung gestolpert«, weil es ihm trotz aller Beweglichkeit nicht gelungen sei, »den Reichshandwerksführer durch die drei sich oftmals widersprechenden Befehlsquellen, deren staats- und verwaltungsrechtliche Kompetenzen auf ganz verschiedenem Gebiet liegen, hindurchzulavieren«. Auch Karl Zeleny, der Stellvertreter des Reichshandwerksführers, mußte seinen Posten räumen. Durch die Ernennung eines neuen Generalsekretärs, Felix Schüler, konnte Schacht die Kontrolle über die Reichsstandsführung verbessern. Gleichzeitig baute er die ministerielle Aufsicht über die Handwerkskammern und Innungen aus und nutzte das Instrument der handwerklichen Ehrengerichtsbarkeit, das ihm die Verordnung vom 15. Juni 1934 in die Hand gegeben hatte, um Amtspflichtverletzungen von Parteifunktionären entgegenzutreten[25].

Die Niederwerfung der angeblichen »zweiten Revolution« im Juli 1934 schwächte zwar die – auf durchaus gegensätzliche Weise – antikapitalistischen Elemente in SA, Nationalsozialistischer Betriebszellen-Organisation und N.S. Hago; aber es kann keine Rede davon sein, daß das »Dritte Reich« damit alle seine sozialen Konflikte eliminiert hätte. Leys DAF intensivierte vielmehr ihre Versuche, die Federführung in sämtlichen Fragen von gesellschaftspolitischer Bedeutung zu erlangen und den Gewinnern des sogenannten »Röhm-Putsches« im Namen des originären Nationalsozialismus Paroli zu bieten. Mit ihrer Spielart des »nationalen Sozialismus« trat die Arbeitsfront in gewisser Weise das ambivalente Erbe der nationalen Angestelltengewerkschaften der Weimarer Republik an, die sich einerseits subjektiv ehrlich gegen die »soziale Reaktion« der traditionellen Führungsschichten und ihrer Trabanten gewandt, andererseits sich als Elite der Arbeitnehmerschaft gefühlt und vom internationalen Proletariat scharf abgegrenzt hatten. Insoweit mag man auch die Kämpfe zwischen der DAF und der handwerklichen Standesvertretung als Ausdruck objektiver Spannungen zwischen »neuem« und »altem Mittelstand« ansehen. Am 24. Oktober 1934 schien Ley am Ziel seiner Wünsche. Auf dem Weg der Überrumpelung erhielt er Hitlers Unterschrift unter eine Verordnung über Wesen und Ziel der Deutschen Arbeitsfront. Die DAF war danach die »Organisation der schaffenden Deutschen der Stirn und der Faust« und hatte laut § 7 der Führer-Verordnung den Arbeitsfrieden zu sichern, indem sie »bei den Betriebsführern das Verständnis für die berechtigten Ansprüche ihrer Gefolgschaft, bei den Gefolgschaften das Verständnis für die Lage und die Möglichkeiten ihres Betriebes« schuf. Ihr fiel die Aufgabe zu, »zwischen den berechtigten Interessen aller Beteiligten jenen Ausgleich zu finden, der den nationalsozialistischen Grundsätzen entspricht und die Anzahl der Fälle einschränkt, die nach dem Gesetz vom 20. Januar 1934 [dem Gesetz zur Ordnung der nationalen Arbeit] zur Entscheidung allein den zuständigen staatlichen Organen zu überweisen sind. Die für diesen Ausgleich notwendige Vertretung aller Beteiligten ist ausschließlich Sache der Deutschen Arbeitsfront. Die Bildung anderer Organisationen oder ihre Betätigung auf diesem Gebiet ist unzulässig«[26].

Die gesellschaftspolitische Allkompetenz, die Ley damit für die DAF in Anspruch nahm, war eine Herausforderung an alle, die sich mit dieser auch in der Form neuartigen Verordnung des »Führers« übergangen fühlen mußten – und das war neben den in erster Linie betroffenen Reichsministerien für Wirtschaft, Arbeit und des Innern auch der »Stellvertreter des Führers«, Rudolf Heß. Nach langen heftigen Auseinandersetzungen, in denen sich vor allem Schacht als Gegner Leys exponierte, wurde schließlich im März 1935 jene »Leipziger Vereinbarung« zwischen Ley, Schacht und Reichsarbeitsminister Seldte getroffen, die einerseits paritätisch besetzte Ausschüsse von »Betriebsführern« und »Gefolgschaftsmitgliedern« auf Ortsebene vorsah, die wirklichen Entscheidungsbefugnisse andererseits aber den – der Dienstaufsicht des Reichsarbeitsministers unterstehenden – »Treuhändern der Arbeit« vorbehielt. Praktisch folgenlos blieb die weitergehende Bestimmung, daß auch auf Gau- und Reichsebene Arbeitsfront und Organisation der gewerblichen Wirtschaft durch paritätisch besetzte Arbeits- und Wirtschaftsräte verzahnt werden sollten[27].

Der Konflikt zwischen der DAF und den staatlichen Instanzen war mit der Leipziger Vereinbarung nicht beigelegt. Daß Schacht die Organisation der gewerblichen Wirtschaft korporativ der Arbeitsfront eingliederte, war kein Ausdruck der Unterwerfung, sondern sollte garantieren, daß die organisierte Wirtschaft nur als Gesamtheit mit der Arbeitsfront in Beziehung trat. Der Streit um die Kontrolle des Handwerks zeigte, daß die Machtfrage zwischen Schacht und Ley weiterhin unentschieden war. Reichshandwerksführer Schmidt, der seit Oktober 1934 offiziell den Titel eines »Reichshandwerksmeisters« trug, hatte – offenbar um seine persönliche Stellung gegenüber Schacht und dessen Vertrauensleuten in der Reichsstandsführung zu stärken – Anfang 1935 Ley einen größeren Einfluß auf die Handwerksorganisation angeboten. Der Leiter der DAF meldete daraufhin sogleich seine Forderungen an: Auflösung der Innungen, Verantwortlichkeit der Arbeitsfront für das gesamte öffentliche Auftreten des Handwerks und die Lenkung der Berufserziehung durch die DAF. Die Unterstützung dieses Ansinnens hätte den Reichshandwerksmeister innerhalb des Reichsstandes vollständig isoliert; um sich gegenüber der DAF rückzuversichern, betrieb Schmidt, der selbst der SS angehörte, nun die Aufnahme des Führerkorps seiner Organisation in die SS. Ley ließ jedoch von seinen Forderungen nicht ab, inszenierte eine öffentliche Kampagne gegen den handwerklichen Traditionalismus und versuchte, das System der Personalunion zwischen Funktionen im Reichsstand des deutschen Handwerks und der DAF auf allen Ebenen auszubauen. Schacht entschied sich daraufhin, Schmidt, den er des »Ausverkaufs« handwerklicher Rechte an die DAF bezichtigte, als Reichshandwerksmeister zu entlassen. Im November 1936 erhielt der Reichswirtschaftsminister hierfür Hitlers Billigung. Gegen den heftigen Widerstand Leys wurde im Januar 1938 der schleswig-holsteinische Landeshandwerksmeister Ferdinand Schramm, der Kandidat sowohl Schachts als auch seines interimistischen Nachfolgers Göring, zum Reichshandwerksmeister ernannt[28].

Hinter dem personalpolitischen Streit stand die alte Machtfrage: Sollte die überkommene Handwerksorganisation mit ihrer öffentlichrechtlichen Bindung an ministerielle Aufsichtsbehörden, in letzter Instanz das Reichswirtschaftsministerium, erhalten bleiben, oder sollten wesentliche Teile der Handwerkswirtschaft aus diesem System herausgebrochen und der Kontrolle einer Parteiformation, der DAF, unterstellt werden? Wenn Ley auf die Abschaffung der Innungen drängte, die erst 1934 allgemein zu Zwangskörperschaften gemacht worden waren, konnte er an gewisse Ressentiments anknüpfen, die die nationalsozialistische Kampfgemeinschaft gegen Warenhaus und Konsumverein schon vor der Machtergreifung artikuliert hatte: Die Innungen wurden als Hort des handwerklichen Konservativismus angesehen. In seinem Appell an das Handwerk vom 20. Februar 1937 steigerte Ley den Vorwurf, die alten Handwerksbräuche widersprächen dem Geist des neuen Deutschland, bis zur Groteske: »Freimaurerische Gebräuche – wobei es vollkommen gleich ist, ob die Bundeslade zuerst bei den Freimaurern gewesen ist oder zuerst beim Handwerk, sicher ist, daß sie zuerst beim Juden Moses war – täuschten ein altes Brauchtum vor und die mehr oder minder geschmackvollen Innungsfahnen zeigten nichts anderes als die grenzenlose Zerrissenheit im Handwerk.« Diese Fahnen seien verschwunden, und es gebe im Reiche Adolf Hitlers nur eine Fahne. Verschwinden müßten aber auch die klassenmäßig getrennten Organisationen von Arbeitgebern und Arbeitnehmern im Handwerk. Die DAF werde daher »Gewerke« gründen, in denen Lehrlinge, Gesellen und Meister vereinigt würden; sie werde alle Handwerker darüber hinaus in Ortshandwerkerschaften unter einem »Ortshandwerkswalter« zusammenschließen und das handwerkliche Prüfungswesen in eigene Regie nehmen. Die 160 000 örtlichen Innungen, so erläuterte Ley seinen Vorstoß in einem Brief vom 4. Februar 1937 dem Reichswirtschaftsminister, stellten »nichts weiteres als Meckerer- und Nörglervereine« dar; sie seien »letzte Inseln [...], wo unsere Gegner, Kritiker und Nörgler ihre zersetzende Arbeit durchsetzen können«. Leys Forderungen entsprachen seiner Diagnose: Die örtlichen Innungen sollten aufgelöst werden; die Organisation der gewerblichen Wirtschaft durfte erst oberhalb der Ortsebene ansetzen; die dem Reichswirtschaftsministerium unterstellte gewerbliche Wirtschaft war auf die wirtschaftliche Führung des Handwerks zu beschränken; für die politische Erziehung sollte fortan allein die DAF zuständig sein. »Überlassen Sie der Deutschen Arbeitsfront die Erziehung der schaffenden Menschen durch Versammlungstätigkeit, Schulung, Aufmärsche, Demonstrationen, Kundgebungen usw., führen Sie die gewerbliche Wirtschaft zu ihrer ureigensten Aufgabe, nämlich zur Wirtschaftlichkeit der Betriebe, zurück und wir werden keinerlei Differenzen mehr haben.«[29]

Im Klartext hieß das: Das handwerkliche Ausbildungswesen, das bisher – über Innungen und Kammern – der Aufsicht des Reichswirtschaftsministers unterstanden hatte, sollte künftig der DAF unterstellt werden, wobei staatlichen Instanzen nur ein begrenztes Mitwirkungsrecht blieb. Ley berief sich bei seinen Forderungen auf Hitlers Verordnung vom 24. Oktober 1934, die in § 7 der Deutschen Arbeitsfront den Auftrag gegeben hatte, »für die Berufsschulung Sorge zu tragen«. Seit Karl Arnhold, der Gründer des industrienahen Deutschen Instituts für technische Arbeitsschulung, Ende 1935 das Amt für Berufserziehung und Betriebsführung in der DAF übernommen hatte, wurde die Berufserziehung zum bevorzugten Vehikel für Leys Kompetenzexpansion. Arnholds Zielsetzung ließ sich auf die Formel bringen: Produktivitätssteigerung durch psychologische Anreize und nationalsozialistische Bewußtseinsschulung, wobei »Betriebsführer« *und* »Gefolgschaft« die Adressaten waren. Soweit die einschlägigen Aktivitäten der DAF überbetrieblich angelegt waren – wie der gemeinsam mit der Hitler-Jugend veranstaltete jährliche »Reichsberufswettkampf« –, hatte die gewerbliche Wirtschaft dagegen nichts einzuwenden. Wogegen sie sich verwahrte, waren Eingriffe der DAF in die innerbetriebliche Entscheidungssphäre. Ein weitgehendes Mitspracherecht oder gar ein Monopol der Arbeitsfront in Fragen der Berufserziehung wäre ein solcher Eingriff in die vom Arbeitsordnungsgesetz verbrieften Unternehmerrechte gewesen. In diesem Punkt gab es zwischen Industrie und Handwerk keine Differenzen. Aber das Handwerk war von den berufspolitischen Aktivitäten der DAF noch viel stärker betroffen als die Großindustrie. Erstens waren Mitte der dreißiger Jahre über zwei Drittel aller Lehrlinge im Handwerk beschäftigt. Zweitens hatte Arnholds Strategie eine offen großindustrielle und handwerksfeindliche Tendenz. Die »endgültige Ausbildung« (im Unterschied zur polytechnischen »Einfachstschulung« und zur »Grundlehre«) könne sich, so erklärte er im November 1936, selbstverständlich nur in »Lehrwerkstätten vollziehen, die mit den modernsten Maschinen und Arbeitsgeräten ausgerüstet sind«. Drittens war das Handwerk, anders als die Industrie, durch ein System der Personalunion zwischen Funktionen im »Reichsstand« und in der »Reichsbetriebsgemeinschaft« bereits so stark in die Arbeitsfront integriert, daß Ley mit seinen Machtansprüchen hier ein vergleichsweise leichtes Spiel zu haben glaubte[30].

Schacht hatte sich bereits im Juni 1936 in einem Brief an Ley dagegen gewandt, daß die DAF mit ihren Forderungen zur Berufsbildung in gesetzliche Rechte des Handwerks eingreife und damit einen Anschlag auf die Organisation der gewerblichen Wirtschaft verübe. Die öffentliche Kampfansage Leys vom 20. Februar 1937 suchte Schacht mit der Aufhebung der Personalunion zwischen Ämtern in der Organisation der gewerblichen Wirtschaft und der Reichsbetriebsgemeinschaft Handwerk der DAF zu kontern. In einem Schreiben an Heß vom 24. Februar sprach er von der »außerordentlichen Beunruhigung des Gesamthandwerks im ganzen Reich«, die durch Leys Schritte ausgelöst worden sei. Zahlreiche Handwerksmeister, zugleich seit Jahren treue Anhänger der Partei, seien in die schwersten Gewissenskonflikte versetzt worden, und es stehe zu befürchten, daß, wenn die Reichsregierung hier nicht mit fester Hand eingreife, »die Zersetzung der Autorität der Reichsregierung auf diesem Gebiet allein nicht halt machen wird«. Um dieser Gefahr vorzubeugen, forderte Schacht am 3. März die Reichsstatthalter und Oberpräsidenten auf, »alle Versuche, die Gliederungen der Organisation der gewerblichen Wirtschaft an der Durchführung der ihnen übertragenen Aufgaben zu hindern, unter allen Umständen« zurückzuweisen. Getrennte Gespräche Hitlers mit Schacht sowie mit Ley und Heß am 11. März 1937 führten zu keinem Ergebnis. Schacht berichtete Hitler eine Woche danach von weiteren und verstärkten Eingriffen der DAF in den Aufbau und die Aufgaben der Organisation der gewerblichen Wirtschaft. Hitler sah sich nun zu einer Vorentscheidung gezwungen. Er ließ Schacht und Ley am 23. März durch Staatssekretär Lammers mitteilen, daß »die nach den Gesetzen und Verordnungen dem Herrn Reichswirtschaftsminister zustehenden Befugnisse diesem in keinem Fall entzogen werden dürfen«. Im übrigen sollten Ley und Schacht sich alsbald über die strittigen Punkte aussprechen und einigen. Als Lösung empfahl er »eine strenge Trennung der Befehlsgewalten, damit die Befriedung vollständig und von Dauer ist«[31].

Das klang nach einer grundsätzlichen Bestätigung der Position Schachts, und in der Tat spricht vieles dafür, daß Hitler zu diesem Zeitpunkt eine Umorganisation im Bereich der Wirtschaft als Gefahr für die Kriegsvorbereitungen betrachtete und darum zu verhindern versuchte. Es mag dabei eine Rolle gespielt haben, daß die Argumente des Wehrwirtschaftsstabes in ebendiese Richtung zielten. Der Reichswirtschaftsminister verstand Hitlers Äußerungen jedenfalls als Unterstützung seiner grundsätzlichen Ansichten und pochte in einem Brief an Ley vom 25. März 1937 auf seine gesetzlichen Zuständigkeiten. Wenn Ley bestehende Gesetze ändern wolle, möge er sich an ihn, Schacht, wenden. Die »öffentliche Propaganda jedoch auf Abänderung geltender gesetzlicher Bestimmungen« widerspreche »den Grundsätzen des nationalsozialistischen totalitären Staates« und habe zu unterbleiben. Die künftige Arbeitsteilung der Rivalen skizzierte Schacht folgendermaßen: »Die DAF hat für eine weitere Stärkung des Gedankens der Betriebsgemeinschaft, für eine dauernde Festigung des Arbeitsfriedens und eine Steigerung des Leistungs*willens* der schaffenden Menschen durch weltanschaulich-politische Erziehung zu sorgen. Die Organisation der gewerblichen Wirtschaft hat die Wirtschaftspolitik der Reichsregierung durchzuführen und die Leistungs*fähigkeit* der gewerblichen Wirtschaft zu fördern, wozu in erster Linie die fachliche Berufsausbildung, insbesondere des Facharbeiternachwuchses durch geeignete Ausbildungs- und Prüfungseinrichtungen gehört.« Entsprechend den »Wünschen des Führers und Reichskanzlers« forderte Schacht abschließend eine strikte Trennung der beiden Organisationen bis hinab in die Bezirke und die Unterlassung weiterer Eingriffe der DAF in die Zuständigkeiten der Organisation der gewerblichen Wirtschaft[32].

Ley sah die Dinge erwartungsgemäß anders. Nirgends und niemals habe er das Gesetz verletzt, so versicherte er Lammers am 2. April. »Ich behaupte ebenso, daß die Verfügung des Führers über das Wesen und Ziel der Deutschen Arbeitsfront vom 24. Oktober 1934 in gar keiner Weise im Widerspruch zum Gesetz steht; sonst hätte sie ja auch der Führer nicht unterschrieben.« Falsche Gesetzesauslegungen und Amtsanmaßungen gebe es nur auf seiten des Reichswirtschaftsministeriums. Unter den zu klärenden Fragen sei auch die, wie »die Willensäußerung des Führers, die in der Verfügung vom 24. Oktober 1934 über Wesen und Ziel der Deutschen Arbeitsfront zum Ausdruck kommt, in Einklang mit den bestehenden Gesetzen zu bringen« sei. Dieser bemerkenswerten Interpretation des Grundwiderspruchs des »dual state«, des Gegensatzes zwischen Gesetz und Maßnahme, folgte die Empfehlung, eine paritätische Kommission aus Experten der DAF und des Wirtschaftsministeriums unter Vorsitz von Lammers zu bilden. Als inhaltliche Vorgabe für die Kommission, mit deren Einberufung auch Schacht sich einverstanden erklärte, schickte Ley u. a. auch eine Kopie seiner bereits im Oktober 1936 gemachten Vorschläge. Danach sollte die DAF bei der Behandlung aller Streitigkeiten zwischen Arbeitgebern und Arbeitnehmern im Handwerk ein Monopol haben. Das berufliche Prüfungswesen sollte zwar in die Kompetenz des Reichsstandes des deutschen Handwerks fallen; die DAF jedoch müsse dazu Vertreter entsenden können; in der Berufserziehung, namentlich bei den Meistervorbereitungskursen, sollten Reichsstand und DAF zusammenwirken[33].

Hitlers Empfehlung hatte also keine Lösung des Konflikts gebracht. Beide Seiten beharrten auf ihren Standpunkten, wobei Schacht, der Exponent der alten bürgerlichen Herrschaftselite, sich auf das »Gesetz« und Ley, der Vertreter der neuen politischen Klasse, auf eine »Maßnahme« des Führers berief. Ley behauptete die Gesetzlichkeit der Maßnahme, Schacht verteidigte die Gesetzlichkeit mit dem Prinzip des totalitären Staates. Eine Lösung des Widerspruchs, den Hitlers Verordnung vom 24. Oktober 1934 ermöglicht hatte, war nur durch eine neue Maßnahme des Führers zu erwarten. Am 26. April 1937 schien es, als ob diese Entscheidung gefallen sei – zugunsten Schachts. Auf dem Obersalzberg unterzeichnete Hitler einen Auftrag an den Reichswirtschaftsminister, »beschleunigt einen Gesetzentwurf über die Regelung der fachlichen und beruflichen Ausbildung in Handel und Gewerbe vorzulegen. An der Ausarbeitung sind der Stellvertreter des Führers, der Erziehungsminister und der Arbeitsminister zu beteiligen. Der Leiter der Reichswirtschaftskammer, der Leiter der Deutschen Arbeitsfront und der Reichsjugendführer sind beratend heranzuziehen. Bis zur Behandlung des Entwurfes im Reichskabinett haben alle öffentlichen Erörterungen des Gegenstandes und alle nicht auf den bestehenden Gesetzen beruhenden Aktionen zu unterbleiben«[34].

Aber so eindeutig Hitlers Sprache klang – der Konflikt zwischen Schacht und Ley war durch den Auftrag an den Wirtschaftsminister nicht beigelegt. Da Hitler seine Verordnung vom 24. Oktober 1934 nicht aufgehoben hatte, konnten sich nun beide Rivalen auf direkte Weisungen des Führers berufen. Martin Bormann, Stabsleiter des Stellvertreters des Führers, der über Hitlers Entscheidung vom 26. April 1937 vier Tage später noch nicht informiert war, unterrichtete Staatssekretär Lammers am 30. April über eine »unerträgliche« Konsequenz des Streits zwischen Arbeitsfront und Wirtschaftsministerium. Die Gauleiter erhielten zur Zeit als Gauleiter und als Oberpräsidenten »zwei verschiedene Weisungen als Weisungen des Führers«, und infolgedessen gingen an die Arbeitsfront und an die Organisation des Handwerks verschieden lautende Weisungen des Führers hinaus. Zur Illustration fügte Bormann einen Beschwerdebrief des Gauleiters der Kurmark bei, in dem dieser es als »unvereinbar mit dem Prinzip einer autoritären Partei- und Reichsführung« bezeichnete, »daß einzelne Dienststellen ihre Meinungskämpfe und Zuständigkeitsauseinandersetzungen im Lande auf dem Rücken der Parteigenossenschaft und der Bevölkerung austragen«. Die Parteibasis hatte in der Tat allen Anlaß, verwirrt zu sein. Der bayerische Landeshandwerksmeister, E. Maurice, der bereits im März 1937 in einem ausführlichen Schreiben an Ley vehement gegen die von diesem beabsichtigte Abschaffung handwerklicher Errungenschaften, von den Innungen bis zum Großen Befähigungsnachweis, protestiert hatte, sprach Ende Mai davon, daß »die Lage bei uns im Handwerk immer trostloser wird«. Als jüngstes Beispiel führte er an, daß der kommissarische Kreisleiter von Garmisch gegenüber dem dortigen Kreishandwerksmeister, einem »alten Kämpfer« und Träger des Goldenen Ehrenzeichens der NSDAP, erklärt habe, daß die Anordnungen und Wünsche Dr. Leys über jeder gesetzlichen Verordnung stünden[35].

Schacht hatte wohl vorhergesehen, daß Ley sich Anordnungen Hitlers nicht einfach fügen werde. Schon vor dem Führerauftrag vom 26. April hatte er sich zur Flucht in die Öffentlichkeit entschlossen und mit dem Reichsstand des deutschen Handwerks vereinbart, daß im Berliner Sportpalast Lehrlingsfreisprechungen im demonstrativen Rahmen einer öffentlichen Kundgebung mit dem Reichswirtschaftsminister erfolgen sollten. Ley versuchte vergeblich, ein Verbot der Kundgebung zu erreichen, und sprach dabei sogar von zu erwartenden Unruhen. Schacht konnte seinen Willen mit einer Rücktrittsdrohung durchsetzen und nutzte die Kundgebung vom 11. Mai zu scharfen Attacken auf »manche Eingriffe unzuständiger Stellen«. Da aber die vom Führer erlassenen und gebilligten gesetzlichen Vorschriften des nationalsozialistischen Staates die Führung in der fachlichen und beruflichen Ausbildung des wirtschaftlichen Nachwuchses allein dem Reichswirtschaftsminister und den von ihm beauftragten Stellen zuwiesen, werde er keinerlei Konkurrenz in der Befehlsgewalt zulassen. Wenn »irgendjemand« eine Änderung bestehender Gesetze fordern zu müssen glaube, so dürfe dies »in unserem totalitären nationalsozialistischen Staat jedenfalls nicht mit den Methoden der Systemzeit, sondern muß innerhalb der staatlichen Ordnung erfolgen«[36].

Wenige Wochen nach Hitlers »Entscheidung« war kein Zweifel mehr daran möglich, daß, wie Bormann am 1. Juli fand, die dem Reichswirtschaftsminister und dem Reichsleiter Ley übermittelten Anweisungen des Führers »leider nicht den gewünschten Erfolg gehabt« hatten. Schacht sagte auf das Drängen von Lammers hin zwar die baldige Vorlage des gewünschten Gesetzentwurfs über die Regelung der fachlichen und beruflichen Ausbildung in Handel und Gewerbe zu, beklagte sich aber gleichzeitig, daß Ley weiterhin einen Führungsanspruch der Arbeitsfront in Sachen Berufserziehung proklamiere. Am 31. Juli 1937 sah sich Schacht zu einem ungewöhnlichen Schritt gezwungen. Er ersuchte den Reichsstatthalter in Baden, die von der DAF angekündigten Gehilfenprüfungen zu untersagen, da sie jeder gesetzlichen Grundlage entbehrten und gegen Hitlers Erlaß vom 26. April verstießen. Dennoch wurden derartige Prüfungen abgehalten und gegen nationalsozialistische Betriebsleiter, die unter Berufung auf die Anweisungen des Wirtschaftsministers die Teilnahme ablehnten, Parteiordnungsverfahren eröffnet. Auch auf anderem Wege versuchte Ley, Terrain zu gewinnen. Die von ihm verfügte Gestaltung der Reichsberufswettkämpfe und seine Richtlinien für die Ermittlung nationalsozialistischer Musterbetriebe griffen in die wirtschaftlichen und sozialen Verhältnisse der Betriebe ein und gingen damit nach Schachts Meinung weit über die von Hitler (in dem Erlaß vom 24. Oktober 1934) gewünschte weltanschaulich-politische Betriebsprüfung hinaus. Ley jedoch versuchte, durch eine Politik der vollendeten Tatsachen den von Hitler angeforderten ministeriellen Gesetzentwurf von vornherein ad absurdum zu führen – auch wenn darüber, wie Bormann klagte, »die Verhältnisse ganz einfach untragbar« wurden. Am 30. August 1937 endlich legte der Reichswirtschaftsminister jenen Gesetzentwurf über die Berufsausbildung in Handel und Gewerbe vor, der die Streitfragen zwischen Arbeitsfront und gewerblicher Wirtschaft endgültig regeln sollte. Der Entwurf bekannte sich klar zum Vorrang der fachlichen vor der politischen Ausbildung. Deutsche Arbeit, so hieß es in der Einleitung, müsse hochwertige Facharbeit sein und bleiben. Kenntnisse könne nur vermitteln, wer in seinem Fach selbst Meister sei. »Planmäßige Ausbildung im Beruf setzt einheitliche Führung durch den Staat voraus. Sie muß den Stellen obliegen, die für die Wirtschaftspolitik verantwortlich sind. Denn mit der Berufsausbildung steht und fällt die deutsche Wirtschaft.« Der Spielraum, der daneben für die ideologische Ausrichtung der Jugendlichen blieb, war eng begrenzt. Es sei die Aufgabe der nationalsozialistischen Bewegung, der NSDAP, ihrer Gliederungen und angeschlossenen Verbände, »in Erfüllung ihres Anspruchs auf die Menschenführung durch die weltanschaulich-politische Erziehung die charakterlichen Grundlagen für Meisterleistungen zu schaffen«. Das sollte aber nicht während der Arbeitszeit geschehen. Der Unternehmer habe vielmehr, so präzisierte § 8 des Entwurfs, die von ihm beschäftigten Jugendlichen anzuhalten, »außerhalb der Arbeitszeit an Veranstaltungen teilzunehmen, die ihrer körperlichen und charakterlichen Stärkung dienen. Die Berufsausbildung und die Arbeitskraft der Jugendlichen dürfen daher nicht beeinträchtigt werden«[37].

Nach dem Vorangegangenen war kaum anzunehmen, daß Ley sich mit einer solchen Minderung seines Einflusses abfinden würde. Die Antwort des Arbeitsfrontleiters fiel in der Tat noch schroffer aus als seine bisherigen Stellungnahmen zum Komplex »Berufsbildung«. Er müsse es ablehnen, schrieb er am 20. September 1937 an Schacht, dessen Entwurf »überhaupt als Diskussionsbasis über das betreffende Fachgebiet anzusehen«. Der DAF werde alles genommen, was sie im Auftrag des Führers im Bereich von Berufsausbildung und Berufserziehung aufgebaut habe; die gewerbliche Wirtschaft werde mit Sozialaufgaben beauftragt, für die nach der Verfügung des Führers vom 24. Oktober 1934 allein die Arbeitsfront zuständig sei; weder Arbeiter noch Unternehmer könnten begreifen, weshalb die DAF als diejenige Einrichtung des neuen Deutschland, die für den sozialen Frieden verantwortlich sei, derartig nebensächlich behandelt werde. »Aus allen diesen Gründen muß ich den vorliegenden Entwurf als völlig undiskutierbar ablehnen.« Ley fügte in der Anlage *seinen* Entwurf eines Berufsausbildungsgesetzes bei. Danach sollten die Jugendlichen künftig von ihrem Können nur noch in den von Arbeitsfront und Hitler-Jugend veranstalteten Reichsberufswettkämpfen Zeugnis ablegen. Durch mehrmalige Teilnahme am Reichsberufswettkampf war der Befähigungsnachweis zum Gesellen oder Gehilfen zu erbringen. Die Bestimmungen über die Meisterprüfung sollte zwar der Reichswirtschaftsminister im Einvernehmen mit dem Reichsarbeitsminister und dem Stellvertreter des Führers erlassen; die Zulassung zur Meisterprüfung setzte jedoch die mehrmalige erfolgreiche Teilnahme am Leistungswettkampf der Gesellen voraus. Die traditionelle Berufsausbildung wäre damit zu erheblichen Teilen der Organisation der gewerblichen Wirtschaft – d. h. sowohl den wirtschaftlichen Selbstverwaltungsorganen als auch der staatlichen Aufsicht – entzogen worden. Nur noch in der Schlußphase der Ausbildung hätte es ein staatliches Mitwirkungsrecht gegeben. Der dominante Faktor in Berufsausbildung und Berufserziehung wäre die Deutsche Arbeitsfront gewesen – und damit jene Organisation, die einen klaren Vorrang der politisch-weltanschaulichen vor der fachlichen Schulung proklamierte[38].

Hitlers Reaktion auf die neue Kollision zwischen den Protagonisten des Primats der Politik und der Ökonomie war nicht etwa eine Entscheidung zwischen den beiden Positionen, sondern – der Verzicht auf jede Entscheidung. Nachdem Lammers ihm am 4. Oktober erneut in Sachen Berufsausbildung Bericht erstattet hatte, erklärte er sich nicht bereit, »einen sachlichen Vortrag über die beiden Gesetzentwürfe entgegenzunehmen. Er verlangt vielmehr zu gegebener Zeit den Vortrag *eines* Entwurfs als Ergebnis der von ihm gewünschten Verständigung zwischen den Beteiligten.« Es war dieselbe Empfehlung, mit der Hitler den Konflikt zwischen dem Wirtschaftsminister und dem Beauftragten für den Vierjahresplan, Göring, lösen wollte – den Konflikt, der den Rücktritt Schachts vom Amt des Reichswirtschaftsministers veranlaßte. Hitlers Wunsch kam dem Verlangen nach einer Quadratur des Kreises gleich. Vielleicht spiegelte sein Ratschlag die Einsicht wider, daß Schacht ohnehin zum Rücktritt entschlossen war; vielleicht hielt er mittlerweile den Bruch mit dem wilhelminischen Imperialisten für unvermeidbar, weil ihm dessen Warnungen vor einer überzogenen wirtschaftlichen Autarkie und einem Staatskapitalismus à la Hermann-Göring-Werke lästig wurden. Schachts Ministerialdirektor Wienbeck hielt jedenfalls eine Verfolgung des ministeriellen Gesetzentwurfs zur Berufserziehung »im Augenblick nicht für geboten«. Anfang Dezember 1937 versuchte sich die Dienststelle des Stellvertreters des Führers an einem Kompromiß. Einerseits unterstrich der von ihr vorgelegte Gesetzentwurf die dienende Funktion der Wirtschaft im nationalsozialistischen Staat und übertrug der NSDAP und ihren Organisationen die Aufgabe der »zusätzlichen«, über den speziellen Beruf hinausgehenden Fortbildung in Handel und Gewerbe sowie eine maßgebende Mitwirkung in allen weltanschaulichen und sozialen Fragen. Andererseits wurden die Monopolansprüche der Arbeitsfront dadurch abgewehrt, daß die »Politische Organisation« selbst als Hüterin der nationalsozialistischen Weltanschauung auftrat und ihre Beteiligung an einer Reihe von bereits existierenden Gremien wie den Gewerbeaufsichtsämtern und Prüfungsausschüssen und an zu schaffenden Organisationen wie einem »Reichsausschuß für Berufsausbildung in Handel und Gewerbe« forderte. Der Grund, weshalb die Dienststelle des Stellvertreters des Führers bei aller Betonung des Primats von Politik und Weltanschauung doch eher auf die Kooperation als auf die Kollision mit der gewerblichen Wirtschaft setzte, wurde am 15. Februar 1938 vollends deutlich. Nachdem Ley erneut Gesetzentwürfe vorgelegt hatte, die für die DAF eine gesellschaftspolitisch-ideologische Vorrangstellung anmeldeten, protestierte Bormann in einem Schreiben an Lammers dagegen, daß Ley mit seinem Entwurf für ein Gesetz über die Arbeitsfront »jene Stellung, die der Führer der NSDAP zugewiesen hat, der Deutschen Arbeitsfront« zuweise. »Nach dem Entwurf würde die Deutsche Arbeitsfront *der* ausschlaggebende Faktor im Leben der Nation wie im Leben des einzelnen Volksgenossen sein.« Besonders zu beanstanden sei, daß Ley statt der freiwilligen eine Zwangsmitgliedschaft in der DAF vorsehe, und das nicht nur für Industrie, Handel und Handwerk, sondern für alle schaffenden Deutschen. Ausschlaggebende Teile der Aufgabe der Partei würden kurzerhand der DAF zugewiesen; der Leiter der DAF solle weder dem Beauftragten für den Vierjahresplan noch dem Stellvertreter des Führers unterstehen. »Eine derartige Regelung würde gänzlich untragbare Verhältnisse sowohl für den Stellvertreter des Führers als auch für alle Ministerien, für die Reichsleiter der Partei, d. h. für alle jene Stellen schaffen, die mit der DAF zu verkehren haben.«[39]

Der nationalsozialistische Primat der Politik wurde mithin dadurch geschwächt, daß er einen weiteren ungelösten Primatsstreit in sich schloß: die Frage nämlich, welcher Teil der neuen politischen Klasse den Primat der Politik zu vertreten habe. Die wachsende Verselbständigung einer Parteigliederung, der Arbeitsfront, brachte die politische Organisation der Partei in eine taktische Allianz mit Vertretern der alten Machtelite. Nur so meinte die Dienststelle des Stellvertreters des Führers ihre Eigenständigkeit gegenüber der Leyschen Zuständigkeitsexpansion wahren zu können. Hitler hat die Gefahr einer Neutralisierung der »Bewegung« durch innere Konflikte im konkreten Fall offenbar erkannt. Am 13. April 1938 ließ Lammers die Reichsminister wissen, der Führer habe aus besonderem Anlaß nochmals ausdrücklich angeordnet, daß »Anregungen und Vorschläge aus der Partei, ihren Gliederungen und angeschlossenen Verbänden für Regelungen, die im Wege der Gesetzgebung erfolgen sollen, nur über den Stellvertreter des Führers der NSDAP den zuständigen Ressortministern zugeleitet werden dürfen«. Für die gewerbliche Wirtschaft war diese Klarstellung insofern von besonderer Bedeutung, als sie Ende November 1937 mit dem Rücktritt Schachts vom Amt des Reichswirtschaftsministers ihren bewährten Schirmherrn verloren hatte und – nach einem kurzen Zwischenspiel unter Göring als kommissarischem Behördenchef – im Februar 1938 Walther Funk als neuem

Reichswirtschaftsminister unterstellt worden war, der auf enge Zusammenarbeit mit der Arbeitsfront Wert legte und in Ley vor allem einen Verbündeten gegen Göring als Beauftragten für den Vierjahresplan sah. Ein undatierter, offenbar kurz nach dem Amtsantritt Funks von dem neuen Abteilungsleiter Schmeer, einem Vertrauensmann Leys, verfaßter Referentenentwurf eines Gesetzes über die Berufserziehung und Berufsausbildung in Handel und Gewerbe räumte jedenfalls der Deutschen Arbeitsfront so weitgehende Mitwirkungs- und Kontrollrechte ein, daß Ley damit erheblich zufriedener sein konnte als Heß. Eben deshalb vermutlich hat auch dieser Entwurf niemals Gesetzesreife erlangt[40].

Immerhin gelang es Ley während des Krieges doch noch, einen Teil seiner Vorstellungen zu verwirklichen. Widerstand aus dem Reichswirtschaftsministerium gegen Vorschläge der DAF gab es kaum noch, seitdem Funk das Ministerium übernommen hatte und namentlich nach Kriegsbeginn Carl Arnhold, dem bisherigen Leiter des Amtes für Berufserziehung und Betriebsführung in der DAF, die Sonderabteilung Berufserziehung und Leistungssteigerung im Reichswirtschaftsministerium unterstellt worden war. Ley konnte nun versuchen, durch Vereinbarungen mit der Reichswirtschaftskammer und ihren Teilkörperschaften zu erreichen, was – wegen des zu erwartenden Vetos von Heß – auf dem Gesetzgebungsweg nicht durchzusetzen war. Im August 1941 wurde eine Abmachung über ein »Berufserziehungswerk des Deutschen Handwerks« zwischen dem Reichsstand des deutschen Handwerks und der Deutschen Arbeitsfront abgeschlossen. Zweck des Berufserziehungswerks war es, alle »freiwilligen Berufsförderungsmaßnahmen für Gesellen und Meister einschließlich der Hilfskräfte durchzuführen«. Aber auch die von einer Reichsbehörde den Organisationen des Handwerks aufgetragenen Pflichtveranstaltungen sollten im Rahmen des Berufserziehungswerks durchgeführt werden können. Leiter des Berufserziehungswerkes sollte Reichshandwerksmeister Schramm sein, seine Stellvertreter der Leiter des Fachamtes (der früheren Reichsbetriebsgemeinschaft) »Deutsches Handwerk« in der DAF, Sehnert, und der Leiter des Amtes für Berufserziehung und Betriebsführung in der DAF, Arnholds zeitweiliger Nachfolger Bremhorst. Das schien, verglichen mit den Maximalforderungen Leys in den Jahren 1936/1938, nur ein bescheidenes Restprogramm. Es war nicht mehr die Rede von der Abschaffung der Innungen, und vom Einfluß der DAF auf das handwerkliche Prüfungswesen wurde nur in einer verklausulierten Kannbestimmung gesprochen. Aber eine völlige Umorganisation des Prüfungswesens war während des Krieges ohnehin nicht möglich, und der DAF konnte es deshalb zunächst nur darum gehen, gewissermaßen einen Fuß in die Tür der gewerblichen Wirtschaft zu bekommen. Das gelang am 4. November 1943, trotz des hinhaltenden Widerstandes aus Unternehmerkreisen, auf breiter Front. Nach dem Vorbild des Berufserziehungswerkes für das deutsche Handwerk (und einer analogen Einrichtung für den Handel) schloß Arnhold, inzwischen auch wieder Leiter des Amtes für Berufserziehung und Betriebsführung der DAF, mit dem Präsidenten der Reichswirtschaftskammer, Albert Pietzsch, ein Abkommen über den Aufbau eines Deutschen Berufserziehungswerkes. Dieses Deutsche Berufserziehungswerk, das Arnhold seit vielen Jahren als Krönung seiner Pläne beschrieben hatte, sollte vom Führer eines nationalsozialistischen Musterbetriebes geleitet werden und paritätisch aus Vertretern der Arbeitsfront und der gewerblichen Wirtschaft zusammengesetzt sein. Eine ähnliche Konstruktion war für die Gauebene vorgesehen. Innerhalb des einzelnen Betriebes sollte das zu bildende Berufserziehungswerk dem Betriebsinhaber unterstehen, wobei ihm jedoch ein »Berufswalter« aus dem Stab des »Betriebsobmannes«, also ein Funktionär der Arbeitsfront, beigegeben wurde. Das Deutsche Berufserziehungswerk, zuständig nicht nur für die politisch-ideologische Fortbildung, sondern auch für spezielle Kurse für Lehrlinge, Gesellen und Meister, sollte nach Arnholds Worten »die größte Schulungsorganisation darstellen, die es bisher auf der Welt gäbe«[41].

Daß die Reichswirtschaftskammer als Organisation der gewerblichen Wirtschaft dem Projekt des Deutschen Berufserziehungswerkes zustimmte, lag in erster Linie daran, daß die DAF zuvor bereits durch Sondervereinbarungen mit individuellen Betrieben, so etwa im November 1941 mit der Maschinenfabrik Augsburg-Nürnberg, betriebliche Berufserziehungswerke ins Leben gerufen hatte. Um wieder zu einer einheitlichen Unternehmerposition zu gelangen, schien es zweckmäßig, lieber ein Gesamtabkommen zwischen gewerblicher Wirtschaft und Arbeitsfront zu treffen, das den Einzelbetrieb im Rahmen des Möglichen vor politischen Eingriffen schützte. Ob freilich die Dienstaufsicht des Reichswirtschaftsministeriums das Deutsche Berufserziehungswerk im Sinne der Unternehmer würde beeinflussen können, war in der Ära Funk sehr fraglich. Die Ablösung Schachts als Reichswirtschaftsminister erwies sich im nachhinein als tiefe Zäsur. Sie war symptomatisch für die Aufkündigung jenes Paktes mit den alten Herrschaftsträgern, der die Politik des »Dritten Reiches« vom sogenannten Röhm-Putsch im Juli 1934 bis zur sogenannten Fritsch-Krise im Februar 1938 bestimmt hatte. Seit Februar 1938 dominierte auch in den obersten Führungspositionen von Wirtschaft und Militär die neue Klasse des nationalsozialistischen Regimes. Das Reichswirtschaftsministerium geriet einerseits immer mehr in Abhängigkeit von der Arbeitsfront und büßte andererseits, beginnend bereits mit Görings Ernennung zum Beauftragten für den Vierjahresplan im Oktober 1936 und dann mit wachsender Intensität während der Kriegsjahre, viele seiner Kompetenzen zugunsten neugeschaffener Sondergewalten ein. Hand in Hand damit ging der Einflußverlust der alten Ministerialbürokratie[42].

Vermutlich hätte die DAF sich mit ihren Forderungen hinsichtlich Federführung in Sachen Berufsausbildung schon vor dem Krieg durchgesetzt, wenn Ley Hitler davon überzeugt hätte, daß eine Verwirklichung seiner Pläne den Facharbeitermangel beheben und damit der Rüstungswirtschaft nützen würde. Ebendies gelang Ley offensichtlich nicht. Hitler scheint vielmehr davon ausgegangen zu sein, daß Unruhe im Bereich der gewerblichen Wirtschaft einer forcierten Rüstung nicht förderlich war. Sein, des »Führers«, Primat der Politik ließ es zweckmäßig erscheinen, in der innerbetrieblichen Sphäre zunächst den Primat der Ökonomie fortdauern zu lassen. Von daher erklärt sich die bedingte Unterstützung, die Hitler im Streit um die Berufsausbildung zunächst Schacht zuteil werden ließ. Auf längere Sicht freilich band ihn nichts an jene traditionellen Vorstellungen von wirtschaftlicher Autonomie, die Schacht mit dem Gros der deutschen Unternehmer in Großindustrie, Handwerk und Handel teilte. Bereits die Aussicht auf einen ernsthaften Konflikt mit seinem alten Gefolgsmann Ley ließ Hitler zurückweichen. Er zog sich aus dem Streit durch Nichtentscheidung zurück und hoffte, daß die Angelegenheit sich gewissermaßen von selbst erledigen würde. Nach einem deutschen »Endsieg« wären einige der bisherigen Rücksichten auf die Repräsentanten der alten Gesellschaft wohl ohnehin überflüssig geworden. Weder der gewerbliche Mittelstand noch seine Verbündeten in der traditionellen Machtelite durften darauf rechnen, die ihnen verbliebenen Freiräume ungeschmälert über den Krieg hinwegzuretten oder verlorengegangene Freiräume nach dem Krieg wiederzugewinnen. Ebensowenig läßt sich aber übersehen, daß die neue politische Klasse der nationalsozialistischen Herrschaftsträger in sich uneins war – wobei der Dauerzwist zwischen der Arbeitsfront und der politischen Organisation der Partei nur *eine* Konfliktzone bildete und die Spannungen zwischen politischer Organisation und SS, die sich in den letzten Kriegsjahren deutlich abzeichneten, für die Zukunft des Regimes womöglich noch gefährlicher waren.

Von daher wäre zu fragen, ob der Nationalsozialismus jenseits der totalitären Anstrengung, erst auf den Krieg hin und dann im Krieg, überhaupt auf lange Sicht lebensfähig war. Für Hitler waren die Details der Wirtschaftspolitik, ja letztlich die gesamte Innen- und Außenpolitik dem *einen*, dogmatisch festgehaltenen Ziel untergeordnet, Deutschland in den Rassenkampf um Lebensraum zu führen und es diesen Kampf gewinnen zu lassen. Diesem Ziel diente eine Außenpolitik, die das nationale Prestige wie das persönliche Prestige des »Führers« förderte und eine gewisse Kompensation für innenpolitische Entrechtung und materielle Enttäuschungen bot. Diesem Ziel dienten territoriale Eroberungen, die die wirtschaftlichen Ressourcen Deutschlands vergrößerten. Diesem Ziel dienten militärische Rüstung und wirtschaftliche Kriegsvorbereitung, Terror und Propaganda sowie, nicht zuletzt, eine – noch näher zu erörternde – Strategie der sozialen Konfliktvermeidung. Zusammengenommen reichten diese Herrschaftsmittel aus, das System so lange aufrechtzuerhalten, bis es von außen durch jene Allianz niedergeworfen wurde, die es selbst gegen sich zusammengeschmiedet hatte[43].

**III.** Die letzte »positive« mittelstandspolitische Tat des Nationalsozialismus war, wenn man einmal von der Schaffung der gesetzlichen Altersversorgung für das Handwerk im Dezember 1938 absieht, die Einführung des Großen Befähigungsnachweises im Januar 1935. Mit der Verkündung des Vierjahresplans im September 1936 endete die Schonzeit für den gewerblichen Mittelstand. Die Auseinandersetzungen zwischen Schacht und Ley um die berufliche Bildung waren bereits ein Ausdruck der Defensive, in die das Kleingewerbe seitdem immer mehr geriet[44].

Die wirtschaftliche Entwicklung des Handwerks im »Dritten Reich« bestätigt die These, daß dem gewerblichen Mittelstand vom nationalsozialistischen Regime keine besondere Bedeutung beigemessen wurde. In den ersten beiden Jahren der nationalsozialistischen Diktatur hatten dank der Instandsetzungsaktionen, von denen sich die Regierung optisch wirksame Erfolge im Kampf gegen die Arbeitslosigkeit versprach, vor allem das Bauhandwerk und die Baunebengewerbe erhebliche Umsatzsteigerungen erzielt. Beim Bau der Reichsautobahnen fühlte sich das Handwerk nicht hinreichend herangezogen; die steuerliche Begünstigung der Anschaffung neuer und der Abmeldung alter Kraftfahrzeuge brachte dem Reparaturgewerbe zunächst wohl eher Einbußen, und auf einem anderen Gebiet hatte die Machtergreifung für den gewerblichen Mittelstand eindeutig negative wirtschaftliche Folgen: »Die Uniformierung der Gliederungen der NSDAP«, so stellte im September 1934 das »Deutsche Handwerksblatt« fest, »hat zweifellos den Bedarf an Zivilkleidung zum Schaden der Bekleidungswerke vermindert.« Im übrigen klagte das Handwerk über die durch die Devisenbewirtschaftung bewirkte Rohstoffknappheit und darüber, daß es bei der Kreditbeschaffung schlechter gestellt sei als die Großwirtschaft. Dennoch hat das Handwerk von dem primär rüstungsbedingten Aufschwung der Wirtschaft zunächst profitiert. Die Zahl der Handwerksbetriebe lag 1936 mit 1,653 Millionen erheblich über den Zahlen von 1933 (1,383 Millionen) und 1926 (1,308 Millionen). Bis 1939 sank dann die Zahl trotz der Vergrößerung des Territoriums durch den »Anschluß« Österreichs und der Sudetengebiete – auf 1,567 Millionen –, wobei ein wichtiger, wenn auch nicht der einzige Grund die Einführung des Großen Befähigungsnachweises war, den Schacht im Januar 1935 als Maßnahme gegen die »Übersetzung und Verelendung vieler Handwerke« gerechtfertigt hatte. Die Zahl der Beschäftigten je Handwerksbetrieb war von 2,83 im Jahre 1926 während der Weltwirtschaftskrise auf 2,70 im Jahre 1931 gesunken; sie stieg bis 1936 auf 2,76 und auf 3,34 im Jahre 1939 an. Der Umsatz der Handwerkswirtschaft war von etwa 20 Milliarden RM im Jahre 1928 auf etwa 10 Milliarden RM im Jahre 1932 gefallen; bis 1938 wuchs er auf etwa 30 Milliarden RM an. Der Umsatz je Beschäftigten stieg von 5390 RM im Jahre 1926 auf 5730 RM im Jahre 1939. Diese Zahlen sprechen dafür, daß sich die wirtschaftliche Lage des Handwerks in den Vorkriegsjahren des »Dritten Reiches« insgesamt gebessert hat[45].

Doch schon lange vor Kriegsbeginn zeigte sich, daß die Entscheidung für den Vorrang der Aufrüstung eine Entscheidung gegen das Kleingewerbe war. Im Herbst 1937 berichtete der Stadtpräsident von Berlin, die »unumgängliche und begründete Bevorzugung wehrwichtiger Bauvorhaben mit der Belieferung von Eisen« werde seitens der Lieferanten häufig dazu ausgenutzt, »um Lieferungsbedingungen nach eigenem Geschmack und entgegen allen Abmachungen zu ändern. Für nicht wehrwirtschaftliche Bauten seinerzeit zurückgestellte Eisenmengen sind beim Lieferanten für angeblich ›militärische Zwecke‹ beschlagnahmt worden«. Das kleine Elektrohandwerk stehe infolgedessen am Rande der Verzweiflung. Der Einzelhandel fühle sich noch immer von öffentlichen Vergebungen ausgeschaltet, obwohl die Steuerung der Wirtschaft zu seinen Gunsten durch entsprechende Lenkung und Unterverteilung öffentlicher Aufträge ohne weiteres möglich sei. Das Gefühl der Diskriminierung bei den Kleingewerbetreibenden unterstrich der Stadtpräsident noch mit dem Hinweis, daß öffentliche Aufträge mittelbar auch an jüdische Firmen ergingen. Im Herbst 1938 registrierte dieselbe Stelle fortdauernde Klagen aus dem Bauhandwerk über »mangelhafte Berücksichtigung der Kleinbetriebe und ihre besondere Schädigung durch den Abzug von Arbeitskräften nach dem Westen zugunsten von Großfirmen, über den Mangel an Kapitalkraft für die Übernahme größerer Bauvorhaben und über die Unsicherheit in der Preiskalkulation – verursacht durch die Unsicherheit und Unübersichtlichkeit der Baustoffbeschaffung«. Als Beleg führte der Stadtpräsident einen Brief der Baugewerksinnung Berlin vom 22. November 1938 an, in dem von »außerordentlicher Unruhe« unter den Mitgliedern die Rede ist – ausgelöst vor allem dadurch, daß der »gegenwärtige Kampf der Behörden untereinander, um ihre Bauvorhaben als dringlich und vordringlich bezeichnet zu erhalten, [...] ausschließlich auf dem Rükken der kleinen und kleinsten Baugeschäfte« ausgetragen werde. »Diesen wird die letzte Arbeitskraft fortgenommen, um bei irgendwelchen Bauvorhaben, die in der Nähe von Berlin als vordringlich anerkannt sind, eingesetzt zu werden.«[46]

Das Lohngefälle in der gewerblichen Wirtschaft, eine Folge primär der forcierten Rüstung und (zumal in Berlin) der Hitlerschen Demonstrativbauten, sekundär der Abwerbemethoden der hiervon profitierenden Großunternehmen, bewirkte nicht nur, daß Arbeiter ihre Branche oder ihren Betrieb wechselten, sondern auch, daß selbständige Handwerker in Facharbeiterstellen abwanderten. Neben der Handwerksverordnung vom Januar 1935, die alle nach dem 31. Dezember 1899 geborenen und nach dem 31. Dezember 1931 in die Handwerksrolle eingetragenen selbständigen Handwerker bei Strafe des Verlustes ihrer Selbständigkeit zwang, bis Ende 1939 die Meisterprüfung nachzuholen, waren es vor allem die großindustriellen Locklöhne, die die Zahl der Handwerksbetriebe von 1936 bis 1938 (im Gebiet des »Altreichs«) um 104000 sinken ließen. Dazu kamen seit 1939 offizielle »Auskämmaktionen« in Handel und Gewerbe. War das Handwerk seit 1936 zunächst aufgefordert worden, möglichst viele Lehrlinge in möglichst kurzer Zeit auszubilden, so kündigte Reichswirtschaftsminister Funk im Mai 1938 auf dem Reichshandwerkertag in Frankfurt sehr viel drastischere Schritte an, um dem immer bedrohlicher werdenden Facharbeitermangel abzuhelfen. Es sei nur im Interesse der Betroffenen, sagte er, »wenn die zuständigen Stellen sich bemühten, die nicht rentablen und ausgenutzten Handwerkerbetriebe zu veranlassen, sich als Facharbeiter zur Erfüllung des Vierjahresplanes zur Verfügung zu stellen«. Beruhigend fügte er hinzu, niemand denke daran, »daß alle 600000 Ein-Mann-Betriebe auf diese Weise beseitigt werden sollen«. In der Präambel zur Verordnung über die Durchführung des Vierjahresplanes auf dem Gebiet der Handwerkswirtschaft vom 12. Februar 1939 machte Funk dann endgültig klar, daß an eine Schonung des Handwerks als Berufsstand nicht mehr zu denken war. Die Durchführung des Vierjahresplanes, so heißt es dort, erfordere die größtmögliche Kapazitätsausnutzung des Handwerks. Deshalb müßten »die nicht am richtigen Arbeitsplatz stehenden oder nur unvollständig mit ihrer Arbeitskraft in Anspruch genommenen Handwerker für einen zweckvolleren Arbeitseinsatz herangezogen werden«. Das hieß konkrekt, daß fortan alle arbeitsfähigen Handwerker, deren Betriebe als nicht ordnungsgemäß geführt galten oder deren Tätigkeit nicht als kriegswirtschaftlich notwendig erachtet wurde, zur Stillegung ihres Betriebes gezwungen und zu abhängigen Arbeiten in der Rüstungsindustrie dienstverpflichtet werden konnten[47].

Der Reichsstand des deutschen Handwerks fügte sich in das Unvermeidliche. Reichshandwerksmeister Schramm erklärte auf einer wehrwirtschaftlichen Tagung seiner Organisation Anfang Dezember 1938, die »Übersetzung« im Handwerk sei eine Folge der »zügellosen Gewerbefreiheit«. Inhaber unrentabler Betriebe könnten als »Gefolgschafter an wichtigeren Arbeitsplätzen ein auskömmliches und sicheres Brot finden und dann das Bewußtsein haben, eine für Deutschland notwendige und nützliche Aufgabe zu leisten«. Dem Reichsstand des deutschen Handwerks müsse es möglich sein, seine Handwerker dahin zu stellen, wohin sie gehörten. »Wir müssen sowohl den Einsatz der im Handwerk tätigen Menschen als auch die Betriebe selbst rationalisieren.« Im April 1939 jedoch schien es dem offiziellen Organ des Reichsstandes angebracht, vor bleibenden Schäden der »Auskämmung« im

Handwerk zu warnen. Es sei kaum tragbar, schrieb das »Deutsche Handwerk«, daß die Industrie hier und dort ihren angelernten Kräften höhere Löhne zahlen könne als das Handwerk infolge des Preisstopps seinen Gesellen. »Man kann das Handwerk nicht von seinen Fachkräften entblößen, ohne damit zugleich seine Existenzgrundlage zu erschüttern und ihm die volkswirtschaftliche Aufgabe, vielseitig vorgebildete Fachkräfte für alle möglichen Bedarfsträger, Industrie, Wehrmacht, Reichsbahn, Reichspost usw. heranzubilden, zu erschweren oder unmöglich zu machen. Was dem Handwerk gegenwärtig entzogen wird, ist auf lange Jahre hinaus nicht zu ersetzen. Denn auch an eine Rückwanderung dieser Fachkräfte aus der Industrie ist zum mindesten für die Metall- und Holzverarbeitung nicht zu denken, weil in den Großbetrieben für den Einsatz dieser Kräfte die erforderlichen Investitionen gemacht worden sind.« Das Handwerk müsse der Industrie ein »energisches Halt« zurufen, wenn diese darauf bestehe, daß ihr für die Erledigung ihrer dringlichen Arbeiten auch dann Fachkräfte zuzuweisen seien, wenn eine ausreichende Deckung des Leistungsbedarfs durch Handwerksbetriebe möglich sei. »Im Zeichen der Vollbeschäftigung dürfte ein Konkurrenzneid zwischen Handwerk und Industrie durchaus überflüssig sein, wenn der eine dem anderen den Lebensraum gönnt. Dies aber ist für alle leistungsfähigen Betriebe in ausreichendem Umfange vorhanden. Daher muß das Trennende fallen und das Gefühl der Verbundenheit in einer Leistungsgemeinschaft aufs stärkste wirksam werden.«[48]

An die Angst des gewerblichen Mittelstandes, von den Großen verdrängt zu werden, hatten die Nationalsozialisten vor der Machtergreifung mit durchschlagendem Erfolg appelliert. Nun wurden sie mit ebendieser Angst neu konfrontiert, und die Angst war realer als jemals zuvor. Aber von einem Schutz des gewerblichen Mittelstandes sprach die nationalsozialistische Führung seit 1936 nicht mehr. »Mit Mittelstandsideologen kann man keine Volkswirtschaft, die die Wirtschaft des Volkes sein soll, aufbauen!« schrieb im Januar 1939 der Wirtschaftsredakteur und DAF-Funktionär Nonnenbruch im »Völkischen Beobachter«. »Denn dieser durch die Mittelstandsideologie erstrebte extreme Schutz des Mittelstandes setzt erstens voraus, daß das Volk unfähig ist, immer wieder neu einen Mittelstand zu bilden. Wird ein vorhandener Mittelstand in extremer Weise geschützt, so heißt das, daß gegen alle die, die von unten in den Mittelstand aufsteigen wollen, eine unüberschreitbare Barriere errichtet wird. Und zweitens wollen die

Vertreter der Mittelstandsideologie den Mittelstand nicht in den Dienst des Volkes, sondern das Volk in den Dienst des Mittelstandes stellen.« »Wir treiben«, so verkündete im Mai 1939 Reichswirtschaftsminister Funk dem Ersten Großdeutschen Handwerkertag, »keine spezifische Handwerkspolitik, ebenso wie wir keine spezifische Industrie- oder Landwirtschaftspolitik treiben, sondern wir haben eine nationalsozialistische Wirtschaftspolitik, die alle wirtschaftlichen Kräfte in gleicher Weise zu erfassen, zu betreuen und zum bestmöglichen Einsatz zu bringen hat [...] Höchste Menschenökonomie ist deshalb das wichtigste Gebot«. Hitler selbst räumte ein, daß die Nationalsozialisten eine Kehrtwende vollzogen hatten. Auf dem Nürnberger Parteitag im September 1939 erklärte er: »Wenn es am Beginn unseres Kampfes 1933 notwendig war, möglichst viele Deutsche in Arbeit, ganz gleich welcher Art, zu bringen, dann ist es heute notwendig, möglichst viel an primitiver Arbeit durch die Maschine zu ersetzen. Unser qualitativ so hochstehender Arbeiter wird dadurch allmählich immer mehr von der einfachen Beschäftigung weg zu einer für ihn geeigneteren höheren geführt.«[49]

Jeder Appell des Handwerks an den guten Willen von Industrie und politischer Führung mußte unter den Bedingungen der nationalsozialistischen Kriegswirtschaft ins Leere gehen. Eine interne Statistik weist unter dem Stichtag des 1. Juni 1941 noch 1,185 Millionen arbeitende und 275 000 ruhende Handwerksbetriebe aus. Da es im April 1939 noch 1,567 Millionen Handwerksbetriebe gegeben hatte, dürfte das Minus von 107 000 Betrieben vor allem auf das Konto von »Auskämmungen« gehen. Im Reichswirtschaftsministerium gab es wohl noch einzelne Beamte, die die Dezimierung des Handwerks mit Sorge sahen. So mahnte im Januar 1940 ein Referent, »aus Gründen des sozialen Ausgleichs, einer gesunden Betriebsgrößenmischung und des Facharbeiternachwuchses« sollte die handwerkliche Erzeugung geschützt und erhalten werden, solange dies wehrwirtschaftlich nur irgend möglich sei; der Selbständigkeit beraubt, aus herkömmlichen Arbeitsbedingungen gelöst, leisteten die Handwerker weniger als im eigenen Betrieb mit gewohnten Arbeitsmitteln und Fertigungsverfahren. Aber solche Stimmen verhallten ungehört. Wenn die Betriebsschließungen auch weit hinter dem zurückblieben, was vor allem Wehrmacht und Rüstungsindustrie forderten, dann nicht aus mittelstandspolitischen Rücksichten, sondern wegen der Furcht Hitlers und der Partei, eine allzu drastische Drosselung der Konsumgüterproduktion könne innenpolitisch gefährliche Folgen haben. Was in den »Auskämmaktionen« geschah, war aber für die Betroffenen einschneidend genug. Die Schließungsaktionen im Kleingewerbe erreichten ihren Höhepunkt 1943, wobei freilich Zahlen über das tatsächliche Ausmaß fehlen. Stärker als das Handwerk war nun der Einzelhandel betroffen, der bisher von Stillegungen deswegen weniger erfaßt worden war, weil 90 Prozent aller in Einzelhandelsbetrieben Beschäftigten sich nicht als anderweitig einsatzfähig erwiesen hatten. Am 30. Januar 1943 ordnete jedoch ein Erlaß des Reichswirtschaftsministeriums die Schließung von Handelsbetrieben an, »die für die Erfüllung von Aufgaben der Kriegswirtschaft oder der Sicherstellung der Versorgung der Bevölkerung nicht unbedingt erforderlich sind. Ziel ist die Freisetzung möglichst vieler für die Kriegswirtschaft brauchbarer Arbeitskräfte, die Einsparung von Kohle, Energie, Dienstleistungen aller Art und die Verwendung der Räume für kriegswichtige Zwecke«. Zwar versuchten, wie erwähnt, einige Gauleiter, diesen Erlaß vornehmlich gegen Warenhäuser und Einheitspreisgeschäfte anzuwenden. Aber die Hauptbetroffenen waren, einer weiteren Weisung Funks entsprechend, mittelständische Einzelhandelsgeschäfte. Zum Abschluß der »Stillegungsaktion in Handel, Handwerk, Fremdenverkehr und anderen Gewerben« erklärte das Reichswirtschaftsministerium am 21. Juli 1943, weshalb der Widerspruch zwischen Programm und Praxis des Nationalsozialismus unvermeidbar war: Die Stillegungsaktion sei allein von der harten Notwendigkeit des Krieges diktiert und keinesfalls als eine Maßnahme grundsätzlicher Art anzusehen. Sie ändere nichts an der nationalsozialistischen Auffassung, »daß Erhaltung und Förderung eines gesunden Mittelstandes das Kernstück unserer Wirtschaftspolitik sind. In Punkt 16 des Parteiprogramms ist das klar ausgesprochen und für alle Zeiten verankert [...]. Nach dem Siege wird es daher mit zu den ersten Aufgaben der Staatsführung gehören, die dem Mittelstand durch sein Kriegsopfer entstandenen Schäden zu beseitigen und ihn seiner Bedeutung gemäß in die gewaltige Aufbauarbeit des Friedens einzuschalten«[50].

Das mittelständische Gewerbe wurde im Zweiten Weltkrieg ungleich härter behandelt als im Ersten. Aufgrund des Gesetzes über den vaterländischen Hilfsdienst von 1916 mußten Kleinbetriebe zwar Gehilfen an rüstungswichtige Industrien abgeben, staatliche Schließungsaktionen fanden zwischen 1914 und 1918 jedoch nicht statt. Auf der anderen Seite war die Lebensmittelversorgung der deutschen Bevölkerung zwischen 1939 und 1945 viel besser – wie denn das nationalsozialistische

Regime überhaupt aus Furcht vor sozialen Unruhen eine Strategie der Konfliktvermeidung betrieben hat. Vor 1939 war das nur möglich im Vorgriff auf den materiellen Ertrag künftiger Eroberungen; während des Krieges geschah es auf der Grundlage der rücksichtslosen Ausbeutung der eroberten Gebiete und der aus ihnen ins Reich deportierten Zwangsarbeiter. In den meisten anderen kriegführenden Ländern waren die Entbehrungen der Gesamtbevölkerung in der Tat größer als in Deutschland. Auf dem Gebiet der Frauenarbeit läßt sich das besonders deutlich demonstrieren, wobei hier allerdings auch ideologische Vorurteile Hitlers die Verwirklichung der Parole vom »totalen Kriege« verhinderten. Neben dem allgegenwärtigen Terror war die Abwälzung sozialer Härten auf die Besiegten der Hauptgrund dafür, daß die deutsche Bevölkerung die Kriegsanstrengungen bis 1945 willig unterstützt hat. Das gilt auch für den gewerblichen Mittelstand, obwohl das Regime vielen seiner Angehörigen mit dem Verlust der Selbständigkeit etwas zumutete, was sie nur als sozialen Abstieg empfinden konnten. Die Drohung der »Proletarisierung« war für das Kleingewerbe noch niemals so real wie während des Zweiten Weltkrieges. Auf der anderen Seite führten die »Auskämmungen« insgesamt zu einer relativen Verbesserung der Ertragslage der verbleibenden Betriebe und insoweit langfristig vermutlich sogar zu einer wirtschaftlichen Stabilisierung des gewerblichen Mittelstandes. Das war ein Beitrag zum sozialen Wandel und, wenn gewiß auch keine »soziale Revolution«, so doch ein Stück Modernisierung der deutschen Gesellschaft wider Willen – ein Nebenergebnis des Krieges, mit dem der Nationalsozialismus Europa politisch und sozial von Grund auf verändern wollte[51].

Solange der Vormarsch der deutschen Truppen in der Sowjetunion andauerte, schien es, als könne die nationalsozialistische Führung den Kleingewerbetreibenden gewisse Kompensationen für ihre Kriegslasten anbieten. Nachdem Reichshandwerksmeister Schramm dem »Reichsführer SS« im Frühherbst 1941 eine »Denkschrift zur Leistungssteigerung der handwerklichen Bauwirtschaft« vorgelegt hatte, in der lebhaft über den Konkurrenzkampf zwischen Bauindustrie und Bauhandwerk geklagt wurde, antwortete Heinrich Himmler am 21. Oktober, dieser Konkurrenzkampf sei gar nicht notwendig und infolgedessen bedürfe es auch nicht der vom Handwerk geforderten staatlichen Eingriffe. »Die Entwicklung unseres Raumes im Osten wird diesen Kampf infolge des außerordentlichen Bedarfs an bauhandwerklichen und bauindustriellen Einrichtungen aller Art sowie insbesondere an Lehrbetrieben und an Lehrmeistern sowieso illusorisch machen. Eine der wichtigsten Aufgaben des deutschen Handwerks scheint mir demnach die Frage des Nachwuchses von selbständigen Jungmeistern, Lehrlingen usw. zu sein. Diesen ist im neuen Ostraum ein Betätigungsfeld gegeben, wie es für das deutsche Bauhandwerk größer und reizvoller in der deutschen Geschichte noch nicht gewesen ist. Der festgestellten Überalterung der Handwerksbetriebe im Altreich wird dadurch ein Riegel vorgeschoben werden können, daß die Handwerksbetriebe im Altreich gewissermaßen die Mutterbetriebe der Jungbetriebe in den neu erworbenen Gebieten des Ostens werden und somit ein ständiger Blutkreislauf zwischen Alt- und Jungbetrieben sichergestellt ist«[52].

Das nationalsozialistische »Lebensraum«-Programm hatte von Anfang an eine gesellschaftspolitische Dimension. Hitler hat bekanntlich schon in »Mein Kampf« die »Erwerbung von neuem Grund und Boden zur Ansiedlung der überlaufenden Volkszahl« gefordert und darin die Chance für die »Erhaltung eines gesunden Bauernstandes« gesehen. Viele der augenblicklichen Leiden seien nur die Folge des ungesunden Verhältnisses zwischen Land- und Stadtvolk. »Ein fester Stock kleiner und mittlerer Bauern war noch zu allen Zeiten der beste Schutz gegen soziale Erkrankungen, wie wir sie heute besitzen. Dies ist aber auch die einzige Lösung, die eine Nation das tägliche Brot im inneren Kreislauf einer Wirtschaft finden läßt. Industrie und Handel treten von ihrer ungesunden führenden Stellung zurück und gliedern sich in den allgemeinen Rahmen einer nationalen Bedarfs- und Ausgleichswirtschaft ein. Beide sind damit nicht mehr die Grundlage der Ernährung der Nation, sondern ein Hilfsmittel derselben. Indem sie nur mehr den Ausgleich zwischen eigener Produktion und Bedarf auf allen Gebieten zur Aufgabe haben, machen sie die gesamte Volksernährung mehr oder weniger unabhängig vom Auslande, helfen also mit, die Freiheit des Staates und die Unabhängigkeit der Nation, besonders in schweren Tagen, sicherzustellen.« Himmler faßte sich fünfzehn Jahre später sehr viel kürzer. Nach einer Reise nach Kiew im August 1942 erklärte er, »daß man die soziale Frage nur dadurch lösen kann, daß man die anderen totschlägt, damit man ihre Äcker bekommt«[53].

Die Eroberung von Lebensraum im Osten schien den führenden Nationalsozialisten mithin aus einem doppelten Grund notwendig: Erstens war nur so das Ziel der Autarkie zu verwirklichen, und zweitens war anders jene Reagrarisierung der deutschen Gesellschaft unmöglich, die zugleich als Entproletarisierung gedacht war. Für die Eroberung von Lebensraum aber war höchste technische und industrielle Effizienz unabdingbar, und auch die aus dem Krieg hervorgehende autarke Gesellschaft bedurfte der Hilfsdienste von Technik und Industrie. Die subalternen Funktionen in dieser Gesellschaft könnten künftig von einer Sklavenschicht aus den besiegten Völkern, soweit sie als rassisch minderwertig galten, ausgeübt werden, während sich die neue Elite im Germanischen Reich deutscher Nation aus dem »Herrenvolk« rekrutieren würde. In einer solchen Gesellschaft mochten auch Junghandwerker ihren Platz finden, wenn sie bereit waren, ostwärts zu ziehen und mitzuwirken an der Gestaltung des neugewonnenen Lebensraums. Sowenig die rückwärtsgewandte Agrarutopie von vornherein dem gewerblichen Mittelstand eine spezifische Rolle zuerkannt hatte, sowenig schloß sie sie aus. Überdies gab es genügend taktische Gründe, die es geraten erscheinen ließen, das Kleingewerbe mit den unbegrenzten Möglichkeiten des weiten Ostens über seine kriegsbedingten Nöte hinwegzutrösten.

Die Handwerksführung jedenfalls war für Himmlers Anregung dankbar. Schon bevor der »Reichsführer SS« offiziell die Denkschrift zur Lage des Bauhandwerks beantwortete, hatte er mit dem Reichsstand Gespräche über die Aufgaben des Handwerks im Osten geführt. Wie Schramm Ende September 1941 auf einer Arbeitstagung der niedersächsischen und nordmärkischen Handwerkskammern in Travemünde mitteilte, waren mit Himmler »für die volkspolitisch so wichtige Ansetzung von Handwerkern im befreiten Osten entsprechende Vereinbarungen getroffen« worden. Gerade die ungeheuer große Siedlungsaufgabe des Ostens zeige, wie unentbehrlich das Handwerk nicht nur in volkswirtschaftlicher Hinsicht, sondern vor allem auch aus zwingenden völkisch-politischen Gründen sei. Der langjährige Referent des Deutschen Handwerks- und Gewerbekammertages, Wilhelm Wernet, sah im neuen östlichen Lebensraum geradezu die Chance für eine »*Wiedergutmachung* an denjenigen Wirtschaftsgruppen, die früher durch die Technik einseitig benachteiligt worden sind. Die wirtschaftlichen Voraussetzungen für einen allseitigen Aufschwung des Handwerks sind seit Jahrhunderten nicht so günstig gewesen wie jetzt. Es kommt alles darauf an, sie *politisch* zu erfassen und nutzbar zu machen«. Ein anderer Autor sah im »Osteinsatz des Handwerks« die Möglichkeit für eine soziale Führungsrolle neuer Art. »Die Handwerker, die im Osten zum Einsatz kommen, müssen daher nicht nur vorbildliche Deutsche im allgemeinen Sinne sein, sondern sie müssen auch vorbildliche Handwerker sein, Meister ihres Fachs, die imstande sind, die dort eingeborenen Handwerker durch ihr Vorbild und Beispiel auf eine höhere Stufe der Leistungsfähigkeit zu heben und ihnen zu beweisen, daß die Art und die Methoden deutscher Arbeit und deutscher Wirtschaft auch ihnen erst die volle Entfaltung ihrer Leistungsfähigkeit bringen.«[54]

Der Wahn dauerte nicht lang. Mit den Niederlagen der deutschen Armeen endeten auch die Lebensraumträume der Handwerksführung. Die letzten Chancen, ihre Interessen geltend zu machen, verloren die Handwerker im Frühjahr 1943. Nachdem schon Anfang 1940 zwischen der Führung des Reichsstandes des deutschen Handwerks und des Fachamtes »Deutsches Handwerk« in der Deutschen Arbeitsfront eine Arbeitsgemeinschaft gegründet und damit die Autonomie der handwerklichen Standesvertretung zugunsten eines verstärkten Einflusses der DAF eingeschränkt worden war, büßte im März 1943 das Handwerk seine traditionellen Selbstverwaltungsorgane ein[55]. Im April 1942 hatte das Reichswirtschaftsministerium die Handwerksführung vertraulich davon unterrichtet, daß im Zug einer Rationalisierung des Kammerwesens die Handwerkskammern aufgelöst und – zusammen mit den Industrie- und Handelskammern – in »Gauwirtschaftskammern« überführt würden. Die Maßnahme ging auf den Rüstungsminister und neuen »Wirtschaftsdiktator« Speer zurück, der sich damit ein wirksames kriegswirtschaftliches Lenkungsinstrument schaffen und den Einfluß der Gauleiter (in ihrer Eigenschaft als Reichsverteidigungskommissare) eindämmen wollte. Die Handwerksführung versuchte sogleich, und zwar mit Hilfe Leys, der seinen Einfluß auf das Handwerk gefährdet sah, die angekündigte Maßnahme zu verhindern. Reichshandwerksmeister Schramm erklärte am 15. Mai 1942, das Handwerk sehe »in der Überführung der Handwerkskammern, d.h. der Beseitigung seiner Selbstverwaltung, der Einführung seiner Einrichtungen aller Art, der Vermögensbestände der Handwerkskammern in die Einrichtungen der Industrie einen neuen Angriff auf seinen Bestand«. Funk gegenüber sprach er von einer »unverkennbaren psychologischen Belastung im gegenwärtigen Zeitpunkt« – eine Einschätzung, die der Sicherheitsdienst in seinen »Meldungen aus dem Reich« teilte. Der vielfältige Widerspruch blieb erfolglos. Die Verordnung über die Gauwirtschaftskammern wurde am 2. Juni 1942 im Reichsgesetzblatt verkündet. Funk begründete Lammers gegenüber den Schritt damit, die Zusammenfassung der Wirtschaftsorganisationen in der Mittelinstanz habe sich als notwendig erwiesen, »um auch hier eine Konzentration der Wirtschaft zum Zweck der Leistungssteigerung in den Rüstungsaufgaben durchzuführen«. Die Satzung der neuen Kammern allerdings ließ auf sich warten. Erneute Versuche, die Auflösung der handwerklichen Selbstverwaltung zu verhindern – dieses Mal unter Einschaltung des bayerischen Ministerpräsidenten Siebert –, erwiesen sich als zwecklos. Am 23. Dezember 1942 veröffentlichte das Reichsgesetzblatt eine Verordnung über die Einrichtung von zunächst 29 Gauwirtschaftskammern und die damit verbundene Liquidation der betreffenden Industrie- und Handels- sowie Handwerkskammern. Am 27. März 1943 schließlich wurde die Auflösung des Deutschen Handwerks- und Gewerbekammertages und seine Überführung als Abteilung in die Reichswirtschaftskammer verfügt; gleichzeitig verloren die Innungen und Kreishandwerkerschaften ihre Eigenschaft als Körperschaften des öffentlichen Rechts. Der Reichshandwerksmeister behielt zwar seinen Titel, hatte aber fortan keinerlei politischen Einfluß mehr[56].

Die Zerschlagung der handwerklichen Selbstverwaltungsorgane im Jahre 1943 zeigte einmal mehr, wie wenig der gewerbliche Mittelstand, der in der »Kampfzeit« einen wesentlichen Teil der nationalsozialistischen Massenbasis gestellt hatte, im »Dritten Reich« galt. Handwerker und Kleinhändler verloren ihren Einfluß zunächst an die alten Eliten aus Industrie, Wehrmacht und Bürokratie; von der zweiten Hälfte des Jahres 1933 ab wurden Teile der nationalsozialistischen Bewegung selbst, zumal die Arbeitsfront, ihre Gegner, während sich ihre partiellen Verbündeten aus den alten Führungsschichten rekrutierten, die im Zuge der Niederschlagung des sogenannten »Röhm-Putsches« erneut an Einfluß gewannen, aber Anfang 1938 *politisch* entmachtet wurden. Der gewerbliche Mittelstand, bereits seit 1936 in die politische Defensive gedrängt, war seitdem gesellschaftlich isoliert. Als »Stand« büßte das Kleingewerbe immer mehr an Bedeutung ein. Gebraucht wurden nur noch die Kleinbetriebe, die kriegswirtschaftlich wichtige Funktionen erfüllten. Vor den Reaktionen einer unzufriedenen Arbeiterklasse haben sich die Nationalsozialisten stets gefürchtet. Handwerker und Kleinhändler dagegen verfügten über nichts, was das Regime das Fürchten hätte lehren können[57].

Die Großindustrie hat sich zwar einen größeren Handlungsspielraum bewahren können als das Kleingewerbe, aber die letzten politischen Entscheidungen wurden ohne sie getroffen. Das »Lebensraum«-

Programm hatte, wie wir gesehen haben, seine gesellschaftspolitische Seite, es war jedoch nicht Ausdruck konkreter ökonomischer Gruppeninteressen. Seine Ursprünge liegen vielmehr in einer archaischen Angst vor der Modernität, die als das Ende aller Sicherheit empfunden wurde. Die Weltwirtschaftskrise gab dieser Angst in vielen Ländern Auftrieb. Aber zum Exzeß steigern konnte sich die Angst vor der Modernität nur in einem Land, das binnen kurzer Zeit durchgreifend industrialisiert worden war, ohne zugleich seine Herrschaftsordnung und sein politisches Bewußtsein den veränderten Verhältnissen anzupassen. Die unbewältigte Industrialisierung war das Trauma des Mittelstandes wie der Nationalsozialisten, die aus dieser Schicht hervorgegangen waren. Aber manche führenden Nationalsozialisten, und vor allem Hitler selbst, waren durch den Ersten Weltkrieg so sehr aus allen konkreten sozialen Bezügen herauskatapultiert worden, daß sie mit den bürgerlichen Vorurteilen zugleich eine tiefe Verachtung des Bürgertums verbinden konnten. Ihre letzten Ziele waren nicht mehr *materiell*, sondern nur noch *ideologisch* milieubedingt. Der Versuch, diese Ziele zu verwirklichen, endete mit der Negation aller konkreten Interessen. Der gewerbliche Mittelstand mußte seine Illusionen teuer bezahlen[58].

# Stabilisierung durch Schrumpfung: Der gewerbliche Mittelstand in der Bundesrepublik

In seiner berühmten Schrift »Die soziale Schichtung des deutschen Volkes« hat Theodor Geiger 1932 den »alten Mittelstand«, die selbständigen Kleinunternehmer in Handwerk, Einzelhandel und Landwirtschaft, das Beispiel einer »sozialgeschichtlichen Verwerfung« genannt: »Strukturen, die im sozialgeschichtlichen Nacheinander auftreten, finden sich im gesellschaftlichen Jetzt bei verschiedenen Bevölkerungsteilen im Nebeneinander. So wirken im alten Mittelstand die ständischen Schichtungen der frühkapitalistischen Epoche als Querdifferenzierungen nach; ständische Sitte und Lebensauffassung haben sich bewahrt und leisten der Durchsetzung des hochkapitalistischen Klassenprinzips zähen Widerstand.« Der von Geiger skizzierte soziale Traditionalismus der kleinen Selbständigen bildete zugleich eine wesentliche Voraussetzung jener »Panik im Mittelstand«, die nach dem Beginn der Weltwirtschaftskrise den Aufstieg des Nationalsozialismus zur Massenbewegung ermöglichte und die erste deutsche Republik zerstören half[1].

In der Bundesrepublik hat es bisher ein – Weimar vergleichbares – Mittelstandsproblem nicht gegeben. Auch in Perioden eines ausgeprägten konjunkturellen Abschwungs sind die selbständigen Mittelschichten nicht entfernt so stark radikalisiert worden wie nach 1929. Vielmehr scheint das Kleingewerbe insgesamt in die westdeutsche Gesellschaft relativ fest integriert zu sein. Die Frage, weshalb, auf den gewerblichen Mittelstand bezogen, Bonn nicht Weimar ist, verweist uns auf drei verschiedene Untersuchungsebenen. Erstens gilt es, die wirtschaftliche Entwicklung von Handwerkern und Kleinhändlern – den Kerngruppen des gewerblichen Mittelstandes – nach 1945 zu skizzieren. Zweitens werden wir uns dem Problem zuzuwenden haben, inwieweit die Mittelstandspolitik der zweiten Nachweltkriegszeit an Traditionen aus der Zeit vor 1945 anknüpfte und inwieweit sie sich von ihnen unterscheidet. Drittens ist die Frage nach Bruch und Kontinuität im Hinblick auf das politische Verhalten und das Selbstverständnis des gewerblichen Mittelstandes zu stellen und einzuordnen in den umfassenderen Zusammenhang der politischen, sozialen und wirtschaftlichen Rahmenbedingungen, unter denen diese Schicht sich nach 1945 entwickelt hat.

I. Es gibt einige statistisch erfaßbare säkulare Trends, die eine erste grobe Orientierung über den Wandel der gesellschaftlichen Stellung des gewerblichen Mittelstandes erlauben. Da ist zunächst die nahezu kontinuierliche Abnahme des relativen Anteils der Selbständigen an der erwerbstätigen Bevölkerung. Waren es 1882 noch 26,1 %, so sank die Zahl bis 1925 auf 15,7 %. Die Weltwirtschaftskrise, während derer manche Arbeitslosen versuchten, sich durch die Eröffnung eines Geschäfts – etwa eines Tabakladens – über Wasser zu halten, ließ den Anteil der Selbständigen bis 1933 vorübergehend auf 16,1 % steigen. Im Zeichen der rüstungsbedingten Überbeschäftigung sank er dann wieder auf 14 % im Jahr 1939. Auf etwa demselben Niveau begann die Bundesrepublik 1949 (14,9 %). Seither ist die Zahl der Selbständigen ständig zurückgegangen, wobei der Schrumpfungsprozeß in der Landwirtschaft die größte Rolle gespielt hat. Im Jahre 1976 gab es noch 2,33 Millionen Selbständige in der Bundesrepublik; das entspricht einem Anteil von 9,5 % an der erwerbstätigen Bevölkerung[2].

Dem generellen Trend bei den Selbständigen entsprechen im Bereich des Handwerks die sinkenden Zahlen der Betriebe und der Meister. Es gab in der Bundesrepublik 1977 noch 506000 Handwerksbetriebe gegenüber 849000 im Jahre 1949 (die letztere Zahl ohne Saarland und West-Berlin). Die Zahl der Beschäftigten je Betrieb stieg in der gleichen Zeit von 3,70 auf 8, der Umsatz je Beschäftigten von 9440 DM auf 76407 DM. Der Anteil des Handwerks am Bruttoinlandsprodukt, der sich 1936 auf ein Zwölftel belief, bewegt sich seit den mittfünfziger Jahren ziemlich kontinuierlich um ein Neuntel[3]. Schon diese Daten widerlegen die seit Mitte des 19. Jahrhunderts dem Handwerk immer wieder gestellte Untergangsprognose; vielmehr deuten sie auf eine Stabilisierung sowohl des einzelnen Handwerksbetriebs als auch der volkswirtschaftlichen Stellung des Handwerks insgesamt hin. Der allgemeine Trend – Senkung der Zahl der Betriebe bei gleichzeitiger Steigerung der Zahl der Beschäftigten je Betrieb und des Umsatzes je Beschäftigten – ist in diesem Jahrhundert zweimal unterbrochen worden: einmal in der Zeit der Weltwirtschaftskrise – wobei der Grund die erwähnte »Flucht in die Selbständigkeit« war – und zum anderen nach dem Zweiten Weltkrieg. Die »Auskämmaktionen« während des Krieges, über die genaue Zahlen nicht vorliegen, hatten die Zahl der Handwerksbetriebe weiter verringert. In der Zeit zwischen Kriegsende und Währungsreform hat dann zunächst der Flüchtlingsstrom einen erheblichen Andrang zum Handwerk bewirkt; sodann erhöhte die in der zweiten Hälfte des Jahres 1948 verstärkt einsetzende Wiederbelebung der Wirtschaft die Chancen ökonomischer Selbständigkeit, namentlich im Bereich des Bauhandwerks und der Baunebengewerbe. Seit 1949 ist dagegen wieder der »normale« Trend zu beobachten[4].

Im Zeichen des Wiederaufbaus hat die Umsatzsteigerung des Handwerks zwischen 1949 und 1961 mit 330% die der Industrie sogar um 15% übertroffen. Allerdings bedürfen diese makroökonomischen Daten der differenzierenden Erläuterung. Nach dem Vorschlag von Theo Beckermann kann man unterscheiden zwischen Expansionshandwerken, deren Wachstum innerhalb eines gegebenen Zeitraums dasjenige des Gesamthandwerks um mindestens 30% übersteigt, Wachstumshandwerken, deren Wachstum den Durchschnitt um weniger als 30% über- oder unterschreitet, und Stagnationshandwerken mit Wachstumsraten, die diejenige des Gesamthandwerks um mindestens 30% unterschreiten. Zu der ersten Gruppe gehörten zwischen 1955 und 1972 Radio- und Fernsehtechniker, Kraftfahrzeugmechaniker, Elektroinstallateure, Sanitär- und Heizungstechniker; zur zweiten u. a. Schmiede, Schlosser, Maschinenbauer, Dachdecker, Tischler, Straßenbauer, Maurer, Uhrmacher und Fleischer; zur dritten Zimmerer, Maler, Friseure, Bäcker, Konditoren. Schließlich gibt es noch ausgesprochene Kontraktionshandwerke wie die Schuhmacher, die Damen- und Herrenschneider. Die Gruppe der Expansionshandwerke setzt sich demnach vor allem aus modernen technischen Zweigen und Baubranchen zusammen, während die Wachstumshandwerke einen Querschnitt durch das Gesamthandwerk, allerdings ohne das Bekleidungsgewerbe, repräsentieren. Die stagnierenden Handwerke umfassen vor allem das Bekleidungs- und Nahrungsmittelgewerbe sowie einige Dienstleistungsberufe[5]. Vergröbernd läßt sich sagen, daß das Wachstum des Handwerks in besonderem Maß von jenen Branchen getragen wird, die erst durch die Industrialisierung entstanden sind und daß das wirtschaftliche Gewicht derjenigen alten Handwerkszweige, deren Tätigkeitsfeld auch durch großindustrielle Massenfertigung abgedeckt werden kann, beständig sinkt. Dazwischen rangieren Handwerkszweige, deren Arbeitsbereich zwar ursprünglich vorindustriell ist, aber von der Industrie nicht oder nicht voll übernommen werden kann.

Allen Hinweisen auf eine langfristige Stabilisierung des Handwerks kann das Argument entgegengehalten werden, daß gleichzeitig die Abhängigkeit des Handwerks von der Industrie gewachsen ist. So hat ein Autor die Partnerschaft zwischen Industrie und Handwerk, die an die

Stelle der alten Gegnerschaft getreten sei, als quasifeudal charakterisiert. »Kaum dem Buchstaben nach auf einem freien Vertrag beruhend«, sei die Abhängigkeit des Handwerks von der Industrie »auf die Treue von Vasallen gegründet, die die große Industrie mit Schutz und Trutz honoriert«[6]. Für einen Teil des Handwerks trifft diese These zu. Es gibt nicht nur einen *Strukturwandel* des Handwerks insgesamt, sondern auch einen *Funktionswandel* bestimmter Handwerksbranchen. Die reinen Zulieferanten der Industrie haben sich eben wegen ihrer exklusiven Abhängigkeit von einzelnen Großunternehmen als besonders krisenanfällig erwiesen; dagegen sind die »Vorlieferanten«, die in eigener Regie hergestellte Spezialprodukte anbieten, vergleichsweise krisenfest. Insgesamt hat die Abhängigkeit des Handwerks von der Industrie sicherlich zugenommen; sie ist die Bedingung seiner relativen Prosperität wie seiner potentiellen Labilität. Aber dieser Tatbestand wirkt nur dann dramatisch, wenn man von dem traditionellen mittelständischen Anspruch auf eine selbständige Mittlerrolle zwischen Kapital und Arbeit ausgeht und wenn man vergißt, daß die Zwischenkriegszeit, in der die Verflechtung zwischen Industrie und Handwerk viel schwächer ausgeprägt war als heute, zugleich konjunkturellen Schwankungen weit extremer ausgesetzt war als die zweite Nachweltkriegszeit. Im übrigen sieht es auch nicht so aus, als ob der Rückgang der Zahl der Handwerksbetriebe allmählich gegen Null tendieren würde. Nach dem »Mittelstandsbericht« der Bundesregierung vom Mai 1976 hat sich die Abnahme der Handwerksbetriebe seit 1970, also während des längsten und schwersten Konjunkturtiefs der Nachkriegszeit, verlangsamt. Im Jahre 1975 ging die Zahl der Betriebe nur noch um 1,7 % gegenüber dem Vorjahr zurück. Diese Quote war die niedrigste seit 1963. Aus dem Markt ausgeschieden sind vor allem Einmannbetriebe, wobei Nachfolgeprobleme und mangelnde Wettbewerbsfähigkeit die Hauptursache bildeten. Vieles spricht für die These Beckermanns, daß die fortschreitende Substitution des Faktors Arbeit durch den Faktor Kapital – ein Prozeß, der durch den technischen Fortschritt ebenso ausgelöst wurde wie durch den Mangel an Arbeitskräften – die Fluktuation im Betriebsstand dämpft. Der verstärkte Mitteleinsatz ist offensichtlich ein Anreiz zur Erhaltung der Selbständigkeit[7].

Die Lage des mittelständischen Einzelhandels ist noch sehr viel uneinheitlicher als die des Handwerks. Die Zahl der Selbständigen im tertiären Sektor insgesamt hat sich, anders als im Handwerk, zwischen 1882 und 1939 (Gebietsstand vom 31.12.1937) erheblich erhöht – von

669000 auf 1,17 Millionen; in der Bundesrepublik (ohne Saarland und West-Berlin) wuchs sie zwischen 1950 und 1961 von 942000 auf 1,382 Millionen. Dabei ist zu berücksichtigen, daß die Eröffnung eines selbständigen Unternehmens im Dienstleistungsbereich schon deswegen vergleichsweise einfach ist, als es hier keinen Großen Befähigungsnachweis gibt (wie er für das Handwerk 1935 und erneut 1953 eingeführt wurde). Die selbständige Ausübung eines Handwerksberufs erfordert aber auch unabhängig hiervon generell ein höheres Maß an Vorbildung und Kapital als die Eröffnung eines Einzelhandelsbetriebes, so daß die krisenbedingte »Flucht in die Selbständigkeit« das Handwerk weniger zu treffen pflegt als den ohnehin übersetzten Einzelhandel. Restriktive Maßnahmen des nationalsozialistischen Regimes – wie die im Mai 1933 verhängte Einrichtungssperre für Einzelhandelsgeschäfte – hatten zwar schon bis 1939 die Zahl der Betriebe in diesem Bereich des Dienstleistungssektors um 18 % gesenkt, und durch die »Auskämmungen« während des Krieges war die Zahl der Einzelhandelsgeschäfte weiter vermindert worden. Dennoch war – aus den gleichen Gründen, die auch im Handwerk zwischen 1945 und 1949 zu einer Vermehrung der Zahl der Betriebe führten – im Jahre 1950 die Zahl der Groß- und Einzelhandelsbetriebe in der Bundesrepublik (ohne Saarland und West-Berlin) mit etwas über 600000 Betrieben um etwa 25 % höher als im entsprechenden Gebiet des Deutschen Reiches im Jahr 1939. Sie wuchs bis 1961 nochmals auf 763000, um dann bis 1970 auf 503000 abzusinken (beide Zahlen einschließlich Saarland und West-Berlin). Die Zahl der Einzelhandelsbetriebe fiel von 382000 im Jahre 1970 auf 346000 im Jahre 1975. In der gleichen Zeit stieg die Zahl der Beschäftigten je Einzelhandelsbetrieb von 5,68 auf 6,05 und der Umsatz (ohne Mehrwertsteuer) je Beschäftigten von 78000 DM auf 123000 DM. Diese Globalzahlen sagen aber über die Lage des mittelständischen Einzelhandels so gut wie nichts aus. Die Gewichtsverteilung innerhalb des Einzelhandels wird erst deutlich, wenn man Umsatzstruktur und Unternehmensgröße miteinander in Verbindung setzt. Die Gruppe der Einzelhandelsbetriebe mit einem Umsatz von weniger als 20000 DM im Jahr umfaßte 1960 noch 9 % aller Betriebe und hatte einen Anteil am Gesamtumsatz des Einzelhandels von 0,8 %; bis 1972 sank die Zahl dieser Betriebe auf 3,6 % und ihr Umsatzanteil auf 0,1 %. Die Großbetriebe mit einem Umsatz von über 10 Millionen DM im Jahr machten 1960 0,1 % und 1972 0,4 % aller Einzelhandelsbetriebe aus; ihr Umsatzanteil stieg in der gleichen Zeit von 26,4 % auf 36,8 %. Nach Berechnungen der Hauptgemeinschaft des deutschen Einzelhandels sank der Marktanteil der Ladengeschäfte des Facheinzelhandels (ohne die Lebensmittelfilialbetriebe) zwischen 1962 und 1974 von 84,4 % auf 68,2 % aller Ladengeschäfte des Einzelhandels (ohne Konsumgenossenschaften), während die traditionellen Warenhäuser ihren Anteil von 9,8 % auf 13,1 % steigern konnten. Die Selbstbedienungswarenhäuser, die erst um 1965/66 auf dem Markt Fuß faßten, erzielten 1974 bereits einen Umsatzanteil von 9,9 %. Die Hauptbetroffenen dieser Entwicklung sind die »Tante-Emma-Läden«, mittelständische Einzelhandelsbetriebe der Nahrungs- und Genußmittelbranche. Allgemein ist die Ertragssituation der Kleinbetriebe des Facheinzelhandels mit 2 bis 5 Beschäftigten kritisch; nach den Berechnungen einer Forschungsgruppe des Kölner Instituts für Mittelstandsforschung war bei diesen Geschäften das betriebswirtschaftliche Betriebsergebnis (das man erhält, wenn man vom steuerlichen Gewinn die kalkulatorischen Kosten – Unternehmerlohn und Zinsen für Eigenkapital – abzieht) negativ (1969: – 0,7 % des Umsatzes). Erst die mittelgroßen Unternehmungen mit zwischen 4 und 20 Beschäftigten weisen ein positives betriebswirtschaftliches Betriebsergebnis auf (+ 0,9 %), wenn es auch nur halb so gut ist wie das von Unternehmungen mit zwischen 6 und 50 Beschäftigten (+ 1,8 %)[8]. Im Bereich der Kleinstbetriebe des Einzelhandels sind demnach die Gefahren, die der gewerbliche Mittelstand seit etwa achtzig Jahren immer wieder beschworen hat, heute durchaus real – so real, daß auch die Bundesregierung im Mai 1976 von der Möglichkeit eines »Verdrängungswettbewerbs« durch die Selbstbedienungs-Warenhäuser und Verbrauchermärkte sprechen konnte. Verallgemeinern läßt sich dieser Tatbestand aber nicht. Der leistungsfähige spezialisierte Fachhandel ist keineswegs vom Untergang bedroht, und der gewerbliche Mittelstand insgesamt ist heute in einer weitaus günstigeren wirtschaftlichen Position, als er es jemals in der Weimarer Republik war.

**II.** Das historische Novum des wirtschaftlichen Wiederaufschwungs nach dem Zweiten Weltkrieg bestand nach Meinung Ralf Dahrendorfs darin, daß er sich in so liberalen Formen vollzog. Was die Mittelstandspolitik angeht, so spricht der erste Augenschein gegen diese These. Einer Welle der verordneten Liberalisierung in der amerikanischen Besatzungszone folgte nach 1950 eine teilweise Renaissance jenes Sozialprotektionismus, der die deutsche Mittelstandspolitik seit dem Kaiserreich geprägt hatte[9].

Einige Elemente des traditionellen deutschen Mittelstandsschutzes – wie namentlich diskriminierende Steuergesetze gegen die Warenhäuser – waren keine deutsche Erfindung. Frankreich hatte bereits 1844 Sonderabgaben für größere Einzelhandelsunternehmen eingeführt und ließ seit Ende des 19. Jahrhunderts weitere Maßnahmen dieser Kategorie folgen; die größeren deutschen Einzelstaaten belasteten die Warenhäuser seit der Jahrhundertwende mit Sondersteuern, und in den 1930er Jahren griffen u. a. Belgien und die Schweiz zu prohibitiven Vorkehrungen gegen Großbetriebe des Detailhandels. Was Deutschland auf dem Gebiet des Mittelstandsschutzes von anderen Ländern unterscheidet, ist einmal der Grad, bis zu dem eine andere Variante von Staatseingriffen – die öffentlich-rechtliche Organisation privater Interessen – perfektioniert wurde; zum anderen ist es der obrigkeitsstaatliche Kontext, dem sich der frühe Sozialprotektionismus verdankt. Eine deutsche Spezialität sind insbesondere die Handwerksinnungen, die 1881 wieder öffentlich-rechtliche Befugnisse – u. a. auf dem Gebiet der Lehrlingsausbildung – erhielten, was auf eine teilweise Rücknahme der im Norddeutschen Bund 1869 eingeführten Gewerbefreiheit hinauslief. Durch das Handwerkergesetz von 1897 wurde das Institut der sog. fakultativen Zwangsinnung geschaffen: Die Zugehörigkeit zu einer Innung wurde obligatorisch, wenn sich die Mehrheit der Selbständigen eines bestimmten Handwerkszweiges in einem Handwerkskammerbezirk dafür entschied. Die Handwerkskammer als Körperschaft des öffentlichen Rechts wurde durch das gleiche Gesetz eingeführt. Öffentlich-rechtliche Unternehmerkammern konnten in der Frühphase der Industrialisierung noch primär als Mittel verbesserter staatlicher Informationsbeschaffung gesehen und somit gesamtwirtschaftlich gerechtfertigt werden. Das gilt etwa für die preußischen Handelskammern, die nach dem französischen Vorbild in der ersten Hälfte des 19. Jahrhunderts gegründet worden waren. In dem Maß aber, wie sich die sozialen Konflikte zwischen Arbeit und Kapital zuspitzten, schloß jede Delegation staatlicher Befugnisse an Gruppen der Kapitaleigentümer notwendigerweise eine Diskriminierung der Arbeitnehmerseite ein: die wirtschaftspolitische Privilegierung der Selbständigen wurde zur gesellschaftspolitischen. Die neuen öffentlich-rechtlichen Körperschaften, die in den 1890er Jahren geschaffen wurden – auf Reichsebene für das Handwerk, in Preußen in Form der Landwirtschaftskammern auch für die Agrarier – bedeuteten von vornherein eine institutionelle Begünstigung der Selbständigen auch im berufsständischen Binnenverhältnis.

Der Staat wurde als Organisator privater Interessen tätig und verhalf damit einigen gesellschaftlichen Gruppen zu einer Artikulation ihrer Belange, zu der sie aus eigener Kraft offenbar nicht fähig gewesen wären[10].

Der öffentlich-rechtlichen Organisation privater Interessen, wie sie im Kaiserreich Gestalt annahm, haftete ein latent antiparlamentarischer Zug an. Bismarck hat bekanntlich seit den späten 1870er Jahren den Reichstag durch einen Volkswirtschaftsrat zunächst in seiner Macht einschränken, langfristig ersetzen wollen. Die späteren Kammern für Handwerk und Landwirtschaft blieben zwar weit hinter dieser Konzeption zurück, aber sie verfestigten doch jenes Immediatverhältnis zwischen organisierten Interessen und Bürokratie, das sich als eine der Hypotheken des deutschen Parlamentarismus erweisen sollte. Die öffentlich-rechtliche Verbandsorganisation war geeignet, den spontanen gesellschaftlichen Pluralismus zu neutralisieren. Durch die enge personelle Verflechtung von freien und halbstaatlichen Verbänden übertrug sich der gouvernementale Effekt der »Verkammerung« auch auf formal freie Vereinigungen. Die mit der institutionellen Privilegierung verbundene Domestizierung hat zwar bei einigen Betroffenen – wie das Beispiel des Bundes der Landwirte zeigt – auch antigouvernementale Bestrebungen, ja eine Art populistischer Überreaktion ausgelöst. Aber diese Tendenzen zielten auf ein Mehr an Privilegierung und nicht etwa auf eine Demokratisierung des kaiserlichen Obrigkeitsstaates. Das Kaiserreich förderte, indem es die Vertretung bestimmter Interessen partiell verstaatlichte, die soziale Segmentierung der deutschen Gesellschaft. Denselben Effekt hatte das deutsche Parteiensystem: Der Ausschluß von praktischer Regierungsverantwortung, der einerseits den Kompromißzwang zwischen den Parteien minderte, verstärkte andererseits die Bindungen zwischen den politischen Parteien und einem jeweils unterschiedlichen Sozialmilieu. Die Chancen einer gesellschaftlichen Integration durch parlamentarischen Kompromiß wurden auf diese Weise verringert. Die Verhaltensmuster, die die deutschen Parteien im Kaiserreich eingeübt hatten, überlebten die Novemberrevolution und bedingten eine der fundamentalen Funktionsschwächen des demokratischen Systems von Weimar[11].

Der gewerbliche Mittelstand hat bald nach 1918 begonnen, die protektionistischen Maßnahmen der Kaiserzeit – ob es um die Warenhaussteuern oder staatliche Organisationsbeihilfen ging – dem Obrigkeitsstaat politisch gutzuschreiben. Was das politische System des

Kaiserreichs in den Augen vieler Kleingewerbetreibender zumindest im nachhinein auszeichnete, war der letztinstanzliche Majorisierungsschutz, den es gegenüber Arbeitnehmern und Verbrauchern bot. Die Konservierung vorindustrieller Wirtschaftsformen und Werthaltungen im gewerblichen Mittelstand hatte im Interesse der preußischen Großgrundbesitzer gelegen, die sich als die effektivsten Verbündeten des zünftlerischen Handwerks und des schutzbedürftigen Kleinhandels erwiesen. Bei allen sozialprotektionistischen Forderungen waren die Konservativen die lautesten Rufer im Streit; und der Bund der Landwirte hatte bei der Herausbildung einer extrem antiliberalen, antisozialistischen und antisemitischen Mittelstandsideologie offiziell Pate gestanden. Neben dem Großgrundbesitz war auch die Schwerindustrie für die konservativen Kräfte im Kleingewerbe eingetreten, weil dies dem Aufbau einer gegen die Parlamentarisierung und die Sozialdemokratie gerichteten Sammlungsbewegung nur dienlich sein konnte. Beide Verbündeten fielen in der Weimarer Republik zunächst aus: die Schwerindustrie, weil ihr das Zusammenspiel mit den Gewerkschaften während des Umbruchs mit Recht wichtiger erschien als eine Allianz mit Handwerk und Kleinhandel, die Agrarier, weil sie aus ihrem traditionellen Immediatverhältnis zu den Spitzen der Exekutive (wie sich zeigen sollte: vorübergehend) entlassen waren. Die bürgerlichen Parteien mußten nach 1918 – schon des Machtgewinns der organisierten Arbeiterschaft wegen – auf ihre Arbeitnehmerflügel mehr Rücksicht nehmen als vor 1914. Für eine Erfüllung extremer Mittelstandsforderungen – wie der nach neuen Warenhaussteuern oder allgemeinen Zwangsinnungen – gab es keine parlamentarischen Mehrheiten. Dies alles trug dazu bei, daß sich die antiparlamentarischen Tendenzen im gewerblichen Mittelstand verstärkten. Handwerker und Kleinhändler rückten, soweit sie nicht die katholischen Parteien unterstützten, bei den Wahlen zwischen 1919 und 1924 kontinuierlich nach rechts: von der Deutschen Demokratischen Partei, die als Partner der Sozialdemokraten zugleich einen gewissen Schutz vor Angriffen auf das Privateigentum zu bieten schien, über die gemäßigt monarchistische Deutsche Volkspartei bis zu den radikal antirepublikanischen Deutschnationalen. Als sich herausstellte, daß auch bei den bürgerlichen Rechtsparteien andere Interessen schwerer wogen als die des Kleingewerbes – bei der DVP großindustrielle, bei der DNVP großagrarische –, schwenkte ein Teil des gewerblichen Mittelstandes in das Lager einer reinen Interessenpartei ab: der Wirtschaftspartei oder, wie sie sich seit 1925 offiziell nannte, der

Reichspartei des deutschen Mittelstandes. Mit ihrer Polemik gegen den Parteienstaat war die Wirtschaftspartei in gewisser Weise eine Vorfrucht jener Bewegung, die dann seit 1930 das Gros der protestantischen Mittelständler für sich gewinnen sollte: der Nationalsozialisten. Obwohl sie selbst über den Rang einer Splitterpartei kaum hinauskam – sie erreichte ihr bestes Ergebnis bei den Reichstagswahlen vom Mai 1928 mit 4,5 Prozent der Stimmen –, hat die Wirtschaftspartei doch eine teilweise Rückkehr zum Sozialprotektionismus mitbewirkt. Das geschah nicht zufällig zu einem Zeitpunkt, an dem das parlamentarische System von Weimar bereits in seine definitive Krise getreten war. Die Wirtschaftspartei band ihre Unterstützung für das erste Kabinett Brüning mit Erfolg an die Wiedereinführung einer Sondersteuer für Großbetriebe des Einzelhandels. Den Höhepunkt der Schutzmaßnahmen der Präsidialkabinette bildete eine befristete Einrichtungssperre für Einheitspreisgeschäfte. Sie wurde durch eine Notverordnung vom 23. Dezember 1932 verhängt – auf Druck vor allem der süddeutschen Regierungen[12].

Den Zulauf zum Nationalsozialismus konnten die offiziellen Konzessionen an den Mittelstandsprotektionismus nicht aufhalten. Im Gegenteil: Die teilweise Abkehr von der Gewerbefreiheit gab dem radikalen Antiliberalismus der Nationalsozialisten nur noch eine zusätzliche Scheinlegitimation. Die NSDAP war für die Massen der Handwerker und Kleinhändler wählbar geworden, weil sie deutlich gemacht hatte, daß ihr »Sozialismus« nichts mit Enteignung zu tun hatte, und weil der Gesamtkatalog mittelständischer Schutzforderungen in ihre Wahlversprechungen eingegangen war. Die NSDAP wurde gewählt, weil das Kleingewerbe außer ihr keine Kraft mehr sah, die bereit war, alle Widerstände gegen die Verwirklichung mittelständischer Forderungen zu beseitigen. Nur der Nationalsozialismus versprach, das Übel an der Wurzel zu packen, die organisierte Arbeiterschaft *und* das anonyme Großkapital zu bändigen, Parlament und Parteien und damit die Gefahr der Majorisierung der Besitzinteressen endgültig auszuschalten, die »ruinöse« Gewerbefreiheit zugunsten einer geordneten und befriedeten Berufsstandswirtschaft aufzugeben.

Die Praxis nach dem 30. Januar 1933 sah anders aus. Zwar schien es einige Monate lang, als seien die Mittelstandsideologen der Partei nun am Ziel ihrer Wünsche und eine an kleingewerblichen Interessen orientierte Wirtschaftsordnung nur noch eine Frage der Zeit. Aber bereits im Sommer 1933 wurden die Forderungen nach der Zerschlagung von Warenhäusern und Konsumgenossenschaften offiziell »vertagt« – aus Rücksicht auf den Arbeitsmarkt und, im Falle der Konsumvereine, auch auf die Arbeiterschaft. Die Schutzmaßnahmen zugunsten des Kleinhandels, die die Nationalsozialisten erließen – darunter eine befristete Einrichtungssperre für Einzelhandelsgeschäfte, die 1935 in eine allgemeine Konzessionierungspflicht umgewandelt wurde –, knüpften an die sozialprotektionistische Politik der Präsidialkabinette an. Was das Handwerk erreichen konnte, ging nicht auf den Druck irgendwelcher mittelständischer Parteiformationen zurück. Die allgemeinen Pflichtinnungen, die im Juni 1934 eingeführt wurden, waren Teil eines rüstungswirtschaftlich motivierten Programms zur umfassenden Zwangsorganisation der gewerblichen Wirtschaft, und nicht umsonst gehörte die Reichswehr zu den massivsten Förderern dieser alten Handwerksforderung. Den Großen Befähigungsnachweis, der die Eröffnung eines selbständigen Handwerksbetriebes an die bestandene Meisterprüfung knüpfte, erhielt das Handwerk im Januar 1935, weil Reichswirtschaftsminister Schacht – unter dem Beifall des Reichsstandes des deutschen Handwerks – die traditionellen Leistungsstandards gegen die von Arbeitsfrontführer Ley angestrebte Politisierung und Ideologisierung der Berufserziehung zu verteidigen wünschte. Als jedoch im September 1936 mit dem Vierjahresplan der ökonomischen Kriegsvorbereitung die unbedingte wirtschaftspolitische Priorität zuerkannt wurde, war das Ende der nationalsozialistischen Mittelstandspolitik gekommen. Seit 1938 wurden Handwerk und Kleinhandel »ausgekämmt«: Betriebe, die nicht rentabel oder kriegswirtschaftlich entbehrlich waren, konnten geschlossen, ihre Inhaber und Beschäftigten in die Rüstungsindustrie dienstverpflichtet werden. Die letzten großen Stillegungsaktionen in Handwerk und Kleinhandel fanden 1943 statt. Im gleichen Jahr wurden die Handwerkskammern zusammen mit den Industrie- und Handelskammern in die neuen »Gauwirtschaftskammern« überführt und damit die selbständigen Handwerker um den Rest des ihnen verbliebenen Einflusses gebracht[13].

Anders als die Arbeiter konnte das Kleingewerbe der nationalsozialistischen Führung keine Furcht einflößen, und anders als die Bauern besaß es für sie auch keinen positiven »Gefühlswert«. In der entproletarisierten Agrarutopie, die der neue osteuropäische Lebensraum ermöglichen sollte, wurde dem Handwerk von Himmler 1941 ein bescheidener Platz zugestanden. Hitler selbst hat, im bezeichnenden Unterschied wiederum zu Bauern und Arbeitern, das Handwerk während seiner ganzen Regierungszeit niemals auch nur einer einzigen Ansprache für würdig befunden. Von keiner sozialen Gruppe kann man mit solchem Recht sagen, sie sei von den Nationalsozialisten düpiert worden, wie von jenen Kleingewerbetreibenden, aus denen sich große Teile der Parteibasis und der Wählerschaft der NSDAP rekrutierten [14].

Die amerikanische Besatzungsmacht beseitigte durch eine Direktive vom 29. November 1948 nicht nur diejenigen Erscheinungsformen des deutschen Sozialprotektionismus, die – wie die allgemeine Zwangsinnung und der Große Befähigungsnachweis – als typisch nationalsozialistische »Errungenschaften« gelten konnten. Sie hob darüber hinaus die öffentlich-rechtliche Organisation privater Interessen auf, weil eine solche staatliche Präformierung des autonomen gesellschaftlichen Pluralismus mit dem amerikanischen Verständnis vom freien Spiel der Kräfte schlechterdings unvereinbar war. So wurden die Handwerks- wie die Industrie- und Handelskammern und die Innungen nur noch als privatrechtliche Vereinigungen zugelassen. Konsequenter ist die Gewerbefreiheit in Deutschland niemals verwirklicht worden – aber die Liberalisierung blieb auf eine Zone beschränkt und sie war nur von kurzer Dauer. Die Briten und die Franzosen brachen weder mit dem Prinzip der öffentlich-rechtlichen Interessenvertretung noch setzten sie die Zulassungsbeschränkungen in der gewerblichen Wirtschaft außer Kraft. Das kam den deutschen Wünschen sehr entgegen. Bereits im Juli 1948 hatte der Wirtschaftsrat des Vereinigten Wirtschaftsgebietes dem Großen Befähigungsnachweis im Handwerk und bestimmten Einschränkungen der Gewerbezulassung eine einheitliche neue Rechtsgrundlage geben wollen. Zwar scheiterte das Gesetz am Veto der Militärgouverneure, aber nach der Konstituierung der Bundesrepublik war eine – formal immer noch mögliche – alliierte Intervention gegen die Rückkehr zu den überlieferten Formen der Interessenvertretung und des Mittelstandsschutzes sehr unwahrscheinlich geworden – und es hat eine solche Intervention in der Tat nicht mehr gegeben [15].

Daß die Parteien der Regierungskoalition den Großen Befähigungsnachweis im gesamten Bundesgebiet wiedereinführen wollten, war angesichts ihrer mittelständischen Anhängerschaft viel weniger erstaunlich als das Einverständnis der sozialdemokratischen Opposition mit dieser Forderung. Der Abgeordnete Hermann Veit erklärte anläßlich der ersten Lesung des von CDU/CSU, FDP und DP eingebrachten Gesetzentwurfs einer Handwerksordnung am 26. Oktober 1950, die Sozialdemokraten stellten alle Bedenken wegen eines möglichen zünftlerischen Mißbrauchs zurück und bekennten sich zum Großen Befähigungsnachweis, »weil wir die Bedeutung des Handwerks für unser Volk und für unsere Volkswirtschaft erkennen. Das Handwerk muß durch die Erhaltung von Arbeits- und Produktionsstätten geschützt werden, in denen die Verbindung von Kapital und Arbeit in einer Person gegen die Entwicklungstendenzen des Kapitalismus erhalten geblieben ist... Schließlich sehen wir in der Erhaltung des Handwerkerstandes... die gesunde Strukturierung unserer Volkswirtschaft gewährleistet«. Mit den Stimmen der SPD nahm der Deutsche Bundestag schließlich am 26. März 1953 in dritter Lesung die Handwerksordnung an. Sie schuf eine bundeseinheitliche Rechtsgrundlage nicht nur für den Großen Befähigungsnachweis, sondern auch für die Handwerkskammern und Innungen als Körperschaften des öffentlichen Rechts. Neu war einmal, daß die Mitgliedschaft in den Innungen auf Freiwilligkeit beruhte, zum anderen, daß die Gesellen in der Vollversammlung der Handwerkskammern ein Drittel der Mitglieder und einen der beiden Stellvertreter des Präsidenten stellten. Die neuartige Mitbestimmung der Gesellen, die unter gewerkschaftlichem und sozialdemokratischem Einfluß zuvor schon in der britischen Zone eingeführt worden war, erleichterte die Zustimmung der SPD; daß die Mitbestimmung nicht paritätisch sein konnte, wurde von Sprechern des Handwerks mit dem Hinweis auf die Alleinbetriebe begründet, aus denen das Handwerk 1949 noch zu etwa vierzig Prozent bestand[16].

Die Sozialdemokraten vollzogen mit ihrer Zustimmung zum Großen Befähigungsnachweis eine Kehrtwendung, die auf dem Hintergrund ihrer Geschichte geradezu dramatisch wirkt. Ihre Parteiprogramme von Erfurt (1891) und Heidelberg (1925) hatten – getreu der Marxschen Prognose – die Zurückdrängung des Kleinbetriebs als unaufhaltsam bezeichnet; Hilfsmaßnahmen zugunsten von Handwerk und Kleinhandel erschienen aus dieser Sicht als hoffnungsloser Versuch, den Gang der Entwicklung aufzuhalten. Erst die Erfahrung des Nationalsozialismus hat dann eine späte Revision des Verhältnisses der SPD zu den selbständigen Mittelschichten bewirkt. Die deutsche Zukunft hänge davon ab, so erklärte Kurt Schumacher im Sommer 1945, wie sich der Mittelstand zur Sozialdemokratie stelle. »Wenn es noch einmal geschieht, daß der gewerbliche und kaufmännische Mittelstand, daß der Angestellte und der Bauer sich in ihrem größeren Teil ›bürgerlich‹, d. h. kapitalistisch, antidemokratisch und antisozialistisch orientieren, dann gibt es keinen Aufstieg mehr für Deutschland.« Die Übernahme klassischer Forderungen des Sozialprotektionismus und die rhetorische Reverenz vor der sozialen Mission des Handwerks sind vor diesem politischen Hintergrund zu sehen[17].

Es fragt sich freilich, ob die Sozialdemokraten des Notwendigen damit nicht zuviel taten. In der wirtschaftswissenschaftlichen Diskussion überwiegt die negative Einschätzung des Großen Befähigungsnachweises. Er ist, wie die Kritiker zu Recht monieren, eine Erhaltungsintervention zugunsten *einer* sozialen Gruppe und daher mit einer wirtschaftlichen Wettbewerbsordnung nicht vereinbar. Sachkenner verneinen überdies die Frage, ob der Befähigungsnachweis einen produktivitätssteigernden Effekt habe. Als monopolistische Produktionsbeschränkung bewirkt er, wie Christian Watrin bemerkt, keineswegs eine Erhöhung des Gesamtangebots, sondern eine abnehmende Marktversorgung zu steigenden Preisen. Gesamtwirtschaftlich gesehen bedeutet das höhere Kosten und niedrigere Durchschnittseinkommen. Wenn die Zahl der Betriebsgründungen nach der Einführung des gesetzlichen Befähigungsnachweises auch zurückging, so spricht doch vieles dafür, daß die Betriebsgrößenentwicklung im Handwerk ohne eine solche wettbewerbsbeschränkende Maßnahme langfristig eher noch günstiger verlaufen wäre[18].

Die obligatorische Meisterprüfung für selbständige Handwerker war nicht die einzige mittelstandspolitische Tat des Bundesgesetzgebers, die ganz aus sozialprotektionistischem Geist stammte. In noch höherem Maß war dies der Fall bei dem Gesetz über die Berufsausübung im Einzelhandel vom 5. August 1957, das im Bundestag eine Mehrheit aus CDU/CSU, DP und Teilen der FDP fand. In der Substanz knüpfte dieses Gesetz an den »Sachkundenachweis« an, der im Juli 1934 als Kriterium einer Ausnahmeerlaubnis zur Errichtung eines Einzelhandelsgeschäfts eingeführt worden war. Nach dem Gesetz von 1957 bedurfte die Eröffnung eines Unternehmens im Einzelhandel der Erlaubnis. Diese war zu versagen, wenn nicht die erforderliche Sachkunde nachgewiesen wurde oder wenn Tatsachen vorlagen, aus denen sich ein Mangel an Zuverlässigkeit ergab. Der Verstoß gegen die vom Grundgesetz garantierte Freiheit der Berufswahl war bei diesem Gesetz jedoch so eklatant, daß das Bundesverfassungsgericht am 14. Dezember 1965 den Sachkundenachweis im Einzelhandel für verfassungswidrig erklärte. Die persönliche Zuverlässigkeit bildet seitdem in den meisten Branchen die einzige Voraussetzung für die Erlaubnis zum Betrieb eines Einzelhandelsgeschäftes[19].

Den protektionistischen Mittelstandsgesetzen stehen legislative Taten und Unterlassungen gegenüber, die Dahrendorfs These vom liberalen Wiederaufbau eher recht geben. So unvollkommen das Kartellgesetz vom Juli 1957 war, es hat für den Kampf gegen wirtschaftliche Machtzusammenballungen wirksamere Waffen bereitgestellt, als die Weimarer Regierungen sie je besaßen. Die Novelle zum Kartellgesetz von 1973, die die Preisbindung der zweiten Hand zugunsten einer unverbindlichen Preisempfehlung beseitigte, hat mit einer vom kleinen Detailhandel zäh verteidigten Wettbewerbsbeschränkung gebrochen, wie denn überhaupt die Mittelstandspolitik der sozialliberalen Koalition der Vorstellung vom kleingewerblichen »Naturschutzpark« keinen Vorschub geleistet hat und statt der überkommenen »Erhaltungsinterventionen« vielmehr auf wettbewerbsfördernde »Anpassungsinterventionen« setzt. Solche extremen Maßnahmen wie Sondersteuern auf Großbetriebe des Einzelhandels sind in der Bundesrepublik vom Gesetzgeber niemals ernsthaft erwogen worden. Trotz der unbestreitbaren Kontinuität des Sozialprotektionismus, in der die Handwerks- und Einzelhandelsgesetze der fünfziger Jahre stehen, ist die bisherige mittelstandspolitische Bilanz der Bundesrepublik erheblich liberaler als die von Weimar[20].

**III.** Im Bereich der »Mittelstandsideologie«, wenn man einen derart anspruchsvollen Begriff für eine im Grunde anspruchslose Sache überhaupt benutzen will, ist es kaum schwerer, Kontinuitätslinien aufzuzeigen als auf dem Gebiet der Mittelstandspolitik. Die These etwa, daß das Handwerk »zum Ausgleich zwischen sozialen Gruppen beitragen möchte«, daß es eben darin seinen historischen und sozialen Standort habe, wird von seinen Sprechern heute mit derselben Selbstverständlichkeit vertreten wie in Kaiserreich und Weimarer Republik. Damals wie heute wird der »Klassenkampf« als etwas abgelehnt, was ausschließlich von Gegnern des Privateigentums ausgeht, ja erfunden wird, um eine »saubere, offene, ideologiefreie Auseinandersetzung« zu verhindern[21]. Eine repräsentative Befragung von Schreinermeistern förderte noch zu Beginn der sechziger Jahre erhebliche Vorbehalte gegenüber dem wirtschaftlichen Wettbewerb zutage. Ökonomisch weniger erfolgreiche Handwerker neigen nach derselben Untersuchung dazu, an dem historischen Vorbild der Berufsrolle geradezu zwanghaft festzuhalten und sich aus allen sozialen Bezügen zu lösen, die über den unmittelbaren Erfahrungsbereich hinausgehen. Einem realen wirtschaftlichen Funktionsverlust wird der Versuch entgegengesetzt, außerökonomische Funktionen als vorrangig anzusehen – etwa im Sinne einer besonderen ordnungsstiftenden und staatserhaltenden Rolle des gewerblichen Mittelstandes. Im Detailhandel sind solche Dispositionen eher noch stärker ausgeprägt als im Handwerk. In der Rezessionsperiode der Jahre 1966/67 erhob der Deutsche Gewerbeverband, der sich später in »Bundesverband der Selbständigen« umbenannte, wieder die alte Forderung, Großkaufhäuser, Versandhäuser und Großfilialbetriebe mit einer Sondersteuer zu belegen. Auch die Hauptgemeinschaft des deutschen Einzelhandels, die die (traditionellen) Kauf- und Warenhäuser mitrepräsentiert und darum weniger radikal aufzutreten pflegt als rein mittelständische Interessenverbände, hat angesichts des Vordringens der Selbstbedienungs-Warenhäuser und Verbrauchermärkte neuerdings vor einer »ernsten Strukturkrise« im Einzelhandel gewarnt und staatliche Maßnahmen gefordert, um dem »Verdrängungswettbewerb« zu Lasten des Fachhandels entgegenzuwirken. Es erscheint im übrigen nicht ganz unbegründet, wenn die Hauptgemeinschaft von einer planlosen Ansiedlung von Einkaufszentren »auf der grünen Wiese« eine Entleerung und Zerstörung von Ortskernen befürchtet[22].

Allgemein sind die Inhaber der kleinsten Betriebe auch diejenigen, die ihre wirtschaftliche Lage am ungünstigsten einschätzen. Die politischen Auswirkungen dieser Lagebeurteilung sind freilich nicht eindeutig. Einerseits hat unter dem Eindruck der Rezession von 1966/67 die Nationaldemokratische Partei bei unzufriedenen Bauern, Kleinhändlern und Handwerkern eine gewisse Resonanz gefunden: So errang sie etwa bei den hessischen Landtagswahlen von 1966 in jenen Wahlkreisen die höchsten Stimmenanteile, in denen die Selbständigen 40 bis 50 Prozent der gesamten Bevölkerung ausmachten. Andererseits zeigen Umfragen aus der Mitte der sechziger Jahre, daß bei Handwerkern mit wachsender allgemeiner Unzufriedenheit auch die Neigung zu den Sozialdemokraten als der damals gewissermaßen »legitimen« Oppositionspartei zunahm. Einem relativ hohen Maß an Zufriedenheit entsprach eine starke Anziehungskraft der CDU/CSU, die jedoch auch unter den am wenigsten zufriedenen Handwerkern weitaus mehr Anhänger hatte als alle anderen Parteien. Einem starken Fünftel der befragten Handwerker gefiel nach ihren Angaben keine Partei[23].

Blickt man auf die bisherige politische Entwicklung des gewerblichen Mittelstandes in der Bundesrepublik, so ist der dominierende Eindruck der eines systemkonformen Konservativismus. Das gilt von den Positionen, die die offiziellen Interessenvertretungen von Handwerk und Einzelhandel beziehen – im Streit etwa um Mitbestimmung und Berufserziehung –, und es gilt insgesamt auch für das Wahlverhalten der kleinen Selbständigen. Die Gruppe, die am ehesten zur Beunruhigung und Radikalität neigt – die Inhaber kleiner Geschäfte in der Nahrungs- und Genußmittelbranche –, ist objektiv durch den Konzentrationsprozeß im Einzelhandel am stärksten bedroht, aber sie ist nicht repräsentativ für das mittelständische Gewerbe. Die politische Radikalisierung, die in der Rezession von 1966/67 stattfand, hat sich während der tieferen Krise der Jahre 1974/75 nicht wiederholt. Offenbar kamen in der zweiten Hälfte der sechziger Jahre einige Faktoren zusammen, die einem Wiederaufleben des Rechtsextremismus günstig waren: der Schock des ersten einschneidenden Konjunkturrückgangs nach einer eineinhalb Jahrzehnte währenden Boomperiode, das Erlebnis eines rapiden politischen Autoritätsverlusts drei Jahre nach dem Ende der Ära Adenauer, nach der Bildung der Großen Koalition dann das Fehlen einer breiten parlamentarischen Opposition und schließlich die durch die »Außerparlamentarische Opposition« von links ausgelöste Unruhe. Vor diesem Hintergrund konnten die Aktivisten einer damals noch breit gestreuten Generation ehemaliger Nationalsozialisten und Deutschnationaler mit vorübergehendem Erfolg das Gegenbild einer autoritären Antwort auf die wirtschaftliche und politische Krise beschwören. Daß diese Krise binnen kurzem doch von den demokratischen Parteien bewältigt wurde, hat die Anziehungskraft des rechten Radikalismus nachhaltig geschwächt. Je länger die Bundesrepublik existierte, desto mehr verbanden sich die Vorstellungen von Wohlstand und Sicherheit mit der Demokratie der zweiten Republik.

Das langanhaltende Wirtschaftswachstum in der zweiten Nachweltkriegszeit ist eine Teilerklärung dafür, daß es nach 1945 keine »Panik im Mittelstand« mehr gegeben hat. Die Selbständigen haben am materiellen Wohlstand, nicht zuletzt dank einer Reihe steuerlicher Vergünstigungen, überproportional partizipiert: Das Durchschnittseinkommen ihrer Haushalte stieg zwischen 1950 und 1970 erheblich stärker als das der übrigen Gruppen. Die Hochkonjunktur beschleunigte zunächst im Handwerk und dann auch im Einzelhandel einen Strukturwandel, der sich insgesamt zugleich als ökonomische Stabilisierung beschreiben läßt: Die Ertragslage des einzelnen Unternehmens besserte sich, während die Zahl der Betriebe zurückging und die Zahl der Beschäftigten je Betrieb stieg. Es gibt in der Bundesrepublik wohl arme Mittelständler, aber keinen verarmten Mittelstand. Wer seine Selbständigkeit zugunsten einer unselbständigen Beschäftigung aufgibt, muß deswegen materiell nicht schlechter gestellt sein als vorher. Gestiegene Masseneinkommen und das vielzitierte »Netz der sozialen Sicherheit« haben der mittelständischen Proletarisierungsfurcht den Boden entzogen und die Arbeiterklasse selbst »entproletarisiert«. Daß das politische und soziale System der Bundesrepublik anders als das Weimarer von den repräsentativen gesellschaftlichen Kräften akzeptiert wird, hat unmittelbare Wirkungen auf die »Mittelstandsideologie«. Wie Rainer Lepsius dargelegt hat, gibt es eine schichtspezifische Disposition des Mittelstandes für Nationalismus. Die Neigung insbesondere der selbständigen Mittelschichten, ihre Ordnungsvorstellungen als gesellschaftliche Normalmoral zu betrachten, führt dazu, daß »jede Bedrohung der wirtschaftlichen Lage des Mittelstandes ... zugleich als Bedrohung der gesellschaftlichen Moral« erscheint und »jeder Klassenkonflikt, in den der Mittelstand verwickelt wird, ... sich für ihn in einen nationalen Notstand, in einen Angriff auf die Moral der Gesellschaft« verlängert. In dem Maß, wie die überkommene Wert- und Besitzordnung aufhörte, von innen her in Frage gestellt zu werden, schwand daher auch eine soziale Vorbedingung des mittelständischen Nationalismus. Niemals haben in der Tat mittelständische Wertvorstellungen so unbestritten die politische Kultur in Deutschland bestimmt wie in der Ära Adenauer. Die politischen Faktoren, die sehr wohl in Richtung eines radikalen Nationalismus hätten wirken können und zu Beginn der fünfziger Jahre teilweise auch so gewirkt haben – die Teilung Deutschlands und der Verlust der Ostgebiete –, sind in derselben Zeit weitgehend neutralisiert worden. Die Furcht vor dem Kommunismus, die primär außen- und nicht innenpolitisch begründet war, verwies die Deutschen auf die Politik der Westintegration und gerade nicht auf nationale Alleingänge. Mit der Westintegration aber wurde auch eine andere nationalismusstiftende Disposition ausgeräumt: Anders als in Weimar ließ sich die Bonner Demokratie nicht mit Erfolg als Zwangsauflage der Sieger denunzieren, weil der Gegensatz zwischen Siegern und Besiegten in einem festen Bündnis aufgehoben wurde[24].

Im Kaiserreich und in der Spätphase der Weimarer Republik hatten die konservativen Kräfte des gewerblichen Mittelstandes einflußreiche Bundesgenossen in den preußischen Großgrundbesitzern und der rheinisch-westfälischen Schwerindustrie gefunden. Der erste dieser Partner existiert seit 1945 nicht mehr; der zweite hat innerhalb der Industrie an wirtschaftlichem und politischem Gewicht zugunsten der verarbeitenden Branchen verloren. Der gewerbliche Mittelstand ist in dem Maß, wie er sich der wirtschaftlichen Dynamik der zweiten Nachkriegszeit anpaßte, in das Unternehmerlager integriert worden – viel fester, als dies je in Weimar der Fall war. Das gilt im Hinblick auf die Kooperation der Spitzenverbände wie auch in parteipolitischer Hinsicht: Die Unionsparteien haben eine Art Basiskompromiß zwischen den Unternehmern aller Größenordnungen vermittelt und, wie es scheint, dauerhaft institutionalisiert. Wie stark auch traditionalistische Elemente heute noch im Selbstverständnis der Kleingewerbetreibenden nachwirken, die spezifisch antikapitalistische Variante der wilhelminischen und Weimarer Mittelstandsideologie spielt in der Bundesrepublik kaum noch eine Rolle. Simultan damit hat der Begriff »Mittelstand« aufgehört, eine Einheit zwischen den Selbständigen und den Unselbständigen vorzuspiegeln, die es nicht ökonomisch, wohl aber ideologisch in Weimar *bedingt* gegeben hat: in der polemischen Abgrenzung gegenüber dem Proletariat und dem von ihm repräsentierten »internationalen Marxismus«. Den politischen Abgrenzungszwang, dem sich der »neue Mittelstand« in der Weimarer Republik ausgesetzt fühlte, gibt es nicht mehr, seit sich die Arbeiter sozial und politisch in das bestehende System integriert haben und für die Sozialdemokratie die Abgrenzung gegenüber dem Kommunismus weitaus existentieller geworden ist als die von den »bürgerlichen« Demokraten. Wahlsoziologische Untersuchungen haben gezeigt, daß erhebliche Teile des »neuen Mittelstandes« mit einer Hinwendung zur SPD (und seit 1969 auch zu ihrem freidemokratischen Koalitionspartner) die Tatsache honorierten, daß die SPD sich bewußt entdogmatisiert hatte und zur Reformpartei auf dem Boden der bestehenden Gesellschaftsordnung geworden war. Auch vom Wahlverhalten her läßt sich also die These begründen, daß die Bundesrepublik sich amerikanischen Verhältnissen angenähert hat: Die politischen Trennlinien zwischen »white« und »blue collar« wie zwischen »big« und »small business« verlieren an Bedeutung, während die Unterschiede zwischen Arbeitnehmern und Selbständigen wichtiger werden. Das Schlagwort von der »nivellierten Mittelstandsgesellschaft« verdeckt diese Tendenzen, deren Eindeutigkeit man freilich auch nicht überschätzen sollte. Wenn die Angestellten und Teile der Beamten sich in der Bundesrepublik, vor allem in den sechziger Jahren und zu Beginn der siebziger Jahre politisch vom »alten Mittelstand« wegentwickelt haben, so trägt doch alles, was auf eine Redogmatisierung der SPD hindeutet, dazu bei, den sozialliberalen Trend im Mittelstand abzuschwächen oder gar umzukehren. Selbst Facharbeiter, die bisher sozialdemokratisch wählten, können keineswegs mehr unbedingt als Stammwähler der SPD gelten[25].

Für den gewerblichen Mittelstand läßt sich aus alledem ein paradox erscheinendes Fazit ziehen. Einerseits hat sich seine wirtschaftliche Lage in der Bundesrepublik stabilisiert, andererseits hat er an politischer Bedeutung verloren. Nicht nur die quantitative Abnahme der Selbständigen hat diesen politischen Gewichtsverlust bewirkt, sondern gerade ihr wirtschaftlicher Erfolg: Unzufriedenheit aktiviert mehr als Zufriedenheit. Manche Wertvorstellungen des alten Mittelstandes, vor allem seine Hochschätzung von persönlichem Eigentum, sind heute fast unangefochten. Von anderen traditionellen mittelständischen Normen, ob auf religiösem, sexuellem oder kulturellem Gebiet, gilt, daß sie ihre gesellschaftliche Verbindlichkeit zunehmend eingebüßt haben. Der gewerbliche Mittelstand selbst hat sich weit mehr als in Weimar dem »Geist des Kapitalismus« geöffnet und seine materielle Lage in dem Maß verbessert, wie er dies tat. Weniger als in der Zwischenkriegszeit ist der gewerbliche Mittelstand heute ein Träger jener vorindustriellen Traditionen, die sich als fatale Hypotheken der deutschen Demokratie erwiesen haben. Die segmentierte Gesellschaft des Kaiserreichs und der Weimarer Republik gehört der Vergangenheit an. Das ist kein *unmittelbarer* Erfolg der nationalsozialistischen Herrschaft, die gesellschaftlich insgesamt sehr viel weniger verändert hat, als es das Wort von der »sozialen Revolution« des »Dritten Reichs« suggeriert. Erst der totale Zusammenbruch des Nationalsozialismus im Jahre 1945 hat die strukturellen Voraussetzungen dafür geschaffen, daß sich im Westen Deutschlands eine Gesellschaft entwickeln konnte, die von vormodernen Relikten vergleichsweise frei ist. Die »deutsche Abweichung« vom Westen, die im Nationalsozialismus kulminierte, ist insofern auch durch diesen selbst liquidiert worden[26].

# Abkürzungsverzeichnis

| | |
|---|---|
| AfS | Archiv für Sozialgeschichte |
| Anm. | Anmerkung |
| ASS | Archiv für Sozialwissenschaft und Sozialpolitik |
| BA | Bundesarchiv |
| Bd. | Band |
| BGBl | Bundesgesetzblatt |
| BTB | Berliner Tageblatt |
| CDU | Christlich-Demokratische Union |
| CEH | Central European History |
| CSU | Christlich-Soziale Union |
| DAF | Deutsche Arbeitsfront |
| DDP | Deutsche Demokratische Partei |
| ders. | derselbe |
| DH | Das Deutsche Handwerk |
| DHB | Deutsches Handwerksblatt |
| dies. | dieselbe |
| DNVP | Deutschnationale Volkspartei |
| DP | Deutsche Partei |
| dt. | deutsch |
| DV | Der Deutsche Volkswirt |
| DVP | Deutsche Volkspartei |
| DZA | Deutsches Zentralarchiv (jetzt: Zentrales Staatsarchiv) |
| ERP | European Recovery Program |
| FAZ | Frankfurter Allgemeine Zeitung |
| FDP | Freie Demokratische Partei |
| FH | Frankfurter Hefte |
| Fs | Festschrift |
| FU | Freie Universität |
| GG | Geschichte und Gesellschaft |
| Hg. | Herausgeber |
| hg. | herausgegeben |
| HJWG | Hamburger Jahrbuch für Wirtschafts- und Gesellschaftspolitik |
| HSt | Handwörterbuch der Staatswissenschaften |

| | |
|---|---|
| HZ | Historische Zeitschrift |
| IWK | Internationale wissenschaftliche Korrespondenz zur Geschichte der deutschen Arbeiterbewegung |
| JCH | Journal of Contemporary History |
| Jg. | Jahrgang |
| JMH | Journal of Modern History |
| JNS | Jahrbücher für Nationalökonomie und Statistik |
| Lit. | Literatur |
| MA | Morgenausgabe |
| ND | Neudruck |
| NHZ | Nordwestdeutsche Handwerkszeitung |
| NPD | Nationaldemokratische Partei Deutschlands |
| Nr. | Nummer |
| NS | Nationalsozialismus |
| NSDAP | Nationalsozialistische Deutsche Arbeiterpartei |
| N.S. Hago | Nationalsozialistische Handwerks-, Handels- und Gewerbeorganisation |
| NY | New York |
| o.J. | ohne Jahr |
| phil. Diss. | philosophische Dissertation |
| PVS | Politische Vierteljahrsschrift |
| RDI | Reichsverband der Deutschen Industrie |
| RGBl | Reichsgesetzblatt |
| RM | Reichsmark |
| S | Seite |
| SA | Sturm-Abteilung |
| SH | Social History |
| SP | Soziale Praxis |
| SPD | Sozialdemokratische Partei Deutschlands |
| SS | Schutzstaffeln |
| VB | Völkischer Beobachter |
| VfZ | Vierteljahrshefte für Zeitgeschichte |
| vgl. | vergleiche |
| VSWG | Vierteljahrsschrift für Sozial- und Wirtschaftsgeschichte |
| WRV | Weimarer Reichsverfassung |
| ZfG | Zeitschrift für Geschichtswissenschaft |

# Anmerkungen

## Einleitung

1 H. A. Winkler, Liberalismus und Antiliberalismus. Studien zur politischen Sozialgeschichte des 19. und 20. Jahrhunderts, Göttingen 1979, S. 81–159. Der letzte Aufsatz »Stabilisierung durch Schrumpfung: Der gewerbliche Mittelstand in der Bundesrepublik« erschien in etwas erweiterter Fassung in: W. Conze und M. R. Lepsius (Hg.), Sozialgeschichte der Bundesrepublik Deutschland. Beiträge zum Kontinuitätsproblem, Stuttgart 1983, S. 187–209.

2 H. A. Winkler, Mittelstand, Demokratie und Nationalsozialismus. Die politische Entwicklung von Handwerk und Kleinhandel in der Weimarer Republik, Köln 1972.

3 H.-G. Haupt, Der Bremer Kleinhandel zwischen 1890 und 1914. Binnenstruktur, Einfluß und Politik, in: Beiträge zur Sozialgeschichte Bremens, Heft 4: Geschäfte, Teil 1: Der Bremer Kleinhandel, Bremen 1982, S. 7–40; ders. (Hg.), Die radikale Mitte. Lebensweise und Politik von Handwerkern und Kleinhändlern in Deutschland seit 1848, München 1985; ders., Mittelstand und Kleinbürgertum in der Weimarer Republik. Zu Problemen und Perspektiven ihrer Erforschung, in: AfS, Bd. 26, 1986, S. 217–38; ders. u. C. Niermann, Der Bremer Einzelhandel zwischen Einheit und Zersplitterung in der Weimarer Republik, in: Tel Aviver Jahrbuch für deutsche Geschichte, Bd. 17, 1988, S. 107–21; ders. (Hg.), »Bourgeois und Volk zugleich?« Zur Geschichte des Kleinbürgertums im 19. und 20. Jahrhundert, Frankfurt 1978; ders., The petite bourgeoisie in France, 1850–1914: In Search of the juste milieu, in: G. Crossick and H.-G. Haupt (Hg.), Shopkeepers and Master Artisans in Nineteenth-Century Europe, London 1986, S. 95–119; ders., La petite bourgeoisie, une classe inconnue, in: Mouvement social, Nr. 108, 1979, S. 12–20; ders., Kleine und große Bürger in Deutschland und Frankreich am Ende des 19. Jahrhunderts, in: J. Kocka (Hg.), Bürgertum im 19. Jahrhundert. Deutschland im europäischen Vergleich, München 1988, Bd. 2, S. 252–74; ders. u. F. Lenger, Liberalismus und Handwerk in Frankreich und Deutschland um die Mitte des 19. Jahrhunderts, in: D. Langewiesche (Hg.), Liberalismus im 19. Jahrhundert. Deutschland im europäischen Vergleich, Göttingen 1988, S. 305–31; F. Lenger, Zwischen Kleinbürgertum und Proletariat. Studien zur Sozialgeschichte der Düsseldorfer Handwerker 1816–1878, Göttingen 1986; ders., Sozialgeschichte der deutschen Handwerker seit 1800, Frankfurt 1988. Neue Ansätze auch bei D. Blackbourn, The Mittelstand in German Society and Politics, 1871–1914, in: Social History, Bd. 2, 1977, S. 409–33; ders., Between resignation and volatility: The German petite bourgeoisie in the nineteenth century, in: Crossick/Haupt (Hg.), Shopkeepers, S. 35–61.

4 Zum Vorstehenden u. a.: J. Bergmann, Wirtschaftskrise und Revolution. Handwerker und Arbeiter 1848/49, Stuttgart 1986; ders., Das Handwerk in der

Revolution von 1848. Zum Zusammenhang von materieller Lage und Revolutionsverhalten der Handwerker 1848/49, in: U. Engelhardt (Hg.), Handwerker in der Industrialisierung. Lage, Kultur und Politik vom späten 18. bis ins frühe 20. Jahrhundert, Stuttgart 1984, S. 320–46; A. Herzig, Kontinuität und Wandel der politischen und sozialen Vorstellungen Hamburger Handwerker 1790–1870, ebd., S. 294–319; C. Lipp, Württembergische Handwerker und Handwerkervereine im Vormärz und in der Revolution 1848/49, ebd., S. 347–80; M. Simon, Handwerk in Krise und Umbruch. Wirtschaftspolitische Forderungen und sozialpolitische Vorstellungen der Handwerksmeister im Revolutionsjahr 1848/49, Köln 1983; H. Sedatis, Liberalismus und Handwerk in Südwestdeutschland. Wirtschafts- und Gesellschaftskonzeptionen des Liberalismus und die Krise des Handwerks im 19. Jahrhundert, Stuttgart 1979.

5 Im Hinblick auf die Zeit von 1873 bis 1896 habe ich im ersten der folgenden vier Aufsätze in Anlehnung an H. Rosenberg, Große Depression und Bismarckzeit. Wirtschaftsablauf, Gesellschaft und Politik in Mitteleuropa, Frankfurt 1976[2], den Begriff der »Großen Depression« verwandt. Ich habe an anderer Stelle dargelegt, weshalb ich dieser Charakterisierung mittlerweile skeptisch gegenüberstehe: Ein Erneuerer der Geschichtswissenschaft. Hans Rosenberg 1904–1988, in: HZ, Bd. 248, 1989, S. 529–56. Zum Handwerk im späten 19. Jahrhundert aus der Schule von Hans Rosenberg: S. Volkov, The Rise of Popular Antimodernism in Germany. The Urban Master Artisans, 1873–1896, Princeton 1978.

6 Zum »Kartell der schaffenden Stände«: H. Kaelble, Industrielle Interessenpolitik in der Wilhelminischen Gesellschaft. Centralverband Deutscher Industrieller 1895–1914, Berlin [W] 1967; D. Stegmann, Die Erben Bismarcks. Parteien und Verbände in der Spätphase des Wilhelminischen Deutschlands. Sammlungspolitik 1897–1918, Köln 1970, bes. S. 352ff.; H.-J. Puhle, Agrarische Interessenpolitik und preußischer Konservatismus im wilhelminischen Reich 1893–1914. Ein Beitrag zur Analyse des Nationalismus in Deutschland am Beispiel des Bundes der Landwirte und der Deutsch-Konservativen Partei, Bonn 1975[2], bes. S. 155ff. Zu den Kleinhandelsverbänden in der Wilhelminischen Zeit: R. Gellately, The Politics of Economic Despair: Shopkeepers and German Politics 1890–1914, London 1974. Allgemein zu den Interessenverbänden im Kaiserreich: H.-P. Ullmann, Interessenverbände in Deutschland, Frankfurt 1988, bes. S. 94ff. – Die Formel von H. Rosenberg in: ders., Die Pseudodemokratisierung der Rittergutsbesitzerklasse, in: ders., Machteliten und Wirtschaftskonjunkturen, Göttingen 1978, S. 83–101.

7 D. Blackbourn/G. Eley, Mythen deutscher Geschichtsschreibung, Frankfurt 1980; ders., The Pecularities of German History. Bourgeois Society and Politics in Nineteenth-Century Germany, Oxford 1984; D. Blackbourn, Class, Religion and Local Politics in Wilhelmine Germany. The Centre Party in Württemberg before 1914, Wiesbaden 1980; ders., Mittelstandspolitik im Deutschen Kaiserreich, in: R. Melville u. a. (Hg.), Deutschland und Europa in der Neuzeit. Fs. für Karl Otmar Freiherr von Aretin zum 65. Geburtstag, 2. Halbband, Stuttgart 1988, S. 555–73; G. Eley, From Unification to Nazism. Reinterpreting the German Past, Boston 1986. Zum Vorstehenden auch: J. Kocka (Hg.), Bürger und Bürgerlichkeit im 19. Jahrhundert, Göttingen 1989.

8 Zum gewerblichen Mittelstand im Ersten Weltkrieg: J. Kocka, Klassengesellschaft im Krieg. Deutsche Sozialgeschichte 1914–1918, Göttingen 1978[2],

S. 65ff.; Stegmann, Erben, S. 449ff.; ders., Hugenberg contra Stresemann: Die Politik der Industrieverbände am Ende des Kaiserreichs, in: VfZ, Bd. 24, 1976, S. 329–78; Winkler, Mittelstand, S. 65 (mit weiterer Lit.).

9 Zur wahlsoziologischen Forschung über den Aufstieg des Nationalsozialismus vgl. jetzt u. a. die Arbeiten von W. Falter. Als vorläufige Zusammenfassungen: ders. u. a., Wahlen und Abstimmungen in der Weimarer Republik. Materialien zum Wahlverhalten 1919–1933, München 1986; ders. unter Mitarbeit von H. Bömermann, Die Wählerpotentiale politischer Teilkulturen 1920–1933, in: D. Lehnert und K. Megerle (Hg.), Politische Identität und nationale Gedenktage. Zur politischen Kultur in der Weimarer Republik, Opladen 1989, S. 281–305. Ferner: T. Childers, The Nazi Voter. The Social Foundations of Fascism in Germany, 1919–1933, Chapel Hill 1983; R. F. Hamilton, Who Voted for Hitler?, Princeton 1982; P. Manstein, Die Mitglieder und Wähler der NSDAP 1919–1933. Untersuchungen zu ihrer schichtmäßigen Zusammensetzung, Frankfurt 1988. Zur Wirtschaftspartei: M. Schumacher, Mittelstandsfront und Republik. Die Wirtschaftspartei – Reichspartei des deutschen Mittelstandes 1919–1933, Düsseldorf 1972. Als Forschungsüberblick: R. Unterstell, Mittelstand in der Weimarer Republik. Die soziale Entwicklung und politische Orientierung von Handwerk, Kleinhandel und Hausbesitz 1919–1933. Ein Überblick, Frankfurt 1989. In Argumentation und These wenig überzeugend ist der Forschungsüberblick von F. Lenger, Mittelstand und Nationalsozialismus? Zur politischen Orientierung von Handwerkern und Angestellten in der Endphase der Weimarer Republik, in: AfS, Bd. 29, 1989, S. 173–98. Die These von der NSDAP als »Volkspartei« auch schon in meinem Aufsatz: Mittelstandsbewegung oder Volkspartei? Zur sozialen Basis der NSDAP, in: W. Schieder (Hg.), Faschismus als soziale Bewegung. Deutschland und Italien im Vergleich, Göttingen 1978², S. 97–118. Allgemein zum gewerblichen Mittelstand in der Weimarer Republik: Werner Bramke, Zum Verhalten der Mittelschichten in der Novemberrevolution, in: ZfG, Bd. 31, 1983, S. 691–700; ders., Handwerk und Handwerker in der Weimarer Republik, in: Jahrbuch für Geschichte, Bd. 36, 1988, S. 101–44. Th. Geigers Analyse in: ders., Die Panik im Mittelstand, in: Die Arbeit, Bd. 7, 1930, S. 637–54.

10 Zum Verhältnis von Mittelschichten und Nationalsozialismus: M. R. Lepsius, Extremer Nationalismus. Strukturbedingungen vor der nationalsozialistischen Machtergreifung, Stuttgart 1964; H. A. Winkler, Der Nationalismus und seine Funktionen, in: ders. (Hg.), Nationalismus, Königstein 1978, S. 5–46. Zum Vorstehenden weiter: A. Schweitzer, Die Nazifizierung des Mittelstandes, Stuttgart 1970; Peter Wulf, Die politische Haltung des schleswig-holsteinischen Handwerks 1928–1932, Köln 1970. Zum internationalen Vergleich siehe etwa meinen Aufsatz: From Social Protectionism to National Socialism: The German Small-Business Movement in Comparative Perspective, in: JMH, Bd. 48, 1976, S. 1–18 (dt. in: Haupt [Hg.], Bourgeois, S. 143–61); Winkler, Mittelstand, S. 190–98; A. J. Mayer, The Lower Middle Class as Historical Problem, in: JMH, Bd. 47, 1975, S. 409–36; J. Gerard u. a. (Hg.), The Middle Classes in Politics, Farnborough 1976; J. B. Jefferys, Retail Trading in Britain 1850–1950, Cambridge 1954; G. Crossick (Hg.), The Lower Middle Class in Britain, 1870–1914, London 1976; J. H. Bunzel, The American Small Businessman, New York 1962; H. Zeigler, The Politics of Small Business, Washington D. C.

1961, sowie die in Anm. 3 zitierten Arbeiten von Haupt, Crossick/Haupt u. Lenger.

11 Meine These von der relativen Vernachlässigung mittelständischer Interessen ist auf den dezidierten Widerspruch von A. von Saldern gestoßen, die dem Nationalsozialismus ein hohes Maß an Mittelstandsfreundlichkeit attestieren zu können glaubt. Vgl. dies., Mittelstand im »Dritten Reich«, Handwerker – Einzelhändler – Bauern, Frankfurt 1979; dies., »Alter Mittelstand« im Dritten Reich, in: GG, Bd. 12, 1986, S. 235–43. Meine Antwort hierauf: Ein neuer Mythos vom alten Mittelstand. Antwort auf eine Antikritik, ebd., S. 548–57.

12 Ch. Boyer, »Deutsche Handwerksordnung« oder »zügellose Gewerbefreiheit«. Das Handwerk zwischen Kriegswirtschaft und Wirtschaftswunder, in: M. Broszat u. a. (Hg.), Von Stalingrad zur Währungsreform. Zur Sozialgeschichte des Umbruchs in Deutschland, München 1988, S. 427–67. – Zu den Zahlen für die Zeit bis Ende der siebziger Jahre vgl. den vierten Aufsatz dieser Sammlung; zur neuesten Entwicklung siehe die Daten im Anhang.

## Der rückversicherte Mittelstand: Die Interessenverbände von Handwerk und Kleinhandel im deutschen Kaiserreich

Der Aufsatz ist erstmals in dem Band »Zur soziologischen Theorie u. Analyse des 19. Jahrhunderts« (hg. v. W. Rüegg u. O. Neuloh, Göttingen 1971, S. 163–79) erschienen. Die wesentlichen Aussagen wurden erstmals im Herbst 1969 in Frankfurt auf einer Tagung über Interessenverbände und sozialen Wandel, veranstaltet vom Arbeitskreis »Industriegesellschaft im 19. Jahrhundert« der Thyssen-Stiftung, vorgetragen. Die abschließenden Bemerkungen, die auf Thesen anderer Referenten Bezug nehmen, sind hier weggelassen worden. In stark erweiterter Fassung ist der Text dann als zweites Kapitel in mein Buch »Mittelstand, Demokratie u. Nationalsozialismus. Die politische Entwicklung von Handwerk u. Kleinhandel in der Weimarer Republik« (Köln 1972) eingegangen.

1 Hierzu bes. E. Kehr, Zur Genesis des Königlich Preußischen Reserveoffiziers, in: ders., Der Primat der Innenpolitik, hg. v. H.-U. Wehler, Berlin 1965, S. 53–63; O. Stillich, Die politischen Parteien in Deutschland, 2 Bde., Leipzig 1911, Bd. 2, S. V., 105 ff.; W. Sombart, Die deutsche Volkswirtschaft im 19. Jahrhundert u. zu Beginn des 20. Jahrhunderts, Berlin 1927, S. 463; Th. Veblen, Imperial Germany and the Industrial Revolution, London 1915 u. ö.; G. Ritter, Staatskunst u. Kriegshandwerk, 3 Bde., München 1954 ff., Bd. 2, S. 117 ff.

2 Grundlegend hierzu nach wie vor: H. Rosenberg, Große Depression u. Bismarckzeit. Wirtschaftsablauf, Gesellschaft u. Politik in Mitteleuropa, Frankfurt $1976^2$.

3 Sehr informativ zu den Anfängen handwerklicher Interessenorganisation im Kaiserreich ist immer noch: W. Stieda, Handwerk, in: HSt, 3. Aufl., Jena 1909, Bd. 5, S. 377–393; ferner: W. Wernet, Kurzgefaßte Geschichte des Handwerks in Deutschland, Dortmund 1953, S. 111 ff.

4 Für den Einzelhandel siehe die Darstellung von J. Wein, Die Verbandsbildung

im Einzelhandel. Mittelstandsbewegung, Organisation der Großbetriebe, Fachverbände, Genossenschaften u. Spitzenverband, Berlin 1968. Die Arbeit von R. Gellately, The Politics of Economic Despair. Shopkeepers and German Politics 1890–1914, London 1974, ist vom Quellenmaterial her die bisher gründlichste Studie über die Kleinhandelsbewegung im Kaiserreich. Allerdings setzt G. der von Wein versuchten Typologie der Kleinhandelsverbände eher eine Chronologie als eine eigene Typologie entgegen.

5 Zu den Schutzverbänden des Kleinhandels ebd., S. 87ff.

6 Zum Begriff und zur Bedeutung quasiständischer Interessenverbände siehe G. Schulz, Über Entstehung u. Formen der Interessengruppen, in: PVS, Bd. 2, 1961, S. 124–54.

7 Zit. bei Wein, S. 43.

8 Vgl. aus der zeitgenössischen Literatur bes.: C. Wilmanns, Die goldene Internationale u. die Notwendigkeit einer sozialen Reformpartei, Berlin 1876; W. Marr, Der Sieg des Judenthums über das Germanenthum, Bern 1879[10]; O. Glagau, Der Bankrott des Nationalliberalismus u. die Reaktion, Berlin 1878; ders., Deutsches Handwerk u. historisches Bürgertum, Osnabrück 1879; R. Meyer, Politische Gründer u. die Korruption in Deutschland, Leipzig 1877; F. Perrot, Das Handwerk, seine Reorganisation u. seine Befreiung von der Übermacht des Großkapitals, Leipzig 1876. Zu den Steuer- u. Wirtschaftsreformern bes. H. Böhme, Deutschlands Weg zur Großmacht. Studien zum Verhältnis von Wirtschaft u. Staat während der Reichsgründungszeit 1848–1881, Köln 1966[1], S. 400–04. Zum Antisemitismus im späten 19. Jahrhundert jetzt zusammenfassend mit weiterer Lit. R. Rürup, Emanzipation u. Antisemitismus, Studien zur »Judenfrage« der bürgerlichen Gesellschaft, Göttingen 1975.

9 Glagau, Deutsches Handwerk, S. 80.

10 Hierzu vor allem: H. Rosenberg, Die Pseudodemokratisierung der Rittergutsbesitzerklasse, in: ders., Probleme der deutschen Sozialgeschichte, Frankfurt 1969, S. 7–50; H.-J. Puhle, Agrarische Interessenpolitik u. preußischer Konservatismus im Wilhelminischen Reich (1893–1914), Bonn-Bad Godesberg 1975[2]; ders., Von der Agrarkrise zum Präfaschismus, Wiesbaden 1972. Die Zitate sind entnommen dem Artikel »Mittelstand« in: Handbuch der Deutsch-Konservativen Partei, Berlin 1911[4], S. 270ff.

11 So der sächsische Landtagsabgeordnete Spies nach einem Bericht der Dresdner Nachrichten vom 4.6.1907 (DZA Potsdam, RWM, Gewerbewesen 6/1b, Bd. 3, Nr. 2116). Über Fritsch: R. Phleps, Theodor Fritsch u. der Antisemitismus, in: Deutsche Rundschau, Bd. 87, 1961, S. 442-49. Zur Gründung des Reichsdeutschen Mittelstandsverbandes vgl. jetzt bes. Gellately, S. 172ff. Ferner: D. Stegmann, Die Erben Bismarcks. Parteien u. Verbände in der Spätphase des Wilhelminischen Deutschland. Sammlungspolitik 1897–1918, Köln 1970, S. 249ff., 331ff. Zum Hansa-Bund siehe jetzt: S. Mielke, Der Hansa-Bund für Gewerbe, Handel u. Industrie 1909–1914. Der gescheiterte Versuch einer antifeudalen Sammlungspolitik, Göttingen 1976.

12 So der Leipziger Architekt Felix Höhne bei der Eröffnungsrede. Dresdner Anzeiger, 24./26.9.1911. Auch abgedruckt in: Bericht über den Ersten Reichsdeutschen Mittelstandstag, abgehalten zu Dresden am 23. September 1911, Leipzig 1911.

13 Puhle, Agrarische Interessenpolitik, S. 163; Bericht vom Dritten Reichsdeut-

schen Mittelstandstag, Berlin 1913. Zum »Kartell der schaffenden Stände« auch die unterschiedlichen Bewertungen bei Stegmann, S. 360–67, und H. Kaelble, Industrielle Interessenpolitik in der Wilhelminischen Gesellschaft. Centralverband Deutscher Industrieller 1895–1914, Berlin 1967, S. 134–36. Stegmann betont gegenüber Kaelble mit Recht die Kontinuität des Bündnisses zwischen Junkertum und Schwerindustrie bis zum Ende des Kaiserreiches. Das organisatorisch letztlich gescheiterte »Kartell« von 1913 war aber m. E. lediglich ein Symptom dieser Tendenz und nicht etwa eine Weichenstellung. Aus Kaelbles Interpretation eine apologetische Tendenz herauszulesen, wie Stegmann es tut, ist abwegig.

14 Vgl. dazu F. Fischer, Griff nach der Weltmacht. Die Kriegszielpolitik des kaiserlichen Deutschland 1914/18, Düsseldorf 1964[3], S. 200f.

15 Dazu Rosenberg, Große Depression, S. 88–117; Puhle, Agrarische Interessenpolitik, S. 111–40; sowie neuerdings R. S. Levy, The Downfall of the Anti-Semitic Political Parties in Imperial Germany, New Haven 1975.

16 Entschließung des Mittelstandsbundes für Hessen-Nassau (DZA Potsdam, RdI, Gewerbewesen 6/1 b, Bd. 13, Nr. 6309).

17 Th. Fritsch in seiner Eröffnungsrede zum 1. Reichsdeutschen Mittelstandstag, die darüber hinaus den »organischen Charakter des Staates und der Gesellschaft, das Prinzip der Harmonie und des organischen Aufbaus« als Ideal der Mittelstandsbewegung proklamierte. Dresdner Anzeiger, 24. 9. 1911.

18 »Zersetzungserscheinungen im deutschen Bürgertum«, in: Der Fortschritt, Heimatblatt für das sächsische Volk. Nachrichten der Mittelstandsvereinigung im Königreich Sachsen, Nr. 5 (Februar 1912).

19 Fritsch, Dresdner Anzeiger, 24. 9. 1911.

20 Höhne, ebd.

21 Berliner Neueste Nachrichten, 24. 4. 1912 (MA).

22 Zum Verhältnis von Hansa-Bund u. gewerblichem Mittelstand vgl. jetzt bes. Mielke, S. 102–12. Zur ökonomischen Situation u. politischen Mentalität des Handwerks im kaiserlichen Deutschland siehe jetzt S. Angel-Volkov, The »Decline of the German Handicrafts« – A Reappraisal, in: VSWG, Bd. 61, 1974, S. 165–84; dies., The Social and Political Function of Late 19th Century Anti-Semitism: The Case of the Small Handicraft Masters, in: H.-U. Wehler (Hg.), Sozialgeschichte Heute, Fs. H. Rosenberg, Göttingen 1974, S. 416–31; dies. (= S. Volkov), The Rise of Popular Antimodernism. The Urban Master Artisans, 1873–1896, Princeton 1978; D. Blackbourn, The Mittelstand in German Society and Politics, 1871–1914, in: SH, Nr. 4, 1977, S. 409–33. Zum gleichen Thema jetzt auch A. Noll, Sozio-ökonomischer Strukturwandel des Handwerks in der zweiten Phase der Industrialisierung, unter bes. Berücksichtigung der Regierungsbezirke Arnsberg u. Münster, Göttingen 1975. Noll kommt abschließend zu dem bemerkenswerten Ergebnis: »Während das Handwerk sich im ökonomischen Bereich erfolgreich anpaßt, werden die sozio-kulturellen Leitbilder ›zeremoniell weitergeschleppt und restauriert‹ (H. Schelsky). Die Ideologisierung der eigenen Position – staatstragend und zwischen den antagonistischen Klassen vermittelnd –, die Hinwendung zu einem paternalistisch-loyalen Sozialgefüge mit Kaiser und Thron stehen in einem merkwürdigen Gegensatz zur Realität.« (S. 186)

23 Hierzu jetzt auch H.-P. Ullmann, Der Bund der Industriellen. Organisation,

Einfluß u. Politik klein- u. mittelbetrieblicher Industrieller im Deutschen Kaiserreich 1895–1914, Göttingen 1976.

24 DZA Merseburg, Rep. 77, Tit. 662, Nr. 130.

25 Zit. bei Stillich, Bd. 2, S. 183f.

26 Dazu P. Molt, Der Reichstag vor der improvisierten Revolution, Köln 1961, S. 210ff., sowie nach wie vor R. Blank, Die soziale Zusammensetzung der sozialdemokratischen Wählerschaft Deutschlands, in: ASS, Bd. 20, 1905, S. 507–53.

27 Deutsche Volks-Post. Zeitung für den Deutschen Mittelstand. Amtliche Nachrichten der Deutschen Mittelstandsvereinigung, 29. 11. 1908.

28 Äußerung von Johann Janssen, Bremen. In: Bericht über die Generalversammlung des Zentralverbandes deutscher Vereine für Handel u. Gewerbe am 24. Oktober 1910 sowie über die gemeinschaftliche Tagung von Vereinigungen der Kleinhändler u. Kleingewerbetreibenden Deutschlands am 25. Oktober 1910 in Berlin, Berlin 1910, S. 46 (DZA Potsdam, Reichsamt des Innern, Gewerbewesen 6 1/b, Bd. 9, Nr. 6306). Zum Funktionswandel des Nationalismus vgl. meinen Aufsatz: Vom linken zum rechten Nationalismus. Der deutsche Liberalismus in der Krise von 1878/79, in: GG, Bd. 4, 1978, S. 5–28, sowie in: ders., Liberalismus u. Antiliberalismus. Studien zur politischen Sozialgeschichte des 19. u. 20. Jahrhunderts, Göttingen 1979, S. 36–51.

29 Zit. nach H. Herzfeld, Johannes v. Miquel, Detmold 1938, Bd. 1, S. 394.

30 Siehe dazu die Erklärung Delbrücks vor dem Reichstag am 5. 3. 1912, zit. bei L. Müffelmann, Die moderne Mittelstandsbewegung, Berlin 1913, S. 31f.

31 So Herzfeld, Bd. 2, S. 520, zur Charakterisierung der Miquelschen Sammlungspolitik der 1890er Jahre. Zur Basis und Zielsetzung der Sammlungsbewegungen der 1890er Jahre, die unter Bismarck und Miquel alle »produktiven« Stände und politisch konservative ebenso wie liberale Kräfte zu erfassen versuchten, während das »Kartell der schaffenden Stände« sich bewußt gegen die im Hansa-Bund vereinigten liberalen Unternehmer wandte, siehe insbes. Puhle, Agrarische Interessenpolitik, S. 155ff.

32 Vgl. hierzu wie zum folgenden ausführlicher H. A. Winkler, Pluralismus oder Protektionismus? Verfassungspolitische Probleme des Verbandswesens im deutschen Kaiserreich, Wiesbaden 1972, sowie in: ders., Liberalismus, S. 163–74.

33 J. Habermas, Strukturwandel der Öffentlichkeit. Untersuchungen zu einer Kategorie der bürgerlichen Gesellschaft, Neuwied 1962, S. 158ff. Zur generellen Kritik unter dem Aspekt der normativen rechtsstaatlichen Verfassungslogik: C. J. Friedrich, Der Verfassungsstaat der Neuzeit, Berlin 1953, S. 538ff.

34 O. Brunner, Stadt u. Bürgertum in der europäischen Geschichte, in: ders., Neue Wege der Sozialgeschichte, Göttingen 1956, S. 80–96.

35 Dazu insbes. W. Fischer, Unternehmerschaft, Selbstverwaltung u. Staat. Die Handelskammern in der deutschen Wirtschafts- u. Staatsauffassung des 19. Jahrhunderts, Berlin 1964, S. 11ff., der auch auf die außerpreußische Entwicklung und auf die Fälle von Kontinuität zwischen mittelalterlichen Kaufmannsgilden und Handelskammern eingeht.

36 Vgl. hierzu K.-E. Born, Staat u. Sozialpolitik seit Bismarcks Sturz. Ein Beitrag zur Geschichte der innenpolitischen Entwicklung des Deutschen Reiches 1890–1914, Wiesbaden 1957, S. 135ff.

37 Habermas, S. 159.

38 Hierzu H.-U. Wehler, Der Aufstieg des Organisierten Kapitalismus u. Interventionsstaates in Deutschland, in: H. A. Winkler (Hg.), Organisierter Kapitalismus. Voraussetzungen u. Anfänge, Göttingen 1973, S. 36–57.

39 Über die integrierende Funktion des Nationalismus bei den Angestellten vgl. I. Hamel, Völkischer Verband u. nationale Gewerkschaft. Der Deutschnationale Handlungsgehilfen-Verband 1893–1933, Frankfurt 1967, S. 195 ff.

40 Hierzu jetzt J. Kocka, Klassengesellschaft im Krieg. Deutsche Sozialgeschichte 1914–1918, Göttingen 1978[2].

## Vom Protest zur Panik: Der gewerbliche Mittelstand in der Weimarer Republik

Der Aufsatz bildete meinen schriftlichen Beitrag zum Internationalen Symposium »Industrielles System u. politische Entwicklung in der Weimarer Republik«, das vom 12. bis 17.6.1973 in Bochum stattfand. Er wurde zuerst veröffentlicht in: H. Mommsen, D. Petzina, B. Weisbrod (Hg.), Industrielles System u. politische Entwicklung in der Weimarer Republik, Düsseldorf 1974[1], S. 778–91. Eine ausführlichere Analyse des Themas enthält mein Buch: Mittelstand, Demokratie u. Nationalsozialismus. Die politische Entwicklung von Handwerk u. Kleinhandel in der Weimarer Republik, Köln 1972.

1 R. Rürup, Probleme der Revolution in Deutschland 1918/19, Wiesbaden 1968, S. 5.

2 J. Kocka, The First World War and the ›Mittelstand‹: German Artisans und White-Collar Workers, in: JCH, Bd. 8, 1973, S. 101–23; G. D. Feldman, German Business Between War and Revolution: The Origins of the Stinnes-Legien-Agreement, in: Entstehung u. Wandel der modernen Gesellschaft, hg. v. G. A. Ritter, Fs. f. H. Rosenberg z. 65. Geburtstag, Berlin 1970, S. 312–41; J. Wein, Die Verbandsbildung im Einzelhandel, Berlin 1968, S. 242; Winkler, Mittelstand, S. 65–83.

3 A. Rosenberg, Der Faschismus als Massenbewegung, in: O. Bauer u. a., Faschismus u. Kapitalismus, Frankfurt 1967, S. 107 f.

4 Dazu neuerdings: L. Albertin, Liberalismus und Demokratie am Anfang der Weimarer Republik, Düsseldorf 1972, S. 106–44.

5 Entschließung des Zentralausschusses der vereinigten Innungsverbände Deutschlands vom 26. November 1918. Zit. nach: NHZ, Jg. 23, 1918, Nr. 48 (14.12.).

6 Stenographischer Bericht über die Verhandlungen des Deutschen Handwerks- und Gewerbekammertages zu Hannover am 28.29. April 1919, Hannover 1919, S. 34; Die Deutsche Nationalversammlung in ihrer Arbeit für den Aufbau des neuen deutschen Volksstaates, hg. v. E. Heilfron, Bd. 6, Berlin o. J., S. 4321 f. – Der seit 1900 bestehende Deutsche Handwerks- und Gewerbekammertag war die Dachorganisation der Handwerkskammern. Der Reichsverband des deutschen Handwerks war ein eingetragener Verein im Sinne des Bürgerlichen Gesetzbuches, der u. a. als Dachverband von Handwerkerbünden und Fachverbänden fungierte.

7 W. v. Moellendorff, Der Aufbau der Gemeinwirtschaft. Denkschrift des

Reichswirtschaftsministeriums vom 7. Mai 1919, Jena 1919; Rede von Meusch auf der 1. Tagung des Deutschen Genossenschaftsverbandes in Bad Nauheim am 21. April 1920, in: DHB, Jg. 14, 1920, Nr. 6 (15.6.).

8 Ausführlicher zum Streit um die Reichshandwerksordnung: Winkler, Mittelstand, S. 84–99. Zu gemeinsamen Aktionen der Privatwirtschaft: C. Böhret, Aktionen gegen die ›Kalte Sozialisierung‹ 1926–1930, Berlin 1966.

9 Winkler, Mittelstand, S. 100–39; P. Wulf, Die politische Haltung des schleswig-holsteinischen Handwerks 1928–1932, Köln 1969; M. Schumacher, Mittelstandsfront u. Republik, Die Wirtschaftspartei – Reichspartei des deutschen Mittelstandes 1919–1933, Düsseldorf 1972. Die Wahlbewegungen, die im Text skizziert werden, vollzogen sich sämtlich nur im protestantischen Milieu. Die Wählerschaft der katholischen Parteien, des Zentrums u. der Bayerischen Volkspartei, blieb bis zur Novemberwahl von 1932 relativ konstant.

10 Bezeichnend für die Ambivalenz der mittelständischen Doppelfront gegenüber »Arbeit« und »Kapital« sind folgende Passagen aus einer Rede des stellvertretenden Syndikus der Handwerkskammer Dortmund, Scherer, auf einer Tagung des Westfälisch-Lippischen Handwerks am 15.7.1928 in Iserlohn: »Kapitalismus und Sozialismus (sind)... Gegensätze, in Wirklichkeit jedoch *eines* Geistes – eines Geistes, der allerdings unsere heutige Kulturwelt so gründlich beherrscht... In der Frage ›Privatwirtschaft oder Gemeinwirtschaft‹ stehen wir in einer Front mit dem sogenannten Privatkapitalismus, gegen den wir sonst im allgemeinen nicht die freundschaftlichen Gefühle hegen, die man bei uns annimmt.« Der »große Bruder« des Privatkapitalismus sei »letzten Endes gar nicht unser Bruder«, sondern »in ganz anderem Geiste, aus ganz anderem Blute gezeugt«. DZA Potsdam, Reichskommissar für den Mittelstand, Handwerk 11, Bd. 7, Nr. 19.

11 Die Radikalisierung in den eigenen Reihen war ein häufiges Argument in den Eingaben der Spitzenverbände an die Reichsregierung. So verlangte beispielsweise am 18.9.1931 der Reichsverband des deutschen Handwerks unter Berufung auf Proteste des Nordwestdeutschen Handwerkerbundes von Reichskanzler Brüning dringend, bei Aufstellung künftiger Notverordnungen beteiligt zu werden. »Andernfalls müßten wir befürchten, daß die bisher von den Spitzenverbänden des Handwerks beobachtete Politik einer sachlich verantwortlichen Mäßigung keine Gefolgschaft im Handwerk selbst mehr finden wird.« DZA Potsdam, Reichswirtschaftsministerium, Gewerbewesen 6/1b, Bd. 24, Nr. 2058. – Zur Einschränkung der Gewerbefreiheit erklärte der wissenschaftliche Mitarbeiter des Kammertages, Dr. Wilhelm Wernet, am 1.7.1932 öffentlich: »Ist aber der Grundsatz der vollen Gewerbefreiheit praktisch aufgehoben, so sollte die Forderung nach ihrer grundsätzlichen Überwindung und Beseitigung nicht mehr erschrecken.« DHB, Jg. 26, 1931, Nr. 13 (1.7.).

12 Th. Geiger, Die Panik im Mittelstand, in: Die Arbeit, Bd. 7, 1930, S. 637–54; M. R. Lepsius, Extremer Nationalismus. Strukturbedingungen vor der nationalsozialistischen Machtergreifung, Stuttgart 1966; A. Schweitzer, Die Nazifizierung des Mittelstandes, Stuttgart 1970; H. Uhlig, Die Warenhäuser im Dritten Reich, Köln 1956; J. Kocka, Vorindustrielle Faktoren in der deutschen Industrialisierung, in: Das kaiserliche Deutschland, hg. v. M. Stürmer, Düsseldorf 1970, S. 265–86; H.-J. Puhle, Von der Agrarkrise zum Präfaschismus, Wiesbaden 1972; Winkler, Mittelstand, S. 140–82; ders., Extremismus der Mitte?, in: VfZ, Bd. 20, 1972, S. 175–91, sowie in: ders., Liberalismus u. Antiliberalismus. Stu-

dien zur politischen Sozialgeschichte des 19. u. 20. Jahrhunderts, Göttingen 1979, S. 205–17.

## Der entbehrliche Stand: Zur Mittelstandspolitik im »Dritten Reich«

Der Aufsatz wurde erstmals veröffentlicht in: AfS, Bd. 17, 1977, S. 1–40.

1 D. Schoenbaum, Hitler's Social Revolution: Class and Status in Germany 1933–1939, N. Y. 1966 (dt.: Hitlers braune Revolution, Köln 1968); T. W. Mason, Arbeiterklasse u. Volksgemeinschaft. Dokumente u. Materialien zur deutschen Arbeiterpolitik 1936–1939, Opladen 1975 (vgl. hierzu meine Rezension »Vom Mythos der Volksgemeinschaft«, in: AfS, Bd. 17, 1977, S. 484–90); ders., National Socialist Policies towards the Working Classes 1925–1939. Ph. D. Dissertation, Ms., St. Antony's College, Oxford 1971. Zu Mason ergänzend D. Winkler, Frauenarbeit im »Dritten Reich«, Hamburg 1977, sowie dies., Frauenarbeit versus Frauenideologie. Probleme der weiblichen Erwerbstätigkeit in Deutschland 1930–1945, in: AfS, Bd. 17, 1977, S. 99–126.

2 Ich knüpfe hier und im folgenden an die knappe Skizze der nationalsozialistischen Mittelstandspolitik an, die ich in meinem Buch: Mittelstand, Demokratie u. Nationalsozialismus. Die politische Entwicklung von Handwerk u. Kleinhandel in der Weimarer Republik, Köln 1972, S. 183–87, vorgelegt habe. Vgl. dazu auch meinen Aufsatz: Mittelstandsbewegung oder Volkspartei? Zur sozialen Basis der NSDAP, in: W. Schieder (Hg.), Faschismus als soziale Bewegung. Deutschland u. Italien im Vergleich, Hamburg 1976, S. 97–118. Zu Mittelstandsproblemen im nationalsozialistischen Deutschland siehe ferner besonders A. Schweitzer, Big Business in the Third Reich, London 1964, S. 1–296; ders., Die Nazifizierung des Mittelstandes, Stuttgart 1970 (= dt. Fassung der ersten vier Kapitel des zuvor genannten Buches); F. Neumann, Behemoth. The Structure and Practice of National Socialism 1933–1944, N. Y. 1966[4] (1942[1]), bes. S. 282–84; H. Uhlig, Die Warenhäuser im Dritten Reich, Köln 1956; V. Chesi, Struktur und Funktion der Handwerkerorganisation in Deutschland seit 1933, Berlin 1966; K. Bludau, Nationalsozialismus u. Genossenschaften, Hannover 1968; F. Schüler, Das Handwerk im Dritten Reich. Die Gleichschaltung u. was danach folgte, Bad Wörishofen 1951; H. Meusch, Das Handwerk im neuen Reich, in: JNS, Bd. 141, 1935, S. 301–31; Bd. 143, 1936, S. 454–83; A. R. L. Gurland u. a., The Fate of Small Business in Nazi Germany (= 78th Congress 1st Session Senate Committee Print No. 14), Washington D. C., 1943. – Über die Landbevölkerung und die Agrarpolitik im »Dritten Reich« liegt inzwischen eine instruktive überblicksartige Darstellung vor: J. E. Farquharson, The Plough and the Swastika. The NSDAP and Agriculture in Germany 1928–1945, London 1976. Nach der Drucklegung dieses Bandes erschienen: F. Grundmann, Agrarpolitik im »Dritten Reich«. Anspruch u. Wirklichkeit des Reichserbhofgesetzes, Hamburg 1979; A. v. Saldern, Mittelstand im »Dritten Reich«. Handwerker – Einzelhändler – Bauern, Frankfurt 1979.

3 Hierzu ausführlicher: R. H. Rämisch, Die berufsständische Verfassung in Theorie und Praxis des Nationalsozialismus, phil. Diss. FU Berlin 1957;

G. Schulz, Die Anfänge des totalitären Maßnahmenstaates, in: K.-D. Bracher u. a., Die nationalsozialistische Machtergreifung, Köln 1962², S. 634–40; H. A. Winkler, Unternehmerverbände zwischen Ständeideologie u. Nationalsozialismus, in: VfZ, Bd. 17, 1969, S. 341–71 (wieder abgedruckt in: H.-J. Varain [Hg.], Interessenverbände in Deutschland, Köln 1973, S. 228–58, sowie in: H. A. Winkler, Liberalismus u. Antiliberalismus. Studien zur politischen Sozialgeschichte des 19. u. 20. Jahrhunderts, Göttingen 1979, S. 175–94); ders., Mittelstand, S. 174f. Die Zitate aus: »Was will der gewerbliche Mittelstand?«, Flugblatt des Kampfbundes des gewerblichen Mittelstandes, in: BA Koblenz, Sammlung Schumacher, 242a; das »Wirtschaftliche Aufbauprogramm der NSDAP«, in: G. Feder, Kampf gegen die Hochfinanz, München 1933, S. 375f. Zu O. W. Wagener vgl. jetzt seine Erinnerungen: Hitler aus nächster Nähe. Ein Vertrauter berichtet, hg. v. H. A. Turner jr., Berlin 1978.

4 Der neue Reichskanzler hatte in seiner ersten Besprechung mit den Vertretern des Reichsverbandes des deutschen Handwerks am 17.2.1933 diesen »einen Vertrauensmann an entscheidender Stelle« zugesagt. Am 21.2. wurde dann der deutschnationale Reichstagsabgeordnete und Handwerkskammersyndikus Erich Wienbeck zum »Reichskommissar für den Mittelstand« im Reichswirtschaftsministerium ernannt – ein (unter dem Namen »Reichskommissar für Handwerk und Kleingewerbe«) seit 1925 bestehendes, von einem Ministerialrat ausgeübtes Amt, das der Reichsverband des deutschen Handwerks in einem Schreiben an Hitler vom 2.2.1933 als »völlig unzulänglich« bezeichnet hatte und das nun lediglich dadurch aufgewertet wurde, daß Wienbeck den Rang eines Ministerialdirektors bekleidete. Ein »Staatssekretär für Handel, Handwerk und Gewerbe«, wie ihn u. a. auch Renteln in einer Denkschrift gefordert hatte, wurde nicht berufen. Karl Zeleny, einer der beiden nationalsozialistischen Gleichschaltungskommissare im Handwerk und seit Mai 1933 stellvertretender Vorsitzender des Reichsstandes des deutschen Handwerks, sprach in einem Schreiben an den Staatssekretär der Reichskanzlei, Lammers, vom 8.3.1933 von einer »Komödie«, die Hugenberg in der Frage des Staatssekretärs für Handwerk und Gewerbe gespielt habe. Heinrich Schild, der andere nationalsozialistische Gleichschaltungskommissar im Handwerk, Syndikus des Reichsverbandes des deutschen Schuhmacherhandwerks und später Generalsekretär des Reichsverbandes des deutschen Handwerks, beklagte in einem Brief an Zeleny, daß die NSDAP Hugenberg die ganze deutsche Wirtschaftspolitik überantworte; die »großkapitalistischen Kräfte und Beamten dieses Ministeriums, die der Schwerindustrie und dem Großkapitalismus nahestehen«, seien schon »überreichlich gesät«. Ähnlich argumentierten der Reichsverband des deutschen Schuhmacherhandwerks und der Norddeutsche Tischler-Innungsverband (in beiden Verbänden bekleidete Schild das Amt des Geschäftsführers) in gleichlautenden Briefen an Hitler vom 8.3.1933 (BA, R 43 II, 277).

5 BA, Sammlung Schumacher, 242a.

6 Die Pressemitteilung über den Erlaß vom 29.6.1933 ist abgedruckt bei Bludau, S. 113, Anm. 324. Der Erlaß vom 7.7.1933 ist abgedruckt bei Uhlig, S. 111. In Punkt 16 des Parteiprogramms von 1920 hatte die NSDAP die sofortige Kommunalisierung der Großwarenhäuser und ihre Vermietung zu billigen Preisen an kleine Gewerbetreibende gefordert. – Zur Stimmung im gewerblichen Mittelstand im Sommer 1933 vgl. auch Schoenbaum, S. 140.

7 Führerbriefe der N.S. Hago, hg. vom Schulungsleiter, Folge 1, 1.9.1933, in: BA, Sammlung Schumacher, 242a. Zu den Machtverschiebungen im Frühsommer 1933: Schulz, S. 639–41.

8 Dazu ausführlich die Analyse von Mason, Arbeiterklasse, passim.

9 Vgl. hierzu Schulz, S. 647–55; I. Esenwein-Rothe, Die Wirtschaftsverbände von 1933–1945, Berlin 1965, S. 60–77. Der Deutsche Industrie- und Handelstag wurde 1934 durch die »Arbeitsgemeinschaft der Industrie- und Handelskammern in der Reichswirtschaftskammer« abgelöst. Diese Arbeitsgemeinschaft bestand *neben* den Reichsgruppen Handel und Industrie, die ebenso wie der Reichsstand des deutschen Handwerks, die Reichsgruppe Handwerk und der Deutsche Handwerks- und Gewerbekammertag der Reichswirtschaftskammer als der Dachorganisation der gewerblichen Wirtschaft angehörten.

10 Renteln hatte sich vergeblich Hoffnungen auf die Leitung der Reichswirtschaftskammer gemacht. Statt seiner ernannte der geschäftsführende Reichswirtschaftsminister Schacht den Präsidenten der Industrie- und Handelskammer Hannover, Ewald Hecker, zum Präsidenten der Reichswirtschaftskammer. Renteln leitete weiterhin – bis 1936 – das Hauptamt N.S. Hago in der obersten Reichsleitung der NSDAP, wobei freilich seine Kompetenzen in der Kleingewerbepolitik durch die 1934 gegründeten Reichsbetriebsgemeinschaften Handel und Handwerk in der DAF eingeschränkt wurden. Leiter der Betriebsgemeinschaft Handwerk war bis 1936 in Personalunion der Leiter des Reichsstandes des deutschen Handwerks, Reichshandwerksmeister W. G. Schmidt (Wiesbaden). Renteln seinerseits war gleichzeitig Stabsleiter der DAF und damit Ley unmittelbar unterstellt. Er hat im Sommer 1933 ganz offensichtlich einen Positionswechsel von einer traditionell-protektionistischen Mittelstandspolitik hin zu den vom »Primat der Politik« geprägten Richtlinien Leys vollzogen. Im April 1937 verfaßte Renteln sogar ein »Gutachten zur Warenhausfrage«, in dem er darauf verwies, daß die Warenhäuser nach ihrer »Entjudung« auch positiv verwertbar seien, namentlich für wehrpolitische Zwecke (BA/MA Freiburg WIF 5/1244). Zur Organisation der gewerblichen Wirtschaft: Esenwein-Rothe, passim.

11 Zum Sozialprotektionismus der Präsidialkabinette und der Deutschnationalen ausführlich Winkler, Mittelstand, S. 121–51. Den Höhepunkt der Mittelstandsschutzpolitik der Präsidialregierungen bildete die auf Druck vor allem der süddeutschen Regierungen zustande gekommene Notverordnung des Reichspräsidenten vom 23.12.1932: Sie verhängte eine allgemeine Einrichtungs-, Erweiterungs- und Verlegungssperre für Einheitspreisgeschäfte bis zum 1.4.1934.

12 Zur Ablehnung des Antrags auf eine Einrichtungssperre im Handwerk: Th. Keitel, Zurück zur geschlossenen Zunft? Ein Beitrag zur Frage der Ordnung des deutschen Handwerks, in: SP, Bd. 43, 1934, Nr. 14 (5.4.), S. 419–22. Zur Reichswehrforderung nach Pflichtorganisation: Schweitzer, Big Business, S. 254. Bereits Hugenberg hatte im Mai 1933 den Generalsekretär des Deutschen Handwerks- und Gewerbekammertages, Hans Meusch, um die Vorlage eines Entwurfs für die Pflichtorganisation des Handwerks ersucht. Schmitt hatte die Frage zunächst vertagt und sich am 18.10.1933 erstmals öffentlich zu Zwangsinnungen bekannt (DHB, Jg. 27, 1933, Nr. 21 [1.11.], S. 401 f.). Wie Schüler (S. 17 f.) berichtet, ist es Ley im letzten Augenblick gelungen, die Einbeziehung der Gesellen in die Innungen und damit in den Organisationsaufbau des

Handwerks und der gewerblichen Wirtschaft zu verhindern. – Nicht durchsetzen konnte sich das Handwerk mit seiner alten Forderung, den Innungen auch ein Preisfestsetzungsrecht einzuräumen. Hierzu wie zum Erfolg der Großindustrie in der Kartellfrage: Schweitzer, Big Business, S. 184–96. Vgl. auch ders., Der organisierte Kapitalismus. Die Wirtschaftsordnung in der ersten Periode der nationalsozialistischen Herrschaft, in: HJWG, Bd. 7, 1962, S. 32–47. Eine bemerkenswerte Konzession an Handwerkstraditionen ist aber, daß den Innungen (in Abweichung vom strikten Führerprinzip) für eine Reihe von Fragen ein Beschlußfassungsrecht eingeräumt wurde. Vgl. §21 der Ersten Verordnung über den vorläufigen Aufbau des deutschen Handwerks vom 19.6.1934, in: RGBl. 1934, I, S. 497.

13 Zur Frage der Abgrenzung zwischen Handwerk und Industrie vgl. die Berichte in: SP, Bd. 45, 1936, Nr. 12 (20.3.), S. 366f.; Nr. 22 (29.5.), S. 635f.; Bd. 46, 1937, Nr. 23 (4.6.), S. 677–79. Zur Einführung des Großen Befähigungsnachweises allgemein: E. Schindler, Das neue Handwerksrecht, ebd., Bd. 44, 1935, Nr. 8 (21.4.), S. 233-36; Nr. 10 (7.3.), S. 293–300. Ferner: Was sind handwerkliche Nebenbetriebe? in: DV, Bd. 11, 1937, Nr. 27 (2.4.), S. 1306. Zum Konflikt Schacht-Ley siehe ausführlicher unten den Abschnitt II. Zur grundsätzlichen Kritik am Großen Befähigungsnachweis als monopolistischer Produktionsbeschränkung: E. Tuchtfeldt, Gewerbefreiheit als wirtschaftspolitisches Problem, Berlin 1955; Ch. Watrin, Der Befähigungsnachweis im Handwerk u. Einzelhandel unter besonderer Berücksichtigung der Entwicklung der Bundesrepublik, wiso. Diss. Köln 1957, bes. S. 165ff.

14 BA, R 43 II/273. Eine Verordnung vom 11.7.1933, auf die Feder ausdrücklich hinwies, hatte die obersten Landesbehörden bereits ermächtigt, Erfrischungsräume und Restaurants in Warenhäusern wesentlich einzuschränken. Anläßlich der Reichshandwerkswoche erklärte Reichswirtschaftsminister Schmitt am 18.10.1933, bei den großen Werten, die in Warenhäusern und Konsumvereinen angelegt seien, könne »blinder Übereifer nie wieder gut zu machenden Schaden anrichten«. Die planmäßige Verwirklichung der nationalsozialistischen Ziele werde aber dazu führen, daß diese Unternehmungen den gewerblichen Mittelstand nicht mehr überwucherten. Der Text der Rede in: DHB, Jg. 27, 1933, Nr. 21 [1.11.], S. 401f. – Zur Tietz-Sanierung: Uhlig, S. 115.

15 R. Ley, Die Konsumvereine im neuen Staat, in: Führerbriefe der N.S. Hago, Folge 2, 11.9.1933 (abgedruckt aus: VB, 8.9.1933 [Norddeutsche Ausgabe]); N.S. Hago, Kreisschulungsleiter Karl Becker, Aschaffenburg, den 5.3.1934: »Bericht über die Werbemaßnahmen und Propaganda des Konsumvereins eGmbH. für Aschaffenburg u. Umgebung« (BA, Sammlung Schumacher, 242a). Die Orthographie und Interpunktion sind originalgetreu.

16 BA, Sammlung Schumacher, 242a.

17 Über die Phasen der nationalsozialistischen Judenpolitik: U.D. Adam, Judenpolitik im Dritten Reich, Düsseldorf 1972, bes. S. 82–90; H. Genschel, Die Verdrängung der Juden aus der Wirtschaft im Dritten Reich, Göttingen 1966. Zu Realität und Mythos der »zweiten Revolution« und damit zur Vorgeschichte des sog. »Röhm-Putsches«: M. Broszat, Der Staat Hitlers (= dtv-Weltgeschichte des 20. Jahrhunderts, Bd. 9), München 1971$^2$, S. 244–300.

18 BA, R 43 II/820b; BA/MA, Wi I F 5, 1244. Schacht argumentierte gegenüber Heß am 12.12.1934, daß die von der Kommission für Wirtschaftspolitik (der

früheren Wirtschaftspolitischen Abteilung) verfügte Einschränkung der genossenschaftlichen Werbung besonders die großstädtischen Konsumvereine treffe. Insgesamt seien von einer Auflösung der Konsumvereine der Verlust von 180 Millionen Reichsmark Spargeldern, die Zunahme der Erwerbslosigkeit von 65000 Volksgenossen und »schwerste politische Rückwirkungen innerhalb der Arbeiterschaft« zu befürchten (BA, R 43 II/820). Die Kommission für Wirtschaftspolitik bei der Reichsleitung der NSDAP wurde nach Wageners Entlassung von Bernhard Köhler geleitet. – Zu den Konsumvereinen ausführlicher: Bludau, S. 120–33.

19 Uhlig, S. 172–90.

20 Die erste Besprechung zwischen Vertretern des Reichsverbandes des deutschen Handwerks und dem neuen Reichskanzler fand am 17.2.1933 statt. Bei dieser Gelegenheit brachte Hitler laut Pressemitteilung »seine vorbehaltlose Überzeugung von der entscheidenden Bedeutung des gewerblichen Mittelstandes für den Wiederaufbau von Wirtschaft und Volksgemeinschaft zum Ausdruck«. In einem Empfang für die Präsidenten der Reichsstände des deutschen Handels und des deutschen Handwerks am 29.5.1933 erklärte Hitler, die bisher geleisteten Arbeiten seien erst der Anfang all der Maßnahmen, die im Interesse der Stände zu leisten seien. »Es würde eine jahrzehntelange Arbeit erforderlich sein, um das Werk zum Abschluß zu bringen. Die Herren möchten nicht aus dem Auge lassen, daß die Bedürfnisse des Lebens die Dinge gestalten müßten; sie sollten nicht davor zurückschrecken, getroffene Einrichtungen zu beseitigen, wenn sie mit den Bedürfnissen des Lebens nicht mehr im Einklang ständen. Die innere Umbildung des Menschen erfordere eine beharrliche Tätigkeit, die selbst vor Fehlschlägen nicht zurückschrecken dürfe. Wenn ungesunde Erscheinungen aufträten, dann müßten diese ausgemerzt werden.« (BA, R 43 I/283) – Das Grußwort Hitlers an die deutschen Handwerker vom Juni 1935 ist abgedruckt in: DH, Jg. 4, 1935, Nr. 25 (21.6.), S. 466.

21 BA, R 43 II/273, 285.

22 Zahlreiche Beschwerden, u. a. des Molkereigewerbes, des Textileinzelhandels und der Teigwarenhändler aus den Jahren 1933 bis 1935 in: BA, R 43 II/273. Ebd. auch die von Hans Frank verfaßte Zurückweisung eines Protestes des Deutschen Buchdruckervereins gegen die Tätigkeit der Gefängnisdruckereien durch das Bayerische Staatsministerium der Justiz vom 17.11.1933. – Zu den Maßnahmen Rentelns vom Dez. 1935: BA, Sammlung Schumacher, 242a. Zur Auflösung der N.S. Hago: Uhlig, S. 163f.

23 Hierzu inbesondere W. Petwaidic, Die autoritäre Anarchie, Hamburg 1946; H. Mommsen, Beamtentum im Dritten Reich, Stuttgart 1966; R. Bollmus, Das Amt Rosenberg u. seine Gegner. Zum Machtkampf im nationalsozialistischen Herrschaftssystem, Stuttgart 1970; P. Diehl-Thiele, Partei u. Staat im Dritten Reich, München 1971; M. Broszat, Soziale Motivation u. Führerbindung im Nationalsozialismus, in: VfZ, Bd. 18, 1970, S. 392–409; ders., Staat Hitlers, passim. Gegen eine Überbewertung der »Kompetenzanarchie« und des (bes. von H. Mommsen betonten) ziellosen Opportunismus bei Hitler: K.-D. Bracher, Die deutsche Diktatur, Köln 1969[1], S. 251ff.; ders., Tradition u. Revolution im Nationalsozialismus, in: ders., Zeitgeschichtliche Kontroversen, München 1976[2], S. 62–78. Sehr abgewogen die zusammenfassende Analyse von P. Hüttenberger, Nationalsozialistische Polykratie, in: GG, Bd. 2, 1976,

S. 417–42. Zum Primat der Politik oder Ökonomie bes.: T. Mason, Der Primat der Politik – Politik u. Wirtschaft im Nationalsozialismus, in: Das Argument, Bd. 8, 1966, Nr. 41, S. 473–94, sowie die Kontroverse zwischen Mason u. den DDR-Historikern E. Czichon, D. Eichholtz und K. Gossweiler, ebd., Bd. 10, 1968, Nr. 47, S. 168–227.

24 Broszat, Staat Hitlers, S. 218–30; Schulz, S. 652–55; Schweitzer, Big Business, S. 134–47. Schweitzers Darstellung ist vielfach irrig. Es ist unzutreffend, daß Schacht die Nationalsozialisten daran gehindert habe, die Handwerkskammern in den Reichsstand des deutschen Handwerks zu inkorporieren, und daß er das Handwerk als selbständigen Stand eliminiert und der Kontrolle von »big business« unterstellt habe. Vielmehr hat Schacht die relative Selbständigkeit des Handwerks gegenüber der DAF verteidigt und damit die Basis der gewerblichen Wirtschaft im Kampf um den Primat der Politik verbreitert.

25 Schild hat in einem privaten Brief an den Ministerialrat in der Reichskanzlei, Willuhn, vom 24. 9. 1934 seinen »Fall« geschildert und (vergeblich) um ein Gespräch mit Hitler gebeten. Nach diesem Bericht ist Schacht vor allem dadurch provoziert worden, daß Renteln, der Stabsleiter der DAF und des »Hauptamtes N. S. Hago«, im Auftrag Leys den – vom Reichsministerium für Volksaufklärung und Propaganda bereits genehmigten – »Tag des Handwerks« verbot, weil das öffentliche Auftreten des Handwerks nur unter Führung der N. S. Hago stattfinden dürfe (BA, R 43 II/273). Der »Tag des Handwerks« fand am 28. 10. 1934 in Gegenwart von Schacht und Ley in Braunschweig statt – organisiert vom Reichsstand des deutschen Handwerks und der N. S. Hago. Vgl. dazu die Berichte in: DHB, Jg. 28, 1934, Nr. 22 (15. 11.), S. 449–54. Zur Entfernung Zelenys: ebd., Nr. 19 (1. 10.), S. 371. Zu den »Opfern« der Schachtschen Personalpolitik und damit des Kampfes gegen die »zweite Revolution« gehörte auch Staatssekretär Gottfried Feder, der anschließend sogar seine Parteiämter verlor. Dazu: Schweitzer, Big Business, S. 209.

26 Ley selbst war als ehemaliger Lebensmittelchemiker bei I. G. Farben ein Exponent des »neuen Mittelstandes« der Angestellten. Zur Kontinuität von nationalen Angestelltengewerkschaften und DAF ist heranzuziehen der Bericht über den Ersten Deutschen Angestelltenkongreß am 19. 5. 1933 mit den dort – u. a. von Ley – gehaltenen Reden (W. T. B., 19. 5. 1933, in: BA, R 43 II/527b.). Ob der Einfluß der ehemaligen Funktionäre nationaler Angestelltengewerkschaften in der DAF mit der Übertragung des neuen Amtes für Berufserziehung an Karl Arnhold endete (wie Schweitzer, Big Business, S. 179f. andeutet), muß einstweilen offenbleiben. Die ideologische Kontinuität zwischen nationalen Angestelltengewerkschaften und DAF endete jedenfalls nicht im Herbst 1935. – Zur nationalen Angestelltenideologie etwa: I. Hamel, Völkischer Verband und nationale Gewerkschaft. Der Deutschnationale Handlungsgehilfen-Verband 1893–1933, Frankfurt 1967. Zur Entmachtung der Nationalsozialistischen Betriebszellen-Organisation: H.-G. Schumann, Nationalsozialismus und Gewerkschaftsbewegung, Hannover 1958, S. 87–93 (auch S. 173–75 der Text der Verordnung vom 24. 10. 1934); Broszat, Staat Hitlers, S. 180–207; Mason, National Socialist Policies, S. 214ff. Zum Gesetz über die Ordnung der nationalen Arbeit vgl. ders., Zur Entstehung des Gesetzes zur Ordnung der nationalen Arbeit vom 20. 1. 1934, in: H. Mommsen u. a. (Hg.), Industrielles System u. politische Entwicklung in der Weimarer Republik, Düsseldorf 1974, S. 322–51.

27 Dazu etwa: W. Bohnstedt, Sozialpolitische Selbstverwaltung, in: SP, Bd. 44, 1935, Nr. 14 (4. 4.), S. 393–98. Der Text des Leipziger Abkommens etwa in: Organisationsbuch der NSDAP, hg. v. Reichsorganisationsleiter der NSDAP, München 1943[7], S. 474 f.

28 Zu Schachts Politik gegenüber Ley: H. Schacht, 76 Jahre meines Lebens, Bad Wörishofen 1953, S. 432–35. – Der Titel »Reichshandwerksmeister« geht auf eine Anordnung Leys vom 17. 10. 1934 zurück, die allen politischen Leitern in der NSDAP und ihren Organisationen die Bezeichnung »Führer« untersagte (DHB, Jg. 28, 1934, Nr. 20 [15. 10.], S. 433). Zur Rolle W. G. Schmidts ausführlich: Schüler, Handwerk im Dritten Reich, S. 42 ff. – Zur Entlassung Schmidts, die offiziell mit seinem Gesundheitszustand und beruflicher Belastung begründet wurde, und zum Streit um den Nachfolger: BA, R 43 II/274 a. Ley hatte zunächst den Handwerkskammerpräsidenten Rehm (Augsburg) für das Amt des Reichshandwerksmeisters vorgeschlagen – eine Kandidatur, von der er später wieder abrückte – und Schramm vorgeworfen, er sei ein Anhänger des Wiener Soziologen Othmar Spann. Nach der Entlassung Schmidts amtierte zunächst als kommissarischer Reichshandwerksmeister der Landeshandwerksmeister Berlin, Lohmann.

29 Die SS-Mitgliedschaft einiger Handwerksfunktionäre wurde von Himmler 1937 auf Drängen Leys wieder rückgängig gemacht (Schüler, S. 66). – In einem undatierten Richtlinienentwurf der »Kampfgemeinschaft gegen Warenhaus und Konsumverein« heißt es: »Die bürgerlichen Verbände, Innungen usw. sind durch ihre politische Neutralität bedeutungslos geworden. Die nationalsozialistischen Berufsfachgruppen müssen an diese Stelle treten.« (BA, Sammlung Schumacher, 242 a.) Der Appell Leys ist abgedruckt in: BTB, Jg. 86, 1937, Nr. 86 (20. 2.). Dem Aufruf an das Handwerk war am 12. 2. 1937 eine Weisung Leys an die Gau- und Kreishandwerksmeister vorausgegangen, wonach künftig handwerkliche Feierstunden allein durch die DAF veranstaltet werden sollten – darunter die Einschreibung und die Freisprechung von Lehrlingen sowie die Anerkennung von Gesellen als Meister. Ironischerweise hatte Ley, der 1937 gegen die Innungsladen polemisierte, dem Handwerk anläßlich des Reichshandwerkertages noch 1936 in Frankfurt eine große Bundeslade gestiftet (Schüler, S. 44 f.). In einem Brief an den Staatssekretär und Chef der Reichskanzlei, Lammers, vom 10. 2. 1937, bezeichnete Ley die örtlichen Innungen als »Sammelbekken aller reaktionären Gegner«, die von selbst absterben würden. – Die zitierten Briefe und das wichtigste Material zum Konflikt Ley–Schacht in: BA, R 43 II/274 a. Leys Brief vom 4. 2. 1937 wurde nach einer Unterredung zwischen ihm und Schacht am gleichen Tag geschrieben, in der – laut Ley – eine »grundsätzliche Einigung« erzielt worden war in bezug auf den Charakter der gewerblichen Wirtschaft und die Aufgaben der Deutschen Arbeitsfront.

30 Das Zitat in: K. Arnhold, Ertüchtigung durch Berufserfahrung eine nationalsozialistische Verpflichtung, in: SP, Bd. 45, 1936, Nr. 47 (21. 11.), S. 1361–66. – Von den Schriften Arnholds vor allem: Der Betriebsführer u. sein Betrieb. Gedanken zum nationalsozialistischen Musterbetrieb, Leipzig 1937; Umrisse einer deutschen Betriebslehre, Leipzig 1936. Vgl. zum Streit um die Berufsbildung: Schweitzer, Big Business, S. 171–84. Schweitzer überzeichnete die Differenzen zwischen Handwerk und Industrie. Von einem Monopolanspruch des Handwerks in der Lehrlingsausbildung kann in den dreißiger Jahren keine Rede mehr

sein. Bereits 1928 gab es gemeinsame Prüfungsausschüsse von Industrie und Handwerk bei verschiedenen Handwerkskammern; im Juli 1936 anerkannte Reichshandwerksmeister Schmidt gegenüber dem Leiter der Reichsgruppe Industrie, Trendelenburg, daß die Facharbeiterprüfungen bei den Industrie- und Handelskammern als den Gesellenprüfungen gleichwertig anzusehen seien. (Die Frage der Facharbeiterprüfungen, in: SP, Bd. 45, 1936, Nr. 32 [7.8.], S. 937 f.) Auf S. 182 erwähnt Schweitzer ein Abkommen zwischen den »Handwerkskammern« und »Industriegruppen« vom 16.4.1937, das die industrielle Berufsausbildung vom handwerklichen Prüfungssystem befreit habe. Ein solches Abkommen gibt es nicht. Die Vereinbarung über die Lehrlingsausbildung vom 16.4.1937 wurde geschlossen zwischen der Reichsgruppe Industrie und der Arbeitsgemeinschaft der Industrie- und Handelskammern (der Nachfolgeorganisation des Deutschen Industrie- und Handelstages) in der Reichswirtschaftskammer. Es handelt sich also um eine »innerindustrielle« Regelung und nicht um ein Abkommen zwischen Industrie und Handwerk (Ausbildung und Prüfung industrieller Facharbeiter, in: SP, Bd. 46, 1937, Nr. 27 [2.7.], S. 793 f.). Zum Beginn des Streits um die Berufsausbildung im Jahre 1936: Mason, National Socialist Policies, S. 302–5. Der Brief Schachts an Ley vom 26.6.1936 in: BA/MA, Wi I 5/1260. – Ein Berufsausbildungsgesetz hatte es vor 1933 nicht gegeben; alle Vorlagen waren an den Gegensätzen zwischen Arbeitgebern und Arbeitnehmern gescheitert. Vgl. dazu L. Preller, Sozialpolitik in der Weimarer Republik, Stuttgart 1959, S. 289, 378, 454 f. Erst 1969 kam unter der »Großen Koalition« ein – von Anfang an umstrittenes – Berufsbildungsgesetz zustande. Die Opposition der Unternehmer und besonders des selbständigen Handwerks richtete sich kontinuierlich gegen eine Schmälerung der Aufsichtsrechte der Kammern auf dem Gebiet der außerschulischen Berufserziehung – wobei es gleichgültig war, ob (wie in Weimar und Bonn) eine Einflußminderung zugunsten von Staat und Gewerkschaften oder (wie im »Dritten Reich«) zugunsten einer politischen Organisation, der DAF, befürchtet wurde.

31 BA, R 43 II/274 a. In seinem Schreiben an Heß vom 24.2.1937 erwähnte Schacht, daß Ley »gerade [wohl in der Besprechung vom 4.2.] im Einvernehmen mit mir die Personalunion an der Spitze des deutschen Handwerks selbst aufgehoben hat und damit einverstanden war, daß künftig der Reichshandwerksmeister nicht mehr gleichzeitig der Leiter der Reichsbetriebsgemeinschaft 18 der Deutschen Arbeitsfront sein dürfe«. Wie Schacht am 29.7.1937 auf einer Tagung des Reichsstandes des deutschen Handwerks mitteilte, konnte er die Aufhebung der Personalunion so lange nicht weiterführen, bis eine endgültige Klärung der Frage erreicht war (Schüler, S. 58).

32 BA, R 43 II/274 a (Hervorhebungen im Original). Der Wehrwirtschaftsstab hatte bereits in einer Denkschrift vom 4.7.1936 die Organisation der gewerblichen Wirtschaft in ihrem gegenwärtigen Aufbau und in ihrer Zusammenarbeit mit dem Reichswirtschaftsministerium als »unentbehrlich für die wirtschaftliche Mob-Vorbereitung« bezeichnet. Ein Aufgehen der gewerblichen Wirtschaft in der DAF sei eine Gefahr für die Kriegswirtschaft (BA/MA, Wi I 5/1260).

33 BA, RA 43 II/274 a. Zur Analyse des »dual state«: E. Fraenkel, The Dual State. A Contribution to the Theory of Dictatorship, N. Y. 1941[1] (1969[2]).

34 BA, R 43 II/274 a.

35 Ebd. Der Kreishandwerksmeister von Garmisch, Georg Maier, hatte sich dienstlich wegen des Verhaltens des kommissarischen Kreisleiters, Hausböck, beschwert. Einem Bericht des Reichssicherheitsdienstes vom 8.7.1937 zufolge hatte Maier geltend gemacht, es sei für ihn als Parteigenossen die größte Beleidigung, daß man ihm »mit dem Hinauswurf aus der Partei droht, wenn ich als Kreishandwerksmeister die Anordnungen des Reichswirtschaftsministers durchführe«. Der Fall wurde Hitler vorgetragen, der jedoch keine Entscheidung fällte.

36 BA, R 43 II/274a. Die Rede Schachts vom 11.5.1937 ist abgedruckt in: DH, Jg. 6, 1939, Nr. 19 (14.5.), S. 313–17. Zu den Vorgängen um die Berliner Kundgebung siehe auch Schüler, S. 52f.

37 BA, R 43 II/274a.

38 Ebd. Ley hatte seinen Entwurf eines Gesetzes über die fachliche und berufliche Ausbildung in Handel und Gewerbe (zusammen mit Gesetzentwürfen über den Aufbau der gewerblichen Wirtschaft und über die arbeitspolitische Selbstverwaltung) schon am 4.6.1937 an Hitler übersandt. In seinem Begleitbrief betonte er, bereits 90% aller Freisprechungen von Lehrlingen erfolgten nicht mehr nach »freimaurerischem Ritus mit Bundeslade und Kerzen«, sondern nach einem neuen Ritus.

39 BA, RA 43 II/274a, 275a (Hervorhebungen im Original). Einige der von Bormann apostrophierten Stellen brachten auch sogleich schwerwiegende Einwände gegen Leys Pläne vor. So bezeichnete das Oberkommando der Wehrmacht die fachliche Berufsausbildung und Erziehung als staatspolitische Aufgabe, die der Führung des Staates zu unterstehen habe. Die DAF dürfe hierbei lediglich eine beratende, nicht eine lenkende Tätigkeit haben. Ein Fortfall der Fachverbände und Innungen sei abzulehnen, da es sonst in der Berufserziehung keine sachverständige fachliche Führung mehr gäbe. Reichsinnenminister Frick forderte, die vorgesehenen DAF-Kompetenzen zu beschränken und der Aufsicht des Stellvertreters des Führers zu unterstellen (BA/MA, Wi I 5/1250). Weitere ablehnende Stellungnahmen zu Leys Plänen kamen vom Reichsfinanz- und Justizministerium, vom Reichsnährstand, der Reichswirtschaftskammer und vom »Reichsführer SS«. Dazu: Mason, Arbeiterklasse, S. 132f. Zur Vorgeschichte von Schachts Rücktritt vom Amt des Reichswirtschaftsministers vgl.: Schacht, S. 461–74; H. Kehrl, Krisenmanager im Dritten Reich, Düsseldorf 1973, S. 98–117; D. Petzina, Autarkiepolitik im Dritten Reich. Der nationalsozialistische Vierjahresplan, Stuttgart 1968, S. 40–78. Zu Schachts außenpolitischen Zielsetzungen vor allem: K. Hildebrand, Vom Reich zum Weltreich. Hitler, NSDAP u. koloniale Frage 1919–1945, München 1969, S. 204–11.

40 BA, R 43 II/274a, 275a. Nach Schachts Rücktritt wurde auch der (deutschnationale) Reichskommissar für den Mittelstand, Ministerialdirektor Wienbeck, entlassen und durch Rudolf Schmeer, einen Vertrauensmann Leys, ersetzt. Göring wurde von der Führung des Reichsstandes des deutschen Handwerks während seiner kurzen Amtszeit als kommissarischer Reichswirtschaftsminister zum »Ehrenmeister des deutschen Handwerks« ernannt – eine Ehre, die vor ihm nur Hindenburg zuteil geworden war und die Hitler im September 1934 abgelehnt hatte (BA, R 43 II/273). Im übrigen wurde das Wohlwollen Görings von der Handwerksführung durch schlichte Bestechung gesichert (Schüler, S. 70–73). Göring unterstützte den Reichsstand des deutschen Handwerks ge-

genüber den Ansprüchen der DAF – so im Konflikt mit dem auf Ley eingeschworenen Gauleiter von Mecklenburg, Hildebrandt, wegen der Personalunion zwischen Funktionen in der Organisation der gewerblichen Wirtschaft und in der DAF – und konnte Schramm als Reichshandwerksmeister gegen den Willen Funks im Amt halten. Dazu: Schweitzer, Big Business, S. 152–55.

41 Berufserziehung für das deutsche Handwerk, in: DH, Jg. 10, 1941, Nr. 35 (29.8.), S. 433. Die Trennung der Funktionen des Reichshandwerksmeisters und des Leiters des Fachamtes war ein bleibendes Ergebnis der von Schacht verfügten Aufhebung der Personalunion von Positionen in der Organisation der gewerblichen Wirtschaft und der DAF. Zum Abkommen zwischen Arnhold und Pietzsch, der seit 1936 Präsident der Reichswirtschaftskammer war und zu den »alten Kämpfern« der Partei gehörte: Aktennotiz über eine Besprechung mit Herrn Prof. Arnhold am 5.11.1942, in: Siemens-Institut, Akte DAF-Berufserziehung II. Ich verdanke die Kenntnis dieses Dokuments Dörte Winkler. Inwieweit das Abkommen zwischen Arnhold und Pietzsch noch während des Krieges praktische Bedeutung erlangt hat, muß einstweilen offenbleiben. Zur Wirksamkeit des Berufserziehungswerkes vgl. A. Helms, Das Deutsche Berufserziehungswerk im Dienste der Leistungsertüchtigung, in: DV, Jg. 17, 1942, Nr. 10 (4.12.), S. 295–97.

42 Zum Machtverlust der Bürokratie im Zweiten Weltkrieg: Mommsen, Beamtentum, S. 110–23. Es ist das Verdienst von Schweitzer (Big Business, S. 504ff.), den Machtverlust der alten Eliten zwischen 1936 und 1938 als historische Zäsur herausgearbeitet zu haben. Die terminologische Unterscheidung zwischen »partial« und »full fascism« erscheint mir dagegen schon deswegen anfechtbar, weil sie den Übergang zur totalen Gewaltherrschaft 1933/34 als Bedingung der Vervollständigung nationalsozialistischer Herrschaft unzulässig relativiert. Auf die Problematik eines undifferenziert angewandten allgemeinen Faschismusbegriffs kann ich hier nicht eingehen. – Der Machtverlust der traditionellen Herrschaftsträger bedeutete im übrigen nicht, daß die alten Eliten auf die inhaltliche Ausführung von grundsätzlichen politischen Entscheidungen keinen Einfluß mehr gehabt hätten. Bei der kriegswirtschaftlichen Ausbeutung der eroberten Gebiete ist die Mitwirkung der Industrie schlechterdings konstitutiv gewesen, und unter der Ägide Albert Speers hat die Industrie ihren Handlungsspielraum wieder beträchtlich vergrößern können. Dazu etwa: J. Radkau, Von der nationalsozialistischen Machtergreifung bis zur Gegenwart, in: G. W. F. Hallgarten/J. Radkau, Deutsche Industrie und Politik von Bismarck bis heute, Frankfurt 1974, S. 272ff., 420–30. Dennoch sollte nicht übersehen werden, daß die Hauptstoßrichtung der nationalsozialistischen Expansion – nach Osteuropa – nicht nur nicht auf großindustrielle Interessen zurückzuführen war, sondern diesen zuwiderlief. Dazu: M. Riedel, Bergbau und Eisenhüttenindustrie in der Ukraine unter deutscher Besatzung (1941–1944), in: VfZ, Bd. 21, 1973, S. 245–85; ders., Eisen u. Kohle für das Dritte Reich. Paul Pleigers Stellung in der NS-Wirtschaft, Frankfurt 1973, S. 300–37.

43 Zu Hitlers wirtschaftspolitischen Ansichten vgl. J. D. Heyl, Hitler's Economic Thought: A Reappraisal, in: CEH, Bd. 6, 1973, S. 83–96; H. A. Turner, Hitlers Einstellung zu Wirtschaft und Gesellschaft vor 1933, in: GG, Bd. 2, 1976, S. 89–117; A. Barkai, Sozialdarwinismus und Antiliberalismus in Hitlers Wirtschaftskonzept, ebd., Bd. 3, 1977, S. 406–17. Zum Rassenkrieg als programma-

tischem Fixpunkt des Nationalsozialismus: A. Hillgruber, Die »Endlösung« und das deutsche Ostimperium als Kernstück des rassenideologischen Programms des Nationalsozialismus, in: VfZ, Bd. 20, 1972, S. 133–53.

44 Ob die gesetzliche Altersversorgung für das Handwerk, die am 1.1.1939 in Kraft trat und deren Entstehungsgeschichte eine genauere Untersuchung verdienen würde, überhaupt noch als »mittelstandspolitische« Maßnahme im überkommenen Sinn angesehen werden kann, ist fraglich: Sie hatte insofern einen eindeutig nivellierenden Effekt, als sie einen traditionellen Unterschied zwischen (freiwillig versicherten) Selbständigen und (gesetzlich versicherten) Arbeitnehmern aufhob.

45 A. Zelle, Der Umkreis handwerklicher Arbeitsbeschaffung, in: DHB, Jg. 28, 1934, Nr. 17 (1.9.), S. 323–25. Vgl. dazu weiter: H. Kolbenschlag, Der Aufbau einer Rohstoffbewirtschaftung im Handwerk, ebd., Nr. 15 (1.8.), S. 281–84; A. Zelle, Bauhandwerk in der deutschen Wirtschaft, ebd., Nr. 18 (15.9.), S. 342–44; H. Schild, Bauhandwerk und Arbeitsbeschaffung, ebd., Nr. 18 (15.9.), S. 344–46; L. Kühle, Die deutsche Rohstofflage, ebd., Nr. 19 (1.10.), S. 363–65; H. Kolbenschlag, Rohstoffbewirtschaftung u. Handwerkswirtschaft, ebd., Nr. 19 (1.10.), S. 365f. Zum Gesamtkomplex auch M. Wolffsohn, Industrie u. Handwerk im Konflikt mit staatlicher Wirtschaftspolitik? Studien zur Politik der Arbeitsbeschaffung in Deutschland, 1930–1934, Berlin 1977. Zur Devisenbewirtschaftung bes.: W. Fischer, Deutsche Wirtschaftspolitik 1918–1945, Opladen 1968, S. 71–76. – Die Zahlen nach: K. Puderbach, Die Entwicklung des selbständigen Mittelstandes seit Beginn der Industrialisierung in Deutschland, wiso. Diss. Bonn 1967, S. 129–36; Winkler, Mittelstand, S. 33. Daß die Zahl von Kleinbetrieben in Zeiten der Hochkonjunktur zu sinken pflegt, ist ein generell zu beobachtendes Phänomen. Zu den wirtschaftlichen Wirkungen der Rüstungskonjunktur: Mason, Arbeiterklasse, S. 46–173. Zu Schachts Begründung für den Großen Befähigungsnachweis: Schüler, S. 19f.

46 Die Praxis nach 1936 zeigt, daß der Große Befähigungsnachweis eher bürgerlich-konservativen als nationalsozialistischen Einflüssen (Schacht, Wienbeck) zu verdanken war. Er wurde 1938 durch großzügige Ausnahmegenehmigungen im rüstungswichtigen Baugewerbe durchbrochen; Ende 1938 ordnete der Reichswirtschaftsminister an, daß ab 1.4.1939 keine Lehrverhältnisse von mehr als dreijähriger Dauer zu begründen seien. Beides widersprach der von Schacht intendierten Sicherung des handwerklichen Leistungsprinzips. Dazu: Chesi, S. 95f. – Angaben zu den wirtschaftlichen Auswirkungen des »Westwall«-Baus: Mason, Arbeiterklasse, S. 152ff. Die Berichte des Stadtpräsidenten der Reichshauptstadt Berlin vom 12.10. und 6.12.1937 in: BA/MA, WO I-8/239. Ein weiterer Bericht über die unzureichende Versorgung des Handwerks mit Eisen und Stahl im Herbst 1937 bei Mason, Arbeiterklasse, S. 433. Ebd., S. 878–906, der wirtschaftliche Lagebericht des Berliner Stadtpräsidenten für das 4. Vierteljahr 1938 (die Zitate: S. 897, 903, 905). Im gleichen Bericht findet sich auch die – mit Stimmen aus dem Handwerk illustrierte – These, daß die Wirtschaft schon gegenwärtig zu einem unlöslichen Teil des Staatsapparates, ja zu einem neuen »Eigenbetrieb« des Reiches wie Reichsbahn und Post geworden sei (S. 880).

47 Die Zahlen: ebd.; die Rede Funks in: DH, Jg. 7, 1938, Nr. 19 (13.5.), S. 263–66; der Wortlaut der Verordnung vom 22.2.1939 in: RGBl. 1939 I, S. 327. Hierzu auch Chesi, S. 97.

48 Die deutsche Handwerkspolitik im Zeichen der Steigerung der nationalen Produktions- und Wehrkraft, in: DH, Jg. 7, 1938, Nr. 49 (9. 12.), S. 697–99; Jedem das Seine. Bemerkungen zur volkswirtschaftlichen Notwendigkeit einer organischen Gemeinschaftsarbeit zwischen Industrie und Handwerk, ebd., Jg. 8, 1939, Nr. 16 (21. 4.), S. 211–15.

49 Das Nonnenbruch-Zitat nach Uhlig, S. 189; die Rede Funks in: DH, Jg. 8, 1939, Nr. 21 (26. 5.), S. 297; das Hitler-Zitat: ebd. 7, 1938, Nr. 36 (9. 9.), S. 522.

50 Die Daten nach: BA, R 43 II/284; das Referentenvotum: BA, R 7/415; die Erklärung vom 21. 7. 1943: BA, R 43 II/662 a. Zur Stillegungsaktion im Einzelhandel: Uhlig, S. 183–88. Die erste – faktisch undurchführbare – Stillegungsverordnung im Bereich des Einzelhandels (Verordnung betr. Schließung nicht lebensfähiger Einzelhandelsbetriebe) war am 16. 3. 1939 ergangen. Bis zu diesem Zeitpunkt war mit Hilfe der Konzessionierung die Zahl der Einzelhandelsbetriebe um rd. 72 000 auf 718 000 zurückgegangen. Eine gewisse Schutzfunktion gegenüber dem Einzelhandel, auch den Warenhäusern, übte der SS-Brigadeführer Ohlendorf, zugleich Hauptgeschäftsführer der Reichsgruppe Handel und Ministerialdirektor im Reichswirtschaftsministerium, aus. Dazu: Uhlig, S. 204; Schoenbaum, S. 148 f. – Im Bereich des Handwerks sollte eine Verordnung über die »Bedürfnisprüfung für die Errichtung neuer Handwerksbetriebe« vom 9. 2. 1942 die Betriebe der im Feld stehenden Handwerker vor wirtschaftlicher Gefährdung schützen. Dazu: W. Wernet, Handwerkspolitik, Göttingen 1952, S. 56. – Zur Planung und Durchführung des handwerklichen Kriegseinsatzes findet sich umfangreiches Material in: BA/MA, Wi I F 5. Vgl. dazu auch: F. Schüler, Das deutsche Handwerk in der Kriegswirtschaft, Stuttgart 1941. – Einer Erklärung von Reichshandwerksmeister Schramm vom Dezember 1942 zufolge hat sich der gesamte Handwerksumsatz während des Krieges wegen des Übergangs zur Massenerzeugung, der Einführung neuer Maschinen im Rüstungshandwerk und der Beschäftigung von angelernten Hilfskräften sogar gesteigert, obwohl die Gesamtzahl der Handwerksbetriebe sich stark vermindert habe und die Zahl der Fachkräfte auf einen bescheidenen Rest zusammengeschmolzen sei (F. Schramm, Der Rüstungsanteil des Handwerks, in: DV, Jg. 17, 1942, Nr. 13/14 [25. 12.], S. 385–90). Dem steht die genannte interne Statistik entgegen, derzufolge der Handwerksumsatz im Juni 1941 25,5 Mrd. RM betrug (1938: ca. 30 Mrd. RM). Immerhin ist es wahrscheinlich, daß die Behebung von Bombenschäden die Ertragslage der verbleibenden Handwerksbetriebe gebessert hat. Schramm vermerkt auch, daß durch die Bildung von 250 Liefergenossenschaften Dienstverpflichtungen weitgehend entbehrlich geworden seien. – Die Stillegungen gingen im Herbst 1944 weiter. Über ihr Ausmaß liegen, soweit ich sehe, genaue Daten ebensowenig vor wie für die entsprechende Aktion von 1943. Zur Diskrepanz zwischen den Stillegungsprogrammen von Wehrmacht und Rüstungsindustrie einerseits und den tatsächlichen Betriebsschließungen andererseits siehe etwa: B. H. Klein, Germany's Economic Preparations for War, Cambridge/Mass. 1959; A. S. Milward, Die deutsche Kriegswirtschaft, 1939–1945, Stuttgart 1966; T. W. Mason, Innere Krise u. Angriffskrieg, in: F. Forstmeier u. H.-E. Volkmann (Hg.), Wirtschaft und Rüstung am Vorabend des Zweiten Weltkrieges, Düsseldorf 1975, S. 158–88.

51 Zur Lage der Mittelschichten im Ersten Weltkrieg zusammenfassend: J. Kocka, Klassengesellschaft im Krieg 1914–1918, Göttingen 1978[2]. Zur Frauenarbeit

während des 2. Weltkrieges vgl. die in Anm. 1 zitierten Arbeiten von D. Winkler. Zur Strategie der Konfliktvermeidung im Nationalsozialismus: Mason, Arbeiterklasse, passim. Zur These vom Nationalsozialismus als »sozialer Revolution« außer Schoenbaum (Anm. 1), bes.: R. Dahrendorf, Gesellschaft u. Demokratie in Deutschland, München 1965.

52 BA, R 43 II/278.

53 A. Hitler, Mein Kampf, 737 – 41. Auflage, München 1942, S. 151 f. Zur Interpretation dieser Stelle und ähnlicher Aussagen in den Gesprächen mit Hermann Rauschning vgl. den in Anm. 43 zitierten Aufsatz von A. Barkai. Das Himmler-Zitat bei: J. Ackermann, Heinrich Himmler als Ideologe, Göttingen 1970, S. 273.

54 Die Rede Schramms in: DH, Jg. 10, 1941, Nr. 39 (26.9.), S. 478 f.; W. Wernet, Das handwerkliche Element in der politischen Raumordnung, ebd., Nr. 46 (14.11.), S. 555–57 (Hervorhebungen im Original); H. Frincke, Gedanken zur Weiterbildung der handwerklichen Betriebsform, ebd., Jg. 11, 1942, Nr. 6 (6.2.), S. 51–54. In den zuletzt genannten Aufsätzen wurde als positive Folge eines massiven »Osteinsatzes« von Handwerkern auch ein Nachlassen des Konkurrenzdrucks im »Altreich« herausgestellt. Wernet sprach in diesem Zusammenhang auch von einer »›*Wiederverheimatlichung*‹ *des deutschen Bodens und der deutschen Landschaft* allüberall, wo die skrupellose Ökonomisierung des vorigen Jahrhunderts die Axt an die Wurzeln unseres Volkslebens und der biologischen Existenz gelegt hat« (Hervorhebung im Original).

55 Eine historische Arbeitstagung. Einheitliche Handwerksführung und Zusammenfassung aller handwerklichen Kräfte zu einer totalen Gemeinschaft, in: DH, Jg. 9, 1940, Nr. 5 (2.2.), S. 45. Sehnert brachte in die Spalten des »Deutschen Handwerks« eine dort bislang seltene »sozialistische« Tönung im Sinne der Arbeitsfront. So nannte er (ebd., Nr. 23 [7.6.], S. 287 f.) das Handwerk »ein Mittel zu einem gerechten sozialistischen Volksaufbau«. Die Gründung der »Arbeitsgemeinschaft« zeigt ebenso wie die Erfolge Arnholds auf dem Gebiet der Berufserziehung, daß es falsch wäre, den Einfluß der DAF während des Krieges zu unterschätzen (vgl. dagegen Mason, Arbeiterklasse, S. 135). Bemerkenswert ist in diesem Zusammenhang ein – offenbar aus der DAF selbst stammender – Artikel »Verwaltung und Gestaltung« (DV, Jg. 17, 1942, Nr. 8 [20.11.], S. 229). Es heißt dort, die DAF verkörpere »im Frieden bewußt die soziale Dynamik der nationalsozialistischen Revolution. In dieser Funktion vertritt sie gegenüber dem Prinzip der staatlichen Verwaltung den Grundsatz der revolutionären Gestaltung«. Die Disponierfreiheit über Menschen und Mittel, die hierfür erforderlich sei, fehle jedoch im Kriege; der grundsätzlich unbegrenzte Kriegsbedarf zehre sie auf. Infolgedessen werde die DAF viel stärker, als es ihrer Grundidee entspreche, zum verlängerten Arm der staatlichen Verwaltung. »Die gegenseitige Durchdringung der ursprünglich stärker getrennten Bezirke staatlicher Verwaltung und revolutionärer Gestaltung kommt nicht zuletzt darin zum Ausdruck, daß in steigendem Maß besonders stoßkräftige Männer der Partei und der DAF als Reichskommissare oder Sonderbeauftragte staatliche Funktionen übernehmen.«

56 Die Zitate aus: BA, R 43 I/284. Zur Entstehungsgeschichte der Verordnung über die Gauwirtschaftskammern ausführlich: Schüler, Handwerk im Dritten Reich, S. 74–97. Vgl. auch P. Hüttenberger, Die Gauleiter. Studie zum Wandel des

Machtgefüges in der NSDAP, Stuttgart 1969, S. 183. – Die durch einen Erlaß des Reichswirtschaftsministers vom 20.2.1937 angeordnete Eingliederung der Handwerkskammern in die auf Bezirksebene neu errichteten Wirtschaftskammern hat – anders als die Gauwirtschaftskammer-Verordnung von 1942 – die Selbständigkeit der Handwerkskammern materiell nicht beeinträchtigt.

57 Die These von R. Saage (Faschismustheorien, München 1976, S. 151), daß der Nationalsozialismus auch nach 1934 auf die »plebiszitäre Mobilisierbarkeit seiner mittelständischen Basis angewiesen war«, ist insofern ungenau und korrekturbedürftig.

58 Zur unbewältigten Industrialisierung: H. A. Turner, Faschismus u. Anti-Modernismus, in: ders., Faschismus u. Kapitalismus in Deutschland, Göttingen 1972, S. 157–82.

## Stabilisierung durch Schrumpfung: Der gewerbliche Mittelstand in der Bundesrepublik

Der Aufsatz wurde als Referat auf einer Tagung des »Arbeitskreises für moderne Sozialgeschichte« am 8./9. Oktober 1976 in Bad Homburg gehalten. Eine erweiterte Fassung erschien in: Werner Conze u. M. Rainer Lepsius (Hg.), Sozialgeschichte der Bundesrepublik Deutschland. Beiträge zum Kontinuitätsproblem, Stuttgart 1983, S. 187–209.

1 Th. Geiger, Die soziale Schichtung des deutschen Volkes, Stuttgart 1932 (Darmstadt 1967), S. 85; ders., Die Panik im Mittelstand, in: Die Arbeit, Bd. 7, 1930, S. 637–54.

2 Die Zahlen nach: K. Puderbach, Die Entwicklung des selbständigen Mittelstandes seit Beginn der Industrialisierung in Deutschland, wiso. Diss., Bonn 1967, S. 202. Die Daten für 1976 nach: Statistisches Jahrbuch 1977 für die Bundesrepublik Deutschland, Stuttgart 1977, S. 603. Der Anteil der selbständigen Landwirte an der erwerbstätigen Bevölkerung der Bundesrepublik sank von 5,7% im Jahre 1950 auf 2,24% im Jahre 1976. Ebd., S. 603.

3 Die Zahlen von 1977 sind Schätzungen des Zentralverbandes des deutschen Handwerks. Vgl. Zentralverband des deutschen Handwerks, Handwerk 1977, Bonn 1978, S. 38ff. Die übrigen Zahlen nach: Puderbach, S. 136; Bericht der Bundesregierung über Lage und Entwicklung der kleinen und mittleren Unternehmen (Mittelstandsbericht), Deutscher Bundestag, 7. Wahlperiode, Drucksache 7/5248 (21.5.1976), S. 17; Th. Beckermann, Das Handwerk im Wachstum der Wirtschaft, Berlin 1974, S. 110; W. Fischer, Some Observations on the Industrial Structure of Postwar Germany (unveröffentlichtes Manuskript für die »Conference on Twentieth-Century Capitalism«, Harvard University, September 1974), S. 7f.; ders., Das Handwerk in den Frühphasen der Industrialisierung, in: ders., Wirtschaft u. Gesellschaft im Zeitalter der Industrialisierung, Göttingen 1972, S. 315–37. – Von 1967 bis 1969 sank der Beitrag des Handwerks zum Bruttoinlandsprodukt von 11% auf 10,4%. Nach dem Mittelstandsbericht der Bundesregierung (S. 17) bewegte er sich jedoch zwischen 1970 und 1975 wieder um rd. 11%. Die durchschnittliche Betriebsgröße im Handwerk hatte sich 1964 (5,4 Personen) gegenüber 1926 mehr als verdoppelt und gegenüber

1895 fast verdreifacht (Puderbach, S. 138). Zur neuesten Entwicklung im Handwerk u. Einzelhandel vgl. die Daten im Anhang.

4 Nach einer regierungsinternen Statistik sank die Zahl der Handwerksbetriebe von 1,567 Millionen im Jahre 1939 auf 1,185 Millionen arbeitende Betriebe am 1.6.1941. Dazu kamen noch 275000 »ruhende Betriebe« (BA, Koblenz, R 43 II/284). Über das genaue Ausmaß der Stillegungsaktionen von 1943 ist, soweit ich sehe, nichts bekannt. Vgl. dazu meinen Aufsatz: Der entbehrliche Stand. Zur Rolle des gewerblichen Mittelstandes im »Dritten Reich«, in: AfS, Bd. 17, 1977, S. 1–40. Im Jahre 1939 gab es im Deutschen Reich auf dem Gebiet der Bundesrepublik (ohne Saarland und West-Berlin) 792079 Handwerksbetriebe; 1950 betrug die Zahl der Handwerksbetriebe im gleichen Gebiet 864429. Dabei ist allerdings zu berücksichtigen, daß 1949 im Unterschied zu 1939 auch die handwerklichen Nebenbetriebe mitgezählt und einige Berufe miterfaßt wurden, die 1939 nicht zum Handwerk gerechnet worden waren. Dazu: Puderbach, S. 135ff. Zur Wirtschaftsentwicklung in Westdeutschland nach 1945 insgesamt jetzt: W. Abelshauser, Wirtschaft in Westdeutschland 1945–1948, Rekonstruktion und Wachstumsbedingungen in der amerikanischen und britischen Zone, Stuttgart 1975.

5 Beckermann, S. 31f., 81. Beckermann knüpft mit seinem Klassifizierungsschema an den Aufsatz von K. Löbbe, Wachstumstendenzen u. Preisentwicklung in der westdeutschen Industrie, in: WWI-Mitteilungen, hg. v. Wirtschaftswissenschaftlichen Institut der Gewerkschaften, Köln, Jg. 1966, S. 168ff., an.

6 G. Brandt, Der »Mythos des Mittelstandes« – ökonomisch und politisch, in: FH, Bd. 14, 1959, S. 881–89 (das Zitat: S. 885).

7 Beckermann, S. 50ff., 92f.; Bericht der Bundesregierung, S. 17. Vgl. E. Tuchtfeldt, Strukturwandlungen im Handwerk, in: H. König (Hg.), Wandlungen der Wirtschaftsstruktur in der Bundesrepublik Deutschland, Berlin 1962, S. 469–92. Die genannten Arbeiten sind auch für einen hier nicht erörterten Aspekt des Funktionswandels mancher Handwerksbranchen – die Verlagerung ihrer Tätigkeiten von der Produktions- in die Distributionssphäre, ablesbar an den jeweiligen Umsatzanteilen – heranzuziehen. Zur Geschichte dieses Umwandlungsprozesses – von der handwerklichen Produktion zum Handwerkshandel – vgl. jetzt J. Bergmann, Das Berliner Handwerk in den Frühphasen der Industrialisierung, Berlin 1973, S. 291ff.

8 Die Zahlen nach Puderbach, S. 159–65; Bericht der Bundesregierung, S. 20; Informationen zur Mittelstandsforschung, hg. v. Institut für Mittelstandsforschung, Forschungsgruppe Bonn, 1975, S. 40f., 90; Hauptgemeinschaft des deutschen Einzelhandels, 28. Arbeitsbericht, 1975, S. 123. – Zur Lage im Lebensmitteleinzelhandel immer noch lesenswert: F. Hagemann, Der Beruf des Lebensmitteleinzelhändlers. Seine sozio-ökonomische Lage u. Mentalität, in: Soziologische Probleme mittelständischer Berufe, 1. Teil, Köln 1962, S. 15–56. Zu den Marktanteilen der einzelnen Betriebsformen des Einzelhandels in der Endphase der Weimarer Republik: H. A. Winkler, Mittelstand, Demokratie u. Nationalsozialismus. Die politische Entwicklung von Handwerk u. Kleinhandel in der Weimarer Republik, Köln 1972, S. 144.

9 R. Dahrendorf, Wandlungen der deutschen Gesellschaft der Nachkriegszeit: Herausforderungen u. Antworten, in: HJWG, Bd. 6, 1961, S. 79–93 (bes.

S. 87). Ausführlicher und differenzierter wird diese These entwickelt in: ders., Gesellschaft u. Demokratie in Deutschland, München 1965. Zur Kontinuität des deutschen Sozialprotektionismus: Winkler, Mittelstand; ders., From Social Protectionism to National Socialism: The German Small-Business Movement in Comparative Perspective, in: JMH, Bd. 48, 1976, S. 1–18 (dt. in: H.-G. Haupt [Hg.], »Bourgeois u. Volk zugleich?« Zur Geschichte des Kleinbürgertums im 19. u. 20. Jahrhundert, Frankfurt 1978, S. 143–62).

10 Zur Bedeutung der öffentlich-rechtlichen Interessenvertretung im deutschen Kaiserreich ausführlicher: H. A. Winkler, Pluralismus oder Protektionismus? Verfassungspolitische Probleme des Verbandswesens im deutschen Kaiserreich, Wiesbaden 1972, auch in: ders., Liberalismus u. Antiliberalismus. Studien zur politischen Sozialgeschichte des 19. u. 20. Jahrhunderts, Göttingen 1979, S. 163–74.

11 Zum Problem der sozialen Segmentierung insbesondere: M. R. Lepsius, Parteiensystem u. Sozialstruktur: Zum Problem der Demokratisierung der deutschen Gesellschaft, in: Wirtschaft, Geschichte u. Wirtschaftsgeschichte, Fs. f. F. Lütge, Stuttgart 1966, S. 371–93.

12 Über die Mittelstandspolitik der Konservativen: H.-J. Puhle, Agrarische Interessenpolitik u. preußischer Konservatismus im wilhelminischen Reich 1893–1914, Bonn 1975[2]. Den Anteil der Schwerindustrie an der Herausbildung der Mittelstandsideologie scheint mir eher zu überschätzen: D. Stegmann, Die Erben Bismarcks. Parteien und Verbände in der Spätphase des Wilhelminischen Deutschlands, Köln 1970. Zur Entwicklung des gewerblichen Mittelstandes zwischen 1918 und 1933: Winkler, Mittelstand.

13 Die »Warenhausfrage« wurde definitiv vertagt, während die Konsumvereine aus Gründen der »Staatssicherheit« 1941 aufgelöst wurden. Dazu: H. Uhlig, Die Warenhäuser im Dritten Reich, Köln 1956; K. Bludau, Nationalsozialismus u. Genossenschaften, Hannover 1968. Zum Handwerk: F. Schüler, Das Handwerk im Dritten Reich, Bad Wörishofen 1951; V. Chesi, Struktur u. Funktionen der Handwerksorganisationen in Deutschland seit 1933, Berlin 1966.

14 Ausführlicher zur Entwicklung des gewerblichen Mittelstandes im »Dritten Reich«: Winkler, Der entbehrliche Stand.

15 Hierzu vor allem: H.-H. Hartwich, Sozialstaatspostulat u. gesellschaftlicher Status quo, Köln 1970, S. 88ff., T. Pünder, Das bizonale Interregnum. Die Geschichte des Vereinigten Wirtschaftsgebietes 1946–1949, Waiblingen 1966, S. 229f.; W. Wernet, Handwerkspolitik, Göttingen 1952, S. 58–61; H. G. Schachtschabel, Der organisatorische Aufbau der gewerblichen Wirtschaft, in: JNS, Bd. 163, 1951, S. 273–305; W. v. d. Heide, Gewerbefreiheit u. Gewerbezulassung im Vereinigten Wirtschaftsgebiet, in: Deutsche Verwaltung, Bd. 2, 1949, S. 253–57. – Den Innungen war bereits im Zuge der Auflösung der Handwerkskammern im März 1943 der öffentlich-rechtliche Status entzogen worden.

16 Verhandlungen des Deutschen Bundestages, 1. Wahlperiode 1949, Stenographische Berichte, Bd. 5, S. 3502; Bd. 15, S. 12557. Auch die Novelle zur Handwerksordnung vom 9. 9. 1965 wurde mit den Stimmen der SPD gebilligt. Die Gesetzestexte in: BGBl. 1953 I, 1412–1429; 1965 I, 1254–1270. Das Handwerkergesetz von 1897 hatte lediglich Gesellenausschüsse bei den Handwerkskammern gekannt.

17 K. Schumacher, Konsequenzen deutscher Politik (1945), in: ders., Reden u. Schriften, Berlin 1962, S. 25–50 (das Zitat: S. 40). Vgl. hierzu auch: W.-D. Narr, CDU–SPD. Programm u. Praxis seit 1945, Stuttgart 1966, S. 108–10.

18 Ch. Watrin, Der Befähigungsnachweis in Handwerk u. Einzelhandel unter bes. Berücksichtigung der Entwicklung in der Bundesrepublik, wiso. Diss., Köln 1958, S. 255 (Daten zum Prüfungswesen: S. 153ff.); Puderbach, S. 140. Zum Befähigungsnachweis als Erhaltungsintervention: E. Tuchtfeldt, Gewerbefreiheit als wirtschaftspolitisches Problem, Berlin 1955, S. 149f.

19 Hartwich, S. 133f. (diese Darstellung ist auch für die hier nicht zu behandelnden Probleme einzelner mittelständischer Berufsordnungen heranzuziehen); Puderbach, S. 144f. Die dritte Lesung des Einzelhandelsgesetzes in: Verhandlungen des Deutschen Bundestages 2. Wahlperiode 1953, Bd. 38, S. 13358–70, 13434–37, 13465–69; der Text des Gesetzes in: BGBl. 1957 I, 1121–23; das Urteil des Bundesverfassungsgerichts in: Entscheidungen des Bundesverfassungsgerichts, Bd. 19, 330–42.

20 Zu den wettbewerbsfördernden Maßnahmen der Bundesregierung gehören u. a. die ERP-Kreditprogramme für Klein- u. Mittelbetriebe sowie Maßnahmen zur Förderung von 1) Rationalisierung, Forschung, Entwicklung u. Innovation, 2) Beratung, Information u. Kooperation, 3) beruflicher Aus- u. Weiterbildung von Unternehmern u. Mitarbeitern. Vgl. hierzu: Bericht der Bundesregierung, S. 22ff. Zur Unterscheidung von Erhaltungs- u. Anpassungsinterventionen: Tuchtfeldt, Gewerbefreiheit. Ein Verbot auch der unverbindlichen Preisempfehlungen wird gerade von überwiegend mittelständischen Verbänden gefordert, weil es ein »Dumping« durch die Selbstbedienungs-Warenhäuser fördert. Vgl. Strukturpolitisches Sofortprogramm für den Einzelhandel. Verabschiedet von der 25. Delegiertenversammlung des Deutschen Einzelhandels am 22. Oktober 1974 in Hannover, S. 32.

21 So der Präsident des Zentralverbandes des deutschen Handwerks, Paul Schnitker, am 15.3.1974 anläßlich der 10. Wirtschaftsgespräche Industrie-Handwerk in München, in: Die Wirtschaft im Spannungsfeld gesellschaftspolitischer Entwicklungen, Schriftenreihe des Zentralverbandes des Deutschen Handwerks, Heft 21, Bonn 1974, S. 18f. Ganz ähnlich äußerte sich Schnitkers Vorgänger Joseph Wild auf dem Deutschen Handwerkertag 1969 in Nürnberg: Der Handwerker sei »auch heute noch das Bindeglied zwischen Kapital und Arbeit, und in den Betrieben ist auch heute noch der Wille zur Zusammenarbeit und der Sinn für die Gemeinschaft erhalten geblieben«. In: Der Deutsche Handwerkstag 1969, Schriftenreihe des Zentralverbandes des Deutschen Handwerks, Heft 12, Bonn 1969, S. 49.

22 F. Sack, Integration u. Anpassung des Handwerks in der industriellen Gesellschaft – dargestellt am Schreinerhandwerk in Deutschland, Köln 1966. Vgl. zur Mentalität des Handwerks auch: P. Schöber, Die Wirtschaftsmentalität der westdeutschen Handwerker, Köln 1968; R. Krisam, Der »Mittelstand« im hochindustrialisierten Wirtschaftsraum, Köln 1965. Zur Lage im Einzelhandel: I. Zaunitzer-Haase, Im Griff der Konzerne. Krise einer Mittelschicht, München 1967, bes. S. 59–70; A. Zerban, Klagen des Mittelstandes, in: Dokumente, Bd. 23, 1967, S. 294–97; Strukturpolitisches Sofortprogramm, passim. – Der Deutsche Gewerbeverband umfaßte 1966/67 200000 Mitglieder und 13 Landesverbände; nach Angaben der »ZEIT« (Nr. 32, 30.7.1976) ist die Mitglieder-

zahl des heutigen Bundesverbandes der Selbständigen, dem 2000 Ortsverbände angehören, gleich groß.

23 Daten zur NPD: Zerban, S. 295. Übrigen Daten: Schöber, S. 188. Der nicht genau datierten Umfrage zufolge betrug der SPD-Anteil unter den »zufriedenen« Handwerkern 6%, bei den »nicht zufriedenen« 16%; für die CDU/CSU lauten die entsprechenden Zahlen 56% und 42%; für die FDP beide Male 13%, für die NPD 1% und 4%. – Andere Daten zur Parteiaffinität von Handwerkern: Sack, S. 263. Zur Mittelstandsagitation der NPD auch: Zaunitzer-Haase, S. 63ff., 233. Ferner: E. K. Scheuch, Die NPD als rechtsextreme Partei, in: HJWG, Bd. 15, 1970, S. 321–33 (These von der Anziehungskraft der NPD auf Teile der Arbeiterschaft); D. Kappe, Nationalismus u. Demokratie. Versuch einer Strukturanlayse der NPD, ebd., Bd. 12, 1967, S. 30–44; L. Niethammer, Angepaßter Faschismus. Politische Praxis der NPD, Frankfurt 1969; K. Liepelt u. A. Mitscherlich, Thesen zur Wählerfluktuation, Frankfurt 1968; F. U. Pappi, Parteiensystem u. Sozialstruktur in der Bundesrepublik, in: PVS, Bd. 14, 1973, S. 191–214.

24 Das Einkommen der Haushalte der Selbständigen wuchs zwischen 1950 und 1970 durchschnittlich um 2700 DM, das der Arbeitnehmerhaushalte um 1300 DM, das der Rentnerhaushalte um 700 DM. Vgl.: Einkommensschichtung sozialer Gruppen in der Bundesrepublik Deutschland 1950–1970, in: Deutsches Institut für Wirtschaftsforschung, Wochenbericht 34/1973 (23.8.1973), S. 299–310. Siehe dazu auch: M. R. Lepsius, Sozialstruktur u. soziale Schichtung in der Bundesrepublik Deutschland, in: R. Löwenthal u. H.-P. Schwarz (Hg.), Die zweite Republik. 25 Jahre Bundesrepublik Deutschland – Eine Bilanz, Stuttgart 1974, S. 263–88. Zum mittelständischen Nationalismus: ders., Extremer Nationalismus. Strukturbedingungen vor der nationalsozialistischen Machtergreifung, Stuttgart 1966 (das Zitat: S. 14). Auf die Bedeutung, die die Kollision von autoritären Ordnungsvorstellungen des besiegten Deutschland mit dem demokratischen Modell der Siegermächte nach 1918 für den Erfolg des Nationalsozialismus hatte, hat schon 1942 Talcott Parsons eindringlich hingewiesen: vgl. ders., Democracy and Social Structure in Pre-Nazi Germany, in: ders., Essays in Sociological Theory, N. Y. 1967[4], S. 104–23. Zur Rolle des Nationalismus in der Zeit nach 1945 auch meine Einleitung zu dem Band: H. A. Winkler (Hg.), Nationalismus, Königstein/Ts. 1978, S. 5–46, auch in: ders., Liberalismus, S. 52–80.

25 Zum Wahlverhalten von »altem« und »neuem Mittelstand« in der Bundesrepublik: Pappi, S. 191–214; in den USA: J. Kocka, Amerikanische Angestellte in Wirtschaftskrise und New Deal 1930–1940, in: VfZ, Bd. 20, 1972, S. 333–75. Der Begriff der »nivellierten Mittelstandsgesellschaft« geht zurück auf: H. Schelsky, Gesellschaftlicher Wandel, in: Offene Welt, Nr. 41, 1956, S. 62–74.

26 Hinweise zum Zusammenhang von gesellschaftlichem Struktur- u. Normwandel in der Bundesrepublik bei: D. Petzina, Materialien zum sozialen u. wirtschaftlichen Wandel in Deutschland seit dem Ende des 19. Jahrhunderts, in: VfZ, Bd. 17, 1969, S. 308–38. Zur These von der »sozialen Revolution« nach 1933: D. Schoenbaum, Hitler's Social Revolution: Class and Status in Germany 1933–1939, N. Y. 1966 (dt.: Hitlers braune Revolution, Köln 1968); Dahrendorf, Gesellschaft u. Demokratie, passim. Zum Problem der deutschen Abweichung: L. Krieger, The German Idea of Freedom. History of a Political Tradition, Chicago 1972[2].

## Die Entwicklung von Handwerk und Einzelhandel in der Bundesrepublik Deutschland in den 1980er Jahren[1]

### 1. Anteil der Selbständigen

a) an der erwerbstätigen Bevölkerung

| | Selbständige (*) | Erwerbstätige (*) | Anteil der Selbständigen in % |
|---|---|---|---|
| 1980 | 2360000 | 26328000 | 8,96 |
| 1982 | 2370000 | 25709000 | 9,22 |
| 1984 | 2405000 | 25363000 | 9,48 |
| 1986 | 2422000 | 25794000 | 9,39 |
| 1988 | 2422000 | 27366000 | 8,85 |

b) im tertiären Sektor[2]

| | Selbständige (*) | Erwerbstätige (*) | Anteil der Selbständigen in % |
|---|---|---|---|
| 1980 | 1284000 | 13269000 | 9,68 |
| 1982 | 1309000 | 13361000 | 9,80 |
| 1984 | 1362000 | 13511000 | 10,08 |
| 1986 | 1391000 | 13896000 | 10,01 |
| 1988 | 1451000 | 14968000 | 9,69 |

### 2. Handwerk

| | Betriebe[3] (*) | Beschäftigte (*) | Beschäftigte pro Betrieb |
|---|---|---|---|
| 1980 | 541503 | 3930000 | 7,26 |
| 1982 | 540132 | 3793000 | 7,02 |
| 1984 | 536892 | 3734000 | 6,95 |
| 1986 | 539034 | 3631000 | 6,74 |
| 1988 | 535073 | 3633000 | 6,79 |

| | Umsatz in Mill. DM (*) | Umsatz pro Betrieb in DM | Umsatz pro Beschäftigte(r) in DM |
|---|---|---|---|
| 1980 | 317090 | 585574 | 80684 |
| 1982 | 313376 | 580184 | 82620 |
| 1984 | 329139 | 613045 | 88146 |
| 1986 | 340398 | 631496 | 93748 |
| 1988 | 371134 | 693614 | 102156 |

### 3. Einzelhandel[4]

| | Unternehmen (*) | Beschäftigte (*) | Beschäftigte pro Unternehmen |
|---|---|---|---|
| 1980 | 155242 | 2055100 | 13,24 |
| 1983 | 146700 | 1944700 | 13,26 |
| 1984 | 144599 | 1931500 | 13,36 |
| 1986 | 168230 | 2099600 | 12,48 |

| | Umsatz in Mill. DM (*) | Umsatz pro Unternehmen in DM | Umsatz pro Beschäftigte(r) in DM |
|---|---|---|---|
| 1980 | 376111 | 2422740 | 183013 |
| 1983 | 410693 | 2799543 | 211186 |
| 1984 | 422760 | 2923672 | 218877 |
| 1986 | 482797 | 2869863 | 229947 |

## Anmerkungen

1 Die Zahlen in den mit (*) gekennzeichneten Spalten wurden entnommen aus: Statistisches Bundesamt (Hg.), Statistisches Jahrbuch 1981 für die Bundesrepublik Deutschland, Stuttgart, Mainz 1981, S. 208, 566; Statistisches Jahrbuch 1983, S. 212, 570; Statistisches Jahrbuch 1984, S. 245, 248; Statistisches Jahrbuch 1985, S. 216, 581; Statistisches Jahrbuch 1986, S. 235, 238; Statistisches Jahrbuch 1987, S. 244, 247, 594; Statistisches Jahrbuch 1988, S. 100; Statistisches Jahrbuch 1989, S. 96, 200, 224, 227, 597

2 Die Zahlen für 1980–1986 beziehen sich auf Handel, Verkehr und Dienstleistungen, die Zahlen für 1988 auf Handel, Verkehr, Nachrichtenübermittlung und übrige Wirtschaftsbereiche (außer primärer und sekundärer Sektor); vgl. Statistisches Jahrbuch 1988, S. 100 und Statistisches Jahrbuch 1989, S. 96

3 Mitgliederzahl der Handwerkskammern zu Beginn des jeweiligen Jahres

4 Die Zahlen zum Einzelhandel beziehen sich nur auf Unternehmen mit einem Jahresumsatz von 250000 DM und mehr.

# Auswahlbibliographie zur Geschichte des gewerblichen Mittelstandes *

## Allgemein

Abel, W. (Hg.), Handwerksgeschichte in neuer Sicht, Göttingen 1978².
Angel-Volkov, S., The »Decline of the German Handicrafts« – Another Reappraisal, in: VSWG, Bd. 61, 1974, S. 165–84.
Angermann, H. F. G., Wachsen oder Weichen. Überlebenschancen für den wirtschaftlichen Mittelstand, Stuttgart 1970⁴.
Aßmann, K., Zustand und Entwicklung des städtischen Handwerks in der 1. Hälfte des 19. Jahrhunderts, Göttingen 1971.
Ay, K.-L., Zur Geschichte des Mittelstandes in Kaiserreich und Republik, in: Zeitschrift für bayerische Landesgeschichte, Bd. 37, 1974, S. 956–62.
Bechhofer, F. u. B. Elliot, Persistence and Change: The Petite Bourgeoisie in Industrial Society, in: Archives Européennes de Sociologie, Bd. 17, 1976, S. 74–99.
Brandt, G., Der »Mythos des Mittelstandes« – ökonomisch und politisch, in: Frankfurter Hefte, Bd. 14, 1959, S. 881–889.
Braun, H., Helmut Schelskys Konzept einer »nivellierten Mittelstandsgesellschaft«. Würdigung und Kritik, in: AfS, Bd. 29, 1989, S. 199–223.
Bünzel, J. H., The American Small Businessman, New York 1962.
Commission Internationale d'Histoire des Mouvements Sociaux et des Structures Sociales (Hg.), Petite Entreprise et Croissance Industrielle dans le Monde aux XIXe et XX Siècles, 2 Bde., Paris 1981.
Conze, W., Artikel »Mittelstand«, in: O.Brunner, W. Conze u. R. Koselleck (Hg.), Geschichtliche Grundbegriffe, Bd. 4, Stuttgart 1978, S. 49–92.
Crossick, G. (Hg.), The Lower Middle Class in Britain, 1870–1914, London 1976.
Daheim, H. J., Die Vorstellungen vom Mittelstand, in: Kölner Zeitschrift für Soziologie und Sozialpsychologie, Bd. 12, 1960, S. 237–277.
Enseling, R., Zur Sozialgeschichte deutscher Mittel- und Unterschichten, Göttingen 1978.
Fischer, W., Das deutsche Handwerk im Strukturwandel des 20. Jahrhunderts, in: ders., Wirtschaft und Gesellschaft im Zeitalter der Industrialisierung, Göttingen 1972.
Fleischmann, P., Interdisziplinäre Handwerksgeschichte?, in: Zeitschrift für historische Forschung, Bd. 12, 1985, S. 339–56.
Flick, R., Die Fluktuation im Handwerk, Göttingen 1974.
Franke, B., Die Kleinbürger. Begriff, Ideologie, Politik, Frankfurt/M., New York 1988.
Gerrard, J. u. a. (Hg.), The Middle Class in Politics, Farnborough 1978.
Gantzel, K. J., Wesen und Begriff der mittelständischen Unternehmung, Köln/Opladen 1962.
Grimmler, W., Die Entstehung neuzeitlicher Handwerkerverbände im 19. Jahrhundert, ihre Ziele, Struktur und Auseinandersetzungen um eine grundsätzliche, gesetzlich verankerte Regelung des Organisationswesens, Diss. Erlangen/Nürnberg 1972.

* Aufgenommen wurden nur nach 1945 veröffentlichte Titel.

Hagemann, F., Der Beruf des Lebensmitteleinzelhändlers. Seine sozioökonomische Lage und Mentalität, in: Soziologische Probleme mittelständischer Berufe, 1. Teil, Köln 1962, S. 15–56.
Haltern, U., Bürgerliche Gesellschaft. Sozialtheoretische und sozialhistorische Aspekte, Darmstadt 1985.
Hamel, J., Völkischer Verband und nationale Gewerkschaft. Der Deutschnationale Handlungsgehilfen-Verband 1893–1933, Frankfurt/M. 1967.
Deutsches Handwerksinstitut München (Hg.), Das Handwerk in der modernen Wirtschaft, München 1966.
Handwerkswissenschaftliches Institut Münster (Hg.), Handwerk im Widerstreit der Lehrmeinungen. Das neuzeitliche Handwerksproblem in der sozialwissenschaftlichen Literatur, Münster/Westf. 1960.
Handwerk und Kleinhandel in der modernen Volkswirtschaft, Entwicklungsmöglichkeiten und Rechtsgrundlagen, St. Gallen 1947.
Hardach, G., Klassen und Schichten in Deutschland 1848–1970. Probleme einer historischen Strukturanalyse, in: GG, Bd. 3, 1977, S. 503–24.
Haupt, H.-G. (Hg.), »Bourgeois und Volk zugleich?« Zur Geschichte des Kleinbürgertums im 19. und 20. Jahrhundert, Frankfurt/M. 1978.
Ders. u. F. Lenger, Liberalismus und Handwerk in Frankreich und Deutschland um die Mitte des 19. Jahrhunderts, in: D. Langewiesche (Hg.), Liberalismus im 19. Jahrhundert. Deutschland im europäischen Vergleich, Göttingen 1988, S. 305–31.
Ders., Neuere Forschungen zur Geschichte des Kleinbürgertums in Deutschland und Frankreich, in: AfS, Bd. 29, 1989, S. 511–18.
Ders., La petite bourgeoisie, une classe inconnue, in: Mouvement social, Nr. 108, 1979, S. 12–20.
Ders. (Hg.), Die radikale Mitte. Lebensweise und Politik von Handwerkern und Kleinhändlern in Deutschland seit 1848, München 1985.
Ders., Traits généraux de l'évolution du petit commerce en Allemagne au XXième siècle, in: Commission Internationale d'Histoire des Mouvements Sociaux et des Structures Sociales (Hg.), Petite Entreprise et Croissance Industrielle dans le Monde aux XIXe et XXe Siècles, Bd. 1, Paris 1981, S. 247–72.
Höhner, R., Les classes moyennes, in: Documents, Bd. 29, 1974, S. 51–64.
Internationale Handwerksgeschichtliche Symposien, I.–III., Veszprem 1979, 1983 u. 1987.
John, P., Handwerk im Spannungsfeld zwischen Zunftordnung und Gewerbefreiheit. Entwicklung und Politik der Selbstverwaltungsordnung des deutschen Handwerks bis 1933, Köln 1987.
Ders., Handwerkskammern im Zwielicht. 700 Jahre Unternehmerinteressen im Gewande der Zunftsidylle, Köln 1983[3].
Jung, D., Vom Kleinbürgertum zur deutschen Mittelschicht. Analyse einer Sozialmentalität, Saarbrücken 1982.
Kaelble, H., Social Stratification in Germany in the 19th and 20th Centuries: A Survey of Research since 1945, in: Journal of Social History, Bd. 10, 1976/77, S. 144–65.
Ders., Soziale Mobilität und Chancengleichheit im 19. und 20. Jahrhundert. Deutschland im internationalen Vergleich, Göttingen 1983.
Kaiser, H., Handwerk und Kleinstadt. Das Beispiel Rheine/Westf., Münster/W. 1978.
Kaufhold, K. H., Der Beitrag des Mittelstandes bei der Lösung von Beschäftigungsproblemen von der Industrialisierung bis zur Mitte des 20. Jahrhunderts, in: Mit-

telstand und Arbeitsmarkt. Zeitschrift für Unternehmensgeschichte, Bd. 49, 1987, S. 17–49.
Ders., The Economic and Social Development of the »Kleingewerbe« (Small Business) in Germany 1800–1970, in: Commission Internationale d'Histoire des Mouvements Sociaux et des Structures Sociales (Hg.), Petite Entreprise et Croissance Industrielle dans le Monde aux XIX et XXe Siècles, Bd. 1, Paris 1981, S. 273–97.
Kocka, J. (Hg.), Bürger und Bürgerlichkeit im 19. Jahrhundert, Göttingen 1987.
Krisam, R., Der »Mittelstand« im hochindustrialisierten Wirtschaftsraum, Köln/Opladen 1965.
Lampert, K. H., Strukturwandlungen des deutschen Einzelhandels, phil. Diss., Erlangen 1956.
Lamprecht, H., Das soziale Lebensbild des Handwerks, Dortmund 1952.
Lenger, F., Die handwerkliche Phase der Arbeiterbewegung in England, Frankreich, Deutschland und den USA – Plädoyer für einen Vergleich, in: GG, Bd. 13, 1987, S. 232–43.
Ders., Sozialgeschichte der deutschen Handwerker seit 1800, Frankfurt/M. 1988.
Leppert-Fögen, A., Die deklassierte Klasse. Studien zur Geschichte und Ideologie des Kleinbürgertums, Frankfurt/M. 1974.
Lerner, F., Geschichte des deutschen Glaserhandwerks, Schondorf 1981[2].
Mayer, A. J., The Lower Middle Class as Historical Problem, in: Journal of Modern History, Bd. 47, 1975, S. 409–36.
Mittelstand. Sprachwissenschaftliche Gutachten über Geschichte und Gattung des Begriffs »Mittelstand« und verwandte Termini, erstattet im Auftrag des Bundesministeriums für Wirtschaft, von U. Schmidt-Marwede u. G. Kandler, Zentralstelle für Terminologie und praktische Sprachfragen im Sprachwissenschaftlichen Institut der Universität Bonn (als Manuskript vervielfältigt), Bonn 1963.
Mommsen, H. und W. Schulze (Hg.), Vom Elend der Handarbeit, Probleme historischer Unterschichtenforschung, Stuttgart 1981.
Prinz, M., Wandel durch Beharrung. Sozialdemokratie und »neue Mittelschichten« in historischer Perspektive, in: AfS, Bd. 29, 1989, S. 35–73.
Puderbach, K., Die Entwicklung des selbständigen Mittelstandes seit Beginn der Industrialisierung in Deutschland, wiso. Diss., Bonn 1967.
Puhle, H.-J., Von der Agrarkrise zum Präfaschismus, Wiesbaden 1972.
Reith, R., Zur beruflichen Sozialisation im Handwerk vom 18. bis ins frühe 20. Jahrhundert. Umrisse einer Sozialgeschichte der deutschen Lehrlinge, in: VSWG, Bd. 76, 1989, S. 1–27.
Rodekamp, V., Das Drechslerhandwerk in Ostwestfalen. Ein traditionelles Handwerk im Strukturwandel des 20. Jahrhunderts, Münster/W. 1981.
Schachtschabel, G., Der organisatorische Aufbau der gewerblichen Wirtschaft, in: Jahrbücher für Nationalökonomie und Statistik, Bd. 163, 1951, S. 273–305.
Schöber, P., Die Wirtschaftsmentalität der westdeutschen Handwerker, Köln 1968.
Schraepler, E., Handwerkerverbände und Arbeitervereine 1830–1853. Die politische Tätigkeit deutscher Sozialisten von Wilhelm Weitling bis Karl Marx, Berlin, New York 1972.
Schultz, H., Landhandwerk und ländliche Sozialstruktur um 1800, in: Jahrbuch für Wirtschaftsgeschichte 1981, Heft 2, S. 11–49.
Simons, R., Staatliche Gewerbeaufsicht und gewerbliche Berufsgenossenschaften. Entstehung und Entwicklung des dualen Aufsichtssystems im Arbeiterschutz in Deutschland von den Anfängen bis zum Ende der Weimarer Republik, Frankfurt/M. 1984.

Tuchtfeldt, E., Gewerbefreiheit als wirtschaftspolitisches Problem, Berlin 1955.
Ullmann, H.-P., Interessenverbände in Deutschland, Frankfurt/M. 1988.
Varain, H.J. (Hg.), Interessenverbände in Deutschland, Köln 1973.
Wein, J., Die Verbandsbildung im Einzelhandel. Mittelstandsbewegung, Organisation der Großbetriebe, Fachverbände, Genossenschaften und Spitzenverband, Berlin 1968.
Wernet, W., Handwerkspolitik, Göttingen 1952.
Ders., Handwerks- und Industrie-Geschichte, Stuttgart 1963.
Ders., Kurzgefaßte Geschichte des Handwerks in Deutschland, Dortmund 1953.
Ders., Literaturführer durch das Handwerksschrifttum 1900–1945, Münster/W. 1965.
Wiener, J. M., Marxism and the Lower Middle Class: A Response to Arno Mayer, in: JMH, Bd. 48, 1976, S. 666–71.
Winkler, H. A., Archivalien zur Geschichte der deutschen Mittelstandsbewegung im Deutschen Zentralarchiv Potsdam und Merseburg, in: IWK 1968, Heft 7, S. 48–53.
Ders., Extremismus der Mitte? Sozialgeschichtliche Aspekte der nationalsozialistischen Machtergreifung, in: VfZ, Bd. 20, 1972, S. 175–91.
Ders., Liberalismus und Antiliberalismus. Studien zur politischen Sozialgeschichte des 19. und 20. Jahrhunderts, Göttingen 1979.
Ders., From Social Protectionism to National Socialism: The German Small-Business Movement in Comparative Perspective, in: JMH, Bd. 48, 1976, S. 1–18.
Ders., Vom Sozialprotektionismus zum Nationalsozialismus. Die deutsche Mittelstandsbewegung in vergleichender Sicht, in: H. G. Haupt (Hg.), »Bourgeois und Volk zugleich?« Zur Geschichte des Kleinbürgertums im 19. und 20. Jahrhundert, Frankfurt/M., New York 1978, S. 143–61.
Wissell, R., Des Alten Handwerks Recht und Gewohnheit, Bde. 4–6, 2. erw. u. bearb. Aufl., hg. von E. Schraepler, Berlin 1985–88.

## Bis 1918

Abraham, K., Der Strukturwandel im Handwerk in der ersten Hälfte des 19. Jahrhunderts und seine Bedeutung für die Berufserziehung, Köln 1955.
Ay, K.-L., Die Entstehung einer Revolution. Die Volksstimmung in Bayern während des I. Weltkrieges, Berlin 1968.
Beckermann, Th., Die wirtschaftliche Entwicklung des Handwerks seit Ende des 19. Jahrhunderts, in: Beiträge zur Wirtschaftsforschung. Festgabe für Walther Däbritz, Essen 1952, S. 327–58.
Bergmann, J., Das Berliner Handwerk in der Frühphase der Industrialisierung. Mit einer Einführung von Otto Büsch, Berlin 1973.
Ders., Das Handwerk in der Revolution von 1848. Zum Zusammenhang von materieller Lage und Revolutionsverhalten der Handwerker 1848/49, in: U. Engelhardt (Hg.), Handwerker in der Industrialisierung. Lage, Kultur und Politik vom späten 18. bis ins frühe 20. Jahrhundert, Stuttgart 1984, S. 320–46.
Ders., Wirtschaftskrise und Revolution. Handwerker und Arbeiter 1848/49, Stuttgart 1986.
Blackbourn, D., Between resignation and volatility: The German petite bourgeoisie in the nineteenth century, in: G. Crossick und H.-G. Haupt (Hg.), Shopkeepers and Master Artisans in Nineteenth-Century Europe, London, New York 1984, S. 35–61.

Ders., La Petite Bourgeoisie et l'Etat dans l'Allemagne Imperiale, 1871–1914, in: Le Mouvement Social, Bd. 127, S. 3–28.
Ders., Mittelstandspolitik im Deutschen Kaiserreich, in: R. Melville u. a. (Hg.), Deutschland und Europa in der Neuzeit. Fs. für Karl Otmar Freiherr von Aretin zum 65. Geburtstag, 2. Halbband, Stuttgart 1988, S. 555–73.
Ders., The Mittelstand in German Society and Politics, 1871–1914, in: Social History, Bd. 2, 1977, S. 409–33.
Boch, R., Handwerker-Sozialisten gegen Fabrikgesellschaft. Lokale Fachvereine, Massengewerkschaft und industrielle Rationalisierung in Solingen 1870 bis 1914, Göttingen 1985.
Conze, W. und U. Engelhardt (Hg.), Arbeiterexistenz im 19. Jahrhundert. Lebensstandard und Lebensgestaltung deutscher Arbeiter und Handwerker, Stuttgart 1981.
Crew, D. F., Bochum. Sozialgeschichte einer Industriestadt 1860–1914, Frankfurt/M. usw. 1980.
Crossick, G. und H.-G. Haupt (Hg.), Shopkeepers and Master Artisans in Nineteenth-Century Europe, London, New York 1984.
Engelhardt, U. (Hg.), Handwerker in der Industrialisierung. Lage, Kultur und Politik vom späten 18. bis ins frühe 20. Jahrhundert, Stuttgart 1984.
Fischer, W., Das deutsche Handwerk in den Frühphasen der Industrialisierung, in: ders., Wirtschaft und Gesellschaft im Zeitalter der Industrialisierung. Aufsätze – Studien – Vorträge, Göttingen 1972, S. 315–37.
Ders., Die Rolle des Kleingewerbes im wirtschaftlichen Wachstumsprozeß in Deutschland 1850–1914, in: F. Lütge (Hg.), Wirtschaftliche und soziale Probleme der gewerblichen Entwicklung im 15.–16. und 19. Jahrhundert, Stuttgart 1968, S. 131–42 (wiederabgedruckt in: W. Fischer, Wirtschaft und Gesellschaft im Zeitalter der Industrialisierung, Göttingen 1972, S. 338–48).
Ders., Unternehmerschaft, Selbstverwaltung und Staat. Die Handelskammern in der deutschen Wirtschafts- und Staatsauffassung des 19. Jahrhunderts, Berlin 1964.
Gellately, R., The Politics of Economic Despair. Shopkeepers and German Politics 1890–1914, London 1974.
Haupt, H.-G., Der Bremer Kleinhandel zwischen 1890 und 1914. Binnenstruktur, Einfluß und Politik, in: Beiträge zur Sozialgeschichte Bremens, Heft 4: Geschäfte, Teil 1: Der Bremer Kleinhandel, Bremen 1982, S. 7–40.
Ders., Kleine und große Bürger in Bremen um 1900, in: Bremisches Jahrbuch, Bd. 64, 1986, S. 151–67.
Ders., Kleine und große Bürger in Deutschland und Frankreich am Ende des 19. Jahrhunderts, in: J. Kocka (Hg.), Bürgertum im 19. Jahrhundert. Deutschland im europäischen Vergleich, Bd. 2, München 1988, S. 252–74.
Ders., Kleinhändler und Arbeiter in Bremen zwischen 1890 und 1914, in: AfS, Bd. 22, 1982, S. 95–132.
Ders., The petite bourgeoisie in France, 1850–1914: In Search of the juste milieu, in: G. Crossick und H.-G. Haupt (Hg.), Shopkeepers and Master Artisans in Nineteenth-Century Europe, London, New York 1986, S. 95–119.
Henning, H., Das westdeutsche Bürgertum in der Epoche der Hochindustrialisierung 1860–1914: Soziales Verhalten und soziale Strukturen, Wiesbaden 1972.
Herzig, A., Kontinuität und Wandel der politischen und sozialen Vorstellungen Hamburger Handwerker 1790–1870, in: U. Engelhardt (Hg.), Handwerker in der Industrialisierung, Stuttgart 1984, S. 294–319.
Jost, W., Gewerbliche Schulen und politische Macht. Zur Entwicklung des gewerblichen Schulwesens in Preußen in der Zeit von 1850–1880, Weinheim, Basel 1982.

Kaufhold, K. H., Gewerbefreiheit und gewerbliche Entwicklung im 19. Jahrhundert, in: Blätter für deutsche Landesgeschichte, Bd. 118, 1982, S. 73–114.

Ders., Das Handwerk zwischen Anpassung und Verdrängung, in: H. Pohl (Hg.), Sozialgeschichtliche Probleme in der Zeit der Hochindustrialisierung (1870–1914), Paderborn usw. 1979, S. 103–41.

Kocka, J., Bildung, soziale Schichtung und soziale Mobilität im Deutschen Kaiserreich. Am Beispiel der gewerblich-technischen Ausbildung, in: D. Stegmann u. a. (Hg.), Industrielle Gesellschaft und politisches System. Festschrift für Fritz Fischer zum siebzigsten Geburtstag, Bonn 1978, S. 297–313.

Ders., The First World War And The »Mittelstand«: German Artisans And White Collar Workers, in: JCH, Bd. 8, 1973, S. 101–23.

Ders., Klassengesellschaft im Krieg. Deutsche Sozialgeschichte 1914–1918, Göttingen 1978[2].

Ders., Weltkrieg und Mittelstand: Handwerker und Angestellte in Deutschland 1914–1918, in: Francia, Bd. 2, 1974, S. 431–57.

Kuczynski, J., Wie die kleinen Leute lebten. Lebenserinnerungen, Gesprächsprotokolle und Briefe zum Leben der Arbeiter, Bauern und Handwerker im Raum Sebnitz in der 2. Hälfte des 19. Jahrhunderts und zu Beginn des 20. Jahrhunderts, Sebnitz 1982.

Lenger, F., Zwischen Kleinbürgertum und Proletariat. Studien zur Sozialgeschichte der Düsseldorfer Handwerker 1816–1878, Göttingen 1986.

Linke, W. D., Die Rolle des Reichstags bei der Einschränkung der Gewerbefreiheit. Ein Beitrag zum Problem »Handwerk und Parlament«, Diss. Ms., Berlin (W) 1955.

Lipp, C., Württembergische Handwerker und Handwerkervereine im Vormärz und in der Revolution 1848/49, in: U. Engelhardt (Hg.), Handwerker in der Industrialisierung, Stuttgart 1984, S. 347–80.

Meusch, H. (Hg.), Die Handwerkerbewegung von 1848–1849. Vorgeschichte, Verlauf, Inhalt, Ergebnisse, Alfeld, Leine 1949.

Mielke, S., Der Hansa-Bund für Gewerbe, Handel und Industrie 1909–1914. Der gescheiterte Versuch einer antifeudalen Sammlungspolitik, Göttingen 1976.

Nipp, L., Kapitalausstattung im ländlichen Kleingewerbe in der 2. Hälfte des 19. Jahrhunderts, New York 1981.

Noll, A., Sozio-ökonomischer Strukturwandel des Handwerks in der zweiten Phase der Industrialisierung unter besonderer Berücksichtigung der Regierungsbezirke Arnsberg und Münster, Göttingen 1975.

Ders., Wirtschaftliche und soziale Entwicklung des Handwerks in der zweiten Phase der Industrialisierung, in: W. Ruegg und O. Neuloh (Hg.), Zur soziologischen Theorie und Analyse des 19. Jahrhunderts, Göttingen 1971, S. 193 bis 212.

Pohl, H. (Hg.), Sozialgeschichtliche Probleme in der Zeit der Hochindustrialisierung (1870–1914), Paderborn usw. 1979.

Puhle, H.-J., Agrarische Interessenpolitik und preußischer Konservativismus im wilhelminischen Reich (1893–1914). Ein Beitrag zur Analyse des Nationalismus in Deutschland am Beispiel des Bundes der Landwirte und der Deutsch-Konservativen Partei, Berlin 1964.

Putsch, J., Vom Handwerk zur Fabrik. Ein Lese- und Arbeitsbuch zur Solinger Industriegeschichte, Solingen 1985.

Rapp, W. L., The Social Composition and Political Attitudes of the Mittelstand in Hannover 1840–1871, Diss. Vanderbilt Univ. 1980.

Renzsch, W., Handwerker und Lohnarbeiter in der frühen Arbeiterbewegung. Zur sozialen Basis von Gewerkschaften und Sozialdemokratie im Reichsgründungsjahrzehnt, Göttingen 1980.

Rosenberg, H., Große Depression und Bismarckzeit. Wirtschaftsablauf, Gesellschaft und Politik in Mitteleuropa, Berlin 1967[1].
Scherner, K. O. und D. Willoweit (Hg.), Vom Gewerbe zum Unternehmen. Studien zum Recht der gewerblichen Wirtschaft im 18. und 19. Jahrhundert, Darmstadt 1982.
Schön, B., Kultur und Lebensweise Lausitzer Handwerker (1750–1890), Berlin (O) 1977.
Schremmer, E., Die badische Gewerbesteuer und die Kapitalbildung in gewerblichen Anlagen und Vorräten in Baden und in Deutschland, 1815 bis 1913, in: VSWG, Bd. 74, 1987, S. 18–61.
Seeber, G. und W. Wittwer, Kleinbürgerliche Demokratie im Bismarckstaat. Entwicklungstendenzen und Probleme, Berlin (O) 1971.
Sedatis, H., Liberalismus und Handwerk in Südwestdeutschland. Wirtschafts- und Gesellschaftskonzeptionen und die Krise des Handwerks im 19. Jahrhundert, Stuttgart 1979.
Simon, M., Handwerk in Krise und Umbruch. Wirtschaftspolitische Forderungen und sozialpolitische Vorstellungen der Handwerksmeister im Revolutionsjahr 1848/49, Köln 1983.
Stegmann, D., Die Erben Bismarcks. Parteien und Verbände in der Spätphase des Wilhelminischen Deutschland. Sammlungspolitik 1897–1918, Köln 1970.
Ullmann, H.-P., Der Bund der Industriellen. Organisation, Einfluß und Politik klein- und mittelbetrieblicher Industrieller im Deutschen Kaiserreich 1895–1914, Göttingen 1976.
Volkov, S., The Rise of Popular Antimodernism. The Urban Master Artisans, 1873–1896, Princeton 1978.
Wengenroth, U. (Hg.), Prekäre Selbständigkeit. Zur Standortbestimmung von Handwerk, Hausindustrie und Kleingewerbe im Industrialisierungsprozeß, Stuttgart 1989.
Winkler, H. A., Der rückversicherte Mittelstand: Die Interessenverbände von Handwerk und Kleinhandel im deutschen Kaiserreich, in: W. Ruegg und O. Neuloh (Hg.), Zur soziologischen Theorie und Analyse des 19. Jahrhunderts, Göttingen 1971, S. 163–79.
Ders., Pluralismus oder Protektionismus? Verfassungspolitische Probleme des Verbandswesens im deutschen Kaiserreich, Wiesbaden 1972.

## Weimarer Republik 1918–1933

Bergmann, J. u. K. Megerle, Gesellschaftliche Mobilisierung und negative Partizipation. Zur Analyse der politischen Orientierung und Aktivitäten von Arbeitern, Bauern und gewerblichem Mittelstand in der Weimarer Republik, in: P. Steinbach (Hg.), Probleme politischer Partizipation im Modernisierungsprozeß, Stuttgart 1982, S. 376–437.
Böhret, C., Aktionen gegen die »Kalte Sozialisierung« 1926–1930, Berlin 1966.
Bramke, W., Handwerk und Handwerker in der Weimarer Republik, in: Jahrbuch für Geschichte, Bd. 36, 1988, S. 101–44.
Ders., Zum Verhalten der Mittelschichten in der Novemberrevolution, in: ZfG, Bd. 31, 1983, S. 691–700.
Childers, T., The Nazi Voter. The Social Foundations of Fascism in Germany, 1919–1933, Chapel Hill 1983.
Falter, J. W., Radikalisierung des Mittelstandes oder Mobilisierung der Unpolitischen? Die Theorien von Seymour Martin Lipset und Reinhard Bendix über die

Wählerschaft der NSDAP im Lichte neuerer Forschungsergebnisse, in: P. Steinbach (Hg.), Probleme politischer Partizipation im Modernisierungsprozeß, Stuttgart 1982.
Falter, W. unter Mitarbeit v. H. Bömermann, Die Wählerpotentiale politischer Teilkulturen 1920–1933, in: D. Lehnert u. K. Megerle (Hg.), Politische Identität und nationale Gedenktage. Zur politischen Kultur in der Weimarer Republik, Opladen 1989, S. 281–305.
Falter, W. u. a., Wahlen und Abstimmungen in der Weimarer Republik. Materialien zum Wahlverhalten 1919–1933, München 1986.
Flemming, J., Mittelstand und Faschismus. Neuere Studien zur regionalen Entwicklung von NSDAP und NPD, in: AfS, Bd. 13, 1973, S. 641–49.
Gellately, R., German Shopkeepers and the Rise of National Socialism, in: Wiener Library Bulletin, Bd. 28, 1975, S. 31–40.
Grebing, H., Faschismus, Mittelschichten und Arbeiterklasse: Probleme der Faschismus-Interpretation in der sozialistischen Linken während der Weltwirtschaftskrise, in: IWK, Bd. 12, 1976, S. 443–60.
Hamilton, R. F., Who Voted for Hitler?, Princeton 1982.
Haupt, H.-G. u. C. Niermann, Der Bremer Einzelhandel zwischen Einheit und Zersplitterung in der Weimarer Republik, in: Tel Aviver Jahrbuch für deutsche Geschichte, Bd. 17, 1988, S. 101–21.
Haupt, H.-G., Mittelstand und Kleinbürgertum in der Weimarer Republik. Zu Problemen und Perspektiven ihrer Erforschung, in: AfS, Bd. 26, 1986, S. 217–38.
Heberle, R., Landbevölkerung und Nationalsozialismus. Eine soziologische Untersuchung der politischen Willensbildung in Schleswig-Holstein 1918–1932, Stuttgart 1963.
Hollenberg, G., Bürgerliche Sammlung oder sozialliberale Koalition? Sozialstruktur, Interessenlage und politisches Verhalten der bürgerlichen Schichten 1918/19 am Beispiel der Stadt Frankfurt am Main, in: VfZ, Bd. 27, 1979, S. 392–430.
Industrielles System und politische Entwicklung in der Weimarer Republik, hg. v. H. Mommsen u. a., Verhandlungen des Internationalen Symposiums in Bochum vom 12.–17. Juni 1973, Düsseldorf 1974.
Jones, L. E., Inflation, Revaluation and the Crisis of Middle-Class Politics: A Study in the Dissolution of the German Party System 1923–28, in: CEH, Bd. 12, 1979, S. 143–68.
Kracauer, S., Aufruhr der Mittelschichten. Eine Auseinandersetzung mit dem Tat-Kreis, in: ders., Das Ornament der Masse, Frankfurt/M. 1963, S. 81–105.
Lebovics, H., Social Conservatism and the Middle Classes in Germany 1914–1933, Princeton 1969.
Lenger, F., Mittelstand und Nationalsozialismus? Zur politischen Orientierung von Handwerkern und Angestellten in der Endphase der Weimarer Republik, in: AfS, Bd. 29, 1989, S. 173–98.
Leppert-Fögen, A., Der Mittelstandssozialismus der NSDAP, in: Frankfurter Hefte, Bd. 29, 1974, S. 656–66.
Lepsius, M. R., Extremer Nationalismus. Strukturbedingungen vor der nationalsozialistischen Machtergreifung, Stuttgart 1964.
Madden, P., The Social Class Origins of Nazi Party Members as Determined by Occupations, 1919–1933, in: Social Science Quarterly, Bd. 68, 1987, S. 263–80.
Manstein, P., Die Mitglieder und Wähler der NSDAP 1919–1933. Untersuchungen zu ihrer schichtmäßigen Zusammensetzung, Frankfurt/M. 1988.
Mitzman, A., Artisans and Ideologues in Pre-Hitler Germany, in: JMH, Bd. 48, 1976, S. 108–16.

Petzold, J., Monopole – Mittelstand – NSDAP. Zu ideologischen Auseinandersetzungen zwischen Interessenvertretern des Mittelstandes und des Monopolkapitals in der faschistischen Partei 1932, in: ZfG, Bd. 28, 1980, S. 862–75.
Roloff, E. A., Braunschweig und der Staat von Weimar. Politik, Wirtschaft und Gesellschaft 1918 bis 1933, Braunschweig 1964.
Saage, R., Antisozialismus, Mittelstand und NSDAP in der Weimarer Republik, in: IWK, Bd. 11, 1975, S. 146–77.
Schumacher, M., Hausbesitz, Mittelstand und Wirtschaftspartei in der Weimarer Republik, in: H. Mommsen u. a. (Hg.), Industrielles System und politische Entwicklung in der Weimarer Republik, Düsseldorf 1974, S. 823–35.
Ders., Mittelstandsfront und Republik. Die Wirtschaftspartei – Reichspartei des deutschen Mittelstandes 1919–1933, Düsseldorf 1972.
Stokes, O., The Social Composition of the Nazi Party in Eutin, 1925–1933, in: International Review of Social History, Bd. 23, 1978, S. 1–32.
Tipton jr., B., Small Business And The Rise Of Hitler: A Review Article, in: Business History Review, Bd. 53, 1979, S. 235–46.
Unterstell, R., Mittelstand in der Weimarer Republik. Die soziale Entwicklung und politische Orientierung von Handwerk, Kleinhandel und Hausbesitz 1919–1933. Ein Überblick, Frankfurt/M. 1989.
Winkler, H. A., Mittelstand, Demokratie und Nationalsozialismus. Die politische Entwicklung von Handwerk und Kleinhandel in der Weimarer Republik, Köln 1972.
Ders., Mittelstandsbewegung oder Volkspartei? Zur sozialen Basis der NSDAP, in: W. Schieder (Hg.), Faschismus als soziale Bewegung. Deutschland und Italien im Vergleich, Göttingen 1978², S. 97–118.
Ders., Unternehmerverbände zwischen Ständeideologie und Nationalsozialismus, in: VfZ, Bd. 17, 1969, S. 341–71.
Ders., Vom Protest zur Panik. Der gewerbliche Mittelstand in der Weimarer Republik, in: H. Mommsen u. a. (Hg.), Industrielles System und politische Entwicklung in der Weimarer Republik, Düsseldorf 1974, S. 778–91.
Wolffsohn, M., Industrie und Handwerk im Konflikt mit staatlicher Wirtschaftspolitik? Studien zur Politik der Arbeitsbeschaffung in Deutschland 1930–1934, Berlin (W) 1977.
Wulf, P., Die Mittelschichten in der Krise der Weimarer Republik 1930–1933, in: K. Holl (Hg.), Wirtschaftskrise und liberale Demokratie. Das Ende der Weimarer Republik und die gegenwärtige Situation, Göttingen 1978, S. 89–102.
Ders., Die politische Haltung des schleswig-holsteinischen Handwerks 1928–1932, Köln/Opladen 1969.

## Die Zeit des Nationalsozialismus: 1933–1945

Bludau, K., Nationalsozialismus und Genossenschaften, Hannover 1968.
Broszat, M., Zur Struktur der NS-Massenbewegung, in: VfZ, Bd. 31, 1983, S. 52–76.
Chesi, V., Struktur und Funktion der Handwerksorganisation in Deutschland seit 1933, Berlin 1966.
Esenwein-Rothe, J., Die Wirtschaftsverbände von 1933–1945, Berlin (W) 1965.
Genschel, H., Die Verdrängung der Juden aus der Wirtschaft im Dritten Reich, Göttingen 1966.
Gurland, A. R. L. u. a., The Fate of Small Business in Nazi Germany, ND New York 1975.

Kater, M. H., The Nazi Party. A Social Profile of Members and Leaders 1919–1945, Oxford 1983.
Katz, H., Arbeiter, Mittelklasse und die NSDAP, in: IWK, Bd. 10, 1974, S. 300–13.
Keller, B., Das Handwerk im faschistischen Deutschland. Zum Problem der Massenbasis, Köln 1980.
Kershaw, J., Popular Opinion and Political Dissent in the Third Reich, Oxford 1983.
Krohn, C.-D. u. D. Stegmann, Kleingewerbe und Nationalsozialismus in einer agrarisch-mittelständischen Region: Das Beispiel Lüneburg 1930–1939, in: AfS, Bd. 17, 1977, S. 41–98.
Kuntz, A., Anmerkungen zum Handwerk im Nationalsozialismus, in: Zeitschrift für Volkskunde, Bd. 78, 1982, S. 187–99.
Mason, T. W., Arbeiterklasse und Volksgemeinschaft. Dokumente und Materialien zur deutschen Arbeiterpolitik 1936–1939, Opladen 1975.
Roloff, E. A., Bürgertum und Nationalsozialismus. Braunschweigs Weg ins Dritte Reich, Hannover 1961.
Saldern, A. v., Mittelstand im »Dritten Reich«. Handwerker – Einzelhändler – Bauern, Frankfurt/M. 1985[2].
Dies., »Alter Mittelstand« im »Dritten Reich«. Anmerkungen zu einer Kontroverse, in: GG, Bd. 12, 1986, S. 235–43.
Schnabel, Th., »Wer wählte Hitler?« Bemerkungen zu einigen Neuerscheinungen über die Endphase der Weimarer Republik, in: GG, Bd. 8, 1982, S. 116–33.
Schoenbaum, D., Hitler's Social Revolution: Class and Status in Germany 1933–1939, New York 1966 (dt. Ausgabe: Hitlers braune Revolution, Köln 1968).
Schüler, F., Das Handwerk im Dritten Reich. Die Gleichschaltung und was danach folgte, Bad Wörishofen 1951.
Schweitzer, A., Die Nazifizierung des Mittelstandes, Stuttgart 1970.
Ders., The Nazification of the Lower Middle Class and Peasants, in: ders., The Third Reich, London 1951, S. 576ff.
Ders., Big Business in the Third Reich, London 1964.
Stachura, P. D., Who were the Nazis? A Socio-Political Analysis of the National Socialist ›Machtübernahme‹, in: European Studies Review, Bd. 11, 1981, S. 293–324.
Uhlig, H., Die Warenhäuser im Dritten Reich, Köln 1956.
Winkler, H. A., Der entbehrliche Stand. Zur Mittelstandspolitik im »Dritten Reich«, in: AfS, Bd. 17, 1977, S. 1–40.
Ders., Ein neuer Mythos vom alten Mittelstand. Antwort auf eine Antikritik, in: GG, Bd. 12, 1986, S. 548–57.
Ders. (Rez.), A. v. Saldern, »Mittelstand im Dritten Reich«, in: HZ, Bd. 231, 1980, S. 499–501.

## Mittelstand und Handwerk nach 1945

Albach, H., Der Beitrag des Mittelstandes bei der Lösung von Beschäftigungsproblemen in der Bundesrepublik Deutschland, in: H. Pohl (Hg.), Mittelstand und Arbeitsmarkt. Löst der Mittelstand die Beschäftigungsprobleme der deutschen Wirtschaft?, Stuttgart 1987, S. 50–81.
Beckermann, Th., Das Handwerk im Wachstum der Wirtschaft. Eine statistische Analyse, Berlin 1974.
Ders., Das Handwerk in der Bundesrepublik Deutschland, Berlin 1980.

Ders., Der Einzelhandel 1959–1985, Berlin 1977.
Boyer, Ch., »Deutsche Handwerksordnung« oder »zügellose Gewerbefreiheit«. Das Handwerk zwischen Kriegswirtschaft und Wirtschaftswunder, in: M. Broszat u. a. (Hg.), Von Stalingrad zur Währungsreform. Zur Sozialgeschichte des Umbruchs in Deutschland, München 1988, S. 427–67.
Conze, W. u. M. R. Lepsius (Hg.), Sozialgeschichte der Bundesrepublik Deutschland. Beiträge zum Kontinuitätsproblem, Stuttgart 1983.
Deuchert, P., Weiterbildung bei handwerklich-technischen Fachkräften im öffentlichen Dienst und in der Industrie, Weinheim-Basel 1975.
Geißler, R. (Hg.), Soziale Schichtung und Lebenschancen in der Bundesrepublik Deutschland, Stuttgart 1987.
Haendcke-Hoppe, M., Kurskorrekturen in der Handwerkspolitik der DDR, in: Deutschland-Archiv, Bd. 14, 1981, S. 1276–84.
Handl, J., K. U. Mayer u. W. Müller, Klassenlagen und Sozialstruktur. Empirische Untersuchungen für die Bundesrepublik Deutschland, Frankfurt/M. 1977.
Heide, W. v. d., Gewerbefreiheit und Gewerbezulassung im Vereinigten Wirtschaftsgebiet, in: Deutsche Verwaltung, Bd. 2, 1949, S. 253–57.
Krejci, J., Social Structure in Divided Germany, London 1976.
Lepsius, M. R., Soziale Ungleichheit und Klassenstrukturen in der Bundesrepublik Deutschland, in: H.-U. Wehler (Hg.), Klassen in der europäischen Sozialgeschichte, Göttingen 1979.
Marahrens, N., Strukturwandel und Wachstumsdifferenzierung im produzierenden Handwerk, Göttingen 1978.
Müller, W., Handwerk, in: Handbuch Wirtschaftsgeschichte, Bd. 2, Berlin 1981, S. 942–49.
Pappi, F. U., Parteiensystem und Sozialstruktur in der Bundesrepublik, in: PVS, Bd. 14, 1973, S. 191–213.
Pohl, H. (Hg.), Mittelstand und Arbeitsmarkt. Löst der Mittelstand die Beschäftigungsprobleme der deutschen Wirtschaft?, Stuttgart 1987.
Schnitker, P. (Hg.), Der goldene Boden. Gedanken über das Handwerk, Stuttgart 1987.
Spencer, R., The Federal Republic: A Middle Class Power, in: International Journal, Bd. 32, 1977, S. 314–33.
Tegtmeyer, H. (Hg.), Soziale Strukturen und individuelle Mobilität. Beiträge zur sozio-demographischen Analyse der Bundesrepublik Deutschland, Boppard 1979.
Tuchtfeldt, E., Strukturwandlungen im Handwerk, in: H. König (Hg.), Wandlungen der Wirtschaftsstruktur in der Bundesrepublik Deutschland, Berlin 1962, S. 469-92.
Watrin, Ch., Der Befähigungsnachweis in Handwerk und Einzelhandel unter besonderer Berücksichtigung der Entwicklung in der Bundesrepublik, wiso. Diss., Köln 1958.
Weber, J., Die Interessengruppen im politischen System der Bundesrepublik Deutschland, Stuttgart 1977.
Winkler, H. A., Stabilisierung durch Schrumpfung: Der gewerbliche Mittelstand in der Bundesrepublik, in: W. Conze u. M. R. Lepsius (Hg.), Sozialgeschichte der Bundesrepublik Deutschland. Beiträge zum Kontinuitätsproblem, Stuttgart 1983, S. 187–209.
Zaunitzer-Haase, I., Im Griff der Konzerne. Krise einer Mittelschicht, München 1967.